Bismarck / Beisbart (Hrsg.)

Resonanzpädagogischer Deutschunterricht

Kristina Bismarck / Ortwin Beisbart (Hrsg.)

Resonanzpädagogischer Deutschunterricht

Lernen in Beziehungen

Mit einem Vorwort von Hartmut Rosa

Dr. Kristina Bismarck, Akademische Oberrätin am Lehrstuhl Didaktik der deutschen Sprache und Literatur an der Otto-Friedrich-Universität Bamberg

Dr. Ortwin Beisbart, Professor em. für Didaktik der deutschen Sprache und Literatur an der Otto-Friedrich-Universität Bamberg

Dieses Buch ist erhältlich als:
ISBN 978-3-407-25837-3 Print
ISBN 978-3-407-25874-8 E-Book (PDF)

1. Auflage 2020

in der Verlagsgruppe Beltz · Weinheim Basel
Werderstraße 10, 69469 Weinheim

Layout/Reihenkonzept: glas ag, Seeheim-Jugenheim
Umschlaggestaltung: © Jonathan Bachmann

Herstellung: Michael Matl
Satz: WMTP Wendt-Media Text-Processing GmbH, Birkenau
Druck und Bindung: Beltz Grafische Betriebe, Bad Langensalza
Printed in Germany

Weitere Informationen zu unseren Autor_innen und Titeln finden Sie unter: www.beltz.de

Inhalt

Hartmut Rosa

Lesen ist Leben – Was man von *Fack ju Göhte* lernen kann

Vorwort zu »Resonanzpädagogischer Deutschunterricht«

Wenn es zutrifft, dass man in der Schule für das Leben lernt, ja vielleicht sogar mehr noch: dass man in manchen Hinsichten *das Leben selbst* dort lernt, dann geschieht das vermutlich im Deutschunterricht. Dort jedenfalls am Häufigsten. Leben und Lesen sind nur durch einen Buchstaben unterschieden: Beides sind zuallererst Resonanzphänomene. Ihr Kern besteht in einem lebendigen, dynamischen Wechselspiel aus Hören und Antworten. Oder Vernehmen und Entgegengehen. Vielleicht ist alles Leben so: Ob etwas lebendig ist, zeigt sich in seiner Berührbarkeit. Man testet, ob ein Objekt lebt, dadurch, dass man es berührt – wenn es mit einer Bewegung antwortet, lebt es. *Welche* Bewegung es zeigt, ist dabei allerdings oft kaum vorhersagbar und nicht kontrollierbar; sie ist *unverfügbar*. Es gibt nicht die richtige und die falsche Bewegung. Ein solches Wechselspiel aus Berührtwerden und darauf Antworten in einem ergebnisoffenen Prozess, der die Beteiligten verwandelt: Das nennen wir Resonanz.

Für menschliches Leben ist Sprache ein, vielleicht *das* entscheidende Resonanzmedium. Wir lassen uns durch sie zutiefst und zuinnerst berühren, und wir lernen und vermögen es dann, uns in ihr und durch sie auszudrücken, zu antworten; uns als selbstwirksam zu erfahren und uns zu verwandeln. Solche Berührung und solches Entgegengehen findet in der Begegnung zwischen Lehrenden und Schülern statt, und ebenso auch im Pausenhofgespräch und in der Unterrichtsdiskussion zwischen Schülerinnen und Schülern; aber es ereignet sich auch und oft am nachhaltigsten im Lesen, in der Begegnung mit Literatur. Menschen sind nicht einfach nur Sprachwesen, sondern sie sind ihrem ganzen Wesen, ihrer Identität nach auch durch das Wunder der narrativen Resonanz gekennzeichnet. Wir lassen uns durch Geschichten, die wir hören oder lesen oder auch im Film oder Theater verfolgen, im Innersten berühren; wir verwandeln uns diese Geschichten an, nicht selten unter Tränen, wir machen sie uns zu eigen, und dabei verändern wir die Geschichten ebenso sehr wie uns selbst: Das einverleibte Buch, das anverwandelte Gedicht oder die erinnerte Geschichte sind immer mehr als die Buchstaben, und sie sind für jeden und jede anders.

Solche prägenden, manchmal lebensverändernden und sogar lebenspendenden Resonanzen stellen sich nicht beim ›Einpauken‹ ein, sie lassen sich nicht in Zahlen fassen, messen und vergleichen, sie lassen sich auch nicht systematisch herstellen durch das Drehen an ein paar methodischen, technischen oder didaktischen Stellschrauben.

Deshalb liefert dieses wunderbare Buch auch keine Blaupausen für resonanten Unterricht. Aber es weckt den Sinn für das, um was es jenseits vermittelbarer und abrufbarer Sprach-, Schreib-, Verstehens- und Interpretationskompetenzen im Deutschunterricht noch gehen kann: um nichts weniger als das Leben selbst, um das Kernelement gelingenden Lebens, nämlich um die Entwicklung menschlicher Resonanzfähigkeit. Viel ist dem gewonnen, der sich einmal von einem Gedicht, einem Roman, einer Novelle wirklich berühren, ergreifen und verwandeln lässt. Er oder sie lernt dabei, mit einem Anderen, einem Fremden, Irritierenden, vielleicht zuerst sogar Störenden so in Verbindung zu treten, dass dieses Neue keine Angst und keine Abwehr produziert, sondern eigene Selbstwirksamkeit erfahren lässt: *Da spricht etwas zu mir, das mir neu ist, das anders ist als ich, und ich vermag, es zu hören, darauf zu antworten, damit etwas anzufangen.* So entsteht das Neue, im eigenen Leben und in der Welt. So entsteht Lebendigkeit. So lernen junge Menschen, durch Sprache und Literatur mit dem anderen in sich selbst, in der Geschichte, in der Kunst, vielleicht sogar in der Religion und in der Natur in Resonanz zu treten. So entwickeln sie tragfähige Beziehungen zur Welt: Angstfrei, neugierig, selbstwirksam, lebendig.

Die Voraussetzung dafür ist – neben der Fähigkeit und der Bereitschaft, sich berühren zu lassen – Sprachfähigkeit: Die Kenntnis und die Beherrschung grammatischer Phänomene etwa erlaubt ein Verständnis und eine Verfeinerung des sprachlichen Resonanzspiels ganz eigener Art, und die Kraft von Metaphern liegt gerade darin, dass sie feine und untergründige Resonanzen oft sogar sinnlicher und leiblicher Art hervorruft – *Der müde, traurige Dezemberhimmel; die Wärme und der Glanz der Weihnacht; etwas, das uns auf den Magen schlägt; eine Mauer des Schweigens; an einer Sache Feuer fangen*: das kann man *spüren*. Und wie jeder und jede weiß, der oder die Tagebücher oder Briefe verfasst, eröffnet gerade auch das Schreiben Resonanzachsen zum eigenen Inneren ebenso wie zum Anderen – und erlaubt die Erfahrung einer spezifischen, expressiven Selbstwirksamkeit, die durch nichts zu ersetzen ist.

Die Erforschung solcher in der Sprache und durch die Sprache ausgelöster und vermittelter Resonanzen bietet durchaus noch viel Raum für die germanistische und linguistische und auch für die psychologische und pädagogische Forschung; wir wissen längst nicht alles, längst nicht genug darüber. Hier zeigt sich, dass Kompetenz durchaus hilfreich ist für die Erzeugung und Verfeinerung von Resonanz. Wer einmal ›Feuer gefangen‹ hat an einer Sache, will unausweichlich mehr über sie wissen, will tiefer in sie eindringen, sein Antwortrepertoire verfeinern, das Wechselspiel aus Hören und (auch *schreibendem*) Antworten immer weiter vorantreiben. Wer aber Kompetenz und Problemlösung für die Endzwecke des Lehrens und Lernens hält, hat nichts begriffen – nichts vom Leben und nichts vom Lesen.

Wo im Deutschunterricht das Leben oder die Welt selbst lebendig wird, sind die behandelten Texte oft nur die ›Auslöser‹ für vibrierende Resonanzdrähte: Sie öffnen die Türen dafür, dass die je eigenen Stimmen der Lehrerin oder der Schüler vernehmbar werden, wenn es gelungen ist, den Unterricht zum Resonanzraum werden zu lassen, zum Resonanzraum auch für eigene Geschichten. Die Voraussetzung dafür ist eine

Atmosphäre des Entgegenkommens, der Angstfreiheit, der Berührbarkeit, die immer auch Verletzbarkeit impliziert. Ja, den Deutschunterricht zur Resonanzzone zu machen (oder besser: *werden zu lassen*) ist auch methodisch und didaktisch voraussetzungsvoll, vor allem aber erfordert es, dass die Lehrenden bereit sind, *sich selbst aufs Spiel zu setzen*, ihre eigene Stimme nicht hinter Texten und Kompetenzen zu verstecken und zu verbergen. Kinder und Jugendliche wollen die eigene Stimme der Lehrkraft hören, die etwa mit einem literarischen Text in Resonanz tritt, die Berührbarkeit und Antwortfähigkeit exemplarisch vorführt und gerade dadurch die Resonanzachsen auch zwischen Schülern und Text zu öffnen vermag. Der unvergleichliche *Robin Williams* im *Club der toten Dichter* ist das beste – narrative! – Anschauungsbeispiel dafür; aber dieser Prozess der Verwandlung des Deutschunterrichts aus einer Entfremdungszone in einen Resonanzraum bildet sogar noch den tieferen Kern des karikaturhaften Erfolgsfilms *Fack ju Göhte.*

Solche Zusammenhäng zu verstehen, sie im Lehrerhandeln zu berücksichtigen und sich im Unterricht daran zu orientieren, ist das Ziel der Resonanzpädagogik, die im vorliegenden Band auf sehr vielfältige und höchst gewinnbringende und instruktive Weise aus den unterschiedlichen Perspektiven für den Deutschunterricht in den Blick genommen wird. Ich bin sicher, dass er große Resonanzen auslösen wird und vielleicht sogar manche Deutschstunde zu einer lebendigen, lebenspendenden Erfahrung werden zu lassen vermag!

Kristina Bismarck/Ortwin Beisbart

Was dieses Buch will

Was sind die Ursachen, dass Hartmut Rosas höchst komplexer Begriff »Resonanz«, gar als Leitbegriff für »Weltbeziehungen« bezeichnet, in erstaunlich kurzer Zeit auf ein öffentliches Interesse stößt, ja als Maßstab für gesellschaftliches Handeln diskutiert wird? Und das in eine äußerst rege Bildungsdiskussion und Bildungsforschung hinein, die für sich leichtfertig in Anspruch nimmt, auf bestem Weg zur Optimierung zu sein; höchstens noch gehemmt von technischen Defiziten, einer zu geringen Digitalisierung oder unterlaufen von zu vielen unwilligen älteren Lehrern (vgl. ZEIT, 1/2020, S. 67).

Es scheint andere Gründe zu geben als fehlende Technik, zu wenig Geld, zu wenige Lehrer oder unbrauchbares Unterrichtsmaterial.

Es bleibt ein Unbehagen gegen die normierten Test- und Prüfungsaufgaben, samt der Art und Weise, wie sie nach Normmaßen vorbereitet und durchgeführt werden, unbeschadet des berechtigten Anspruchs, mehr zu leisten als früheren Generationen vermittelt wurde. Doch woran sollte das »Mehr« erkennbar sein? Zumal wenn – wie nicht nur bei Rosa nachzulesen – über »Verdinglichung« auf der einen und über »Entfremdung« auf der anderen Seite geklagt wird. Rosa nimmt diese Erfahrung auf und bezeichnet Entfremdung als stummes »Selbst-, Ding- und Sozialverhältnis« des Subjekts (2016, S. 306).

Die Herausgeber dieses Buches und ihre Autorenkolleginnen und -kollegen, Lehrer und Wissenschaftler in den Bereichen Didaktik der deutschen Sprache und Literatur sowie der Bildungsforschung, haben sich mit der Aufgabe auseinandergesetzt, wie der weite Begriff »Resonanz« soweit »klein gearbeitet« werden kann, dass er gewissermaßen wie ein Treibmittel das Lehr-Lerngeschehen im Arbeitsfeld von Lehrenden und Lernenden mit den Weltthemen über Sprache, Texte, andere mediale Formen und den oft unreflektiert tradierten Weltbildern der Gesellschaft durchformt.

Hartmut Rosa hat von seinem Leitbegriff »Resonanz« aus Ziele für eine »andere« Gesellschaft benannt, die man mit Selbstverantwortung und sozialer Offenheit jedes Subjekts für Mensch, Natur, Kultur und Gesellschaft in einer vernetzten Welt zusammenfassen kann.

Die Konzeption eines resonanzpädagogischen Deutschunterrichts ist im Beitrag »Deutsch unterrichten – resonanzbasiert« dargestellt. Die weiteren Beiträge konkretisieren diesen theoretischen Denkrahmen anhand verschiedener deutschdidaktischer Themen in erweiterten praktischen Kontexten.

Zwei Forschungsbeiträge für Unterricht zum Schreiben (Beate Lessmann) und zum Rollenspiel (Katrin Geneuß) mit Kindern stehen am Anfang. Es folgt ein Aufsatz, der

Kommunikationsfähigkeit als die zentrale Aufgabe gemeinschaftlich und gesellschaftlich resonanter Zusammenarbeit entwickelt (Sabine Anselm und Anke Werani). Die Bedeutung von Resonanz als hohen Anspruch auch an Lehrende zu verstehen, wird an einem Gedicht und dessen didaktischem Potential (Klaus Maiwald), an Beispielen der systematischen Sprachbetrachtung (Michael Rödel) und an der Metaphorik der Sprache (Ortwin Beisbart) erkennbar. Verbindungen von Deutschunterricht und ästhetischer Wahrnehmung (Kristina Bismarck) und mit naturwissenschaftlichen Themen und ihrer medialen, zugleich kritischen und verantwortlichen Darstellbarkeit schließen sich an (Christian Hoiß).

Offener Zugang und leitender, reflexiver Anspruch an Schülerinnen und Schüler und – als Haltung und Kompetenz der Planung – an Lehrerinnen und Lehrer wollen zeigen, wie wichtig eine resonante und kommunikative, narrative und körpernahe Reflexion und kognitiv-empathische Verarbeitung ist, die in einem Algorithmen unterworfenen Bildungsmodell fehlt. In diesem Buch finden sich zahlreiche Anregungen, die helfen, auch vorhandenes »Material« in neuer Perspektive »resonant« zu prüfen, auf weitere Bereiche und konkrete Themenfelder des Deutschunterrichts anzuwenden und weiterzuentwickeln.

Bamberg, Juli 2020

Kristina Bismarck/Ortwin Beisbart

Deutsch unterrichten – resonanzbasiert

Ausgangssituation

Seit dem sogenannten Pisa-Schock wird Unterricht und Lernen im deutschen Bildungssystem nahezu ausschließlich mit dem Erwerb von Kompetenzen gleichgesetzt. Der ursprünglich dem Begriff »Kompetenz« zugeschriebene Anspruch, den Schülerinnen und Schülern Fähigkeiten zu vermitteln, mit denen sie in variablen Situationen Probleme erfolgreich und verantwortungsbewusst lösen können, wird dabei in der Praxis häufig verfehlt. Ein Blick in Unterrichtshandreichungen, Schülerarbeitshefte, Tests und auch in konkrete Unterrichtssituationen macht deutlich, dass der Erwerb von Kompetenzen als Vermittlung abfragbaren, begrifflichen oder standardisierten, d.h. auch prüfungsrelevanten Wissens verstanden wird, das in Tests bestätigt werden kann.

Verschiedene Theorien über Schule und Deutschunterricht

Schule und Unterricht waren seit ihrer Einrichtung immer ein Produkt der jeweiligen Gesellschaft oder bestimmter Gruppen, sie waren abhängig von deren Erwartungen und Interessen. So entstanden im Laufe der Zeit die unterschiedlichsten Theorien von Bildung, es wurden zahlreiche Lehrpläne ent- und wieder verworfen, die Phänomene »Kindheit« und »Adoleszenz« wurden immer wieder neu definiert und auch der Stellenwert von Sprache und Kommunikation innerhalb von Bildungsprozessen wurde immer wieder neu ausgelotet.

Der Unterricht selbst wurde von diesen verschiedenen Überlegungen und Strömungen jedoch kaum tangiert, die lange Tradition unterrichtlichen Handelns sowie die Überzeugungen der einzelnen Lehrkräfte in Bezug auf Bildung und Lernprozesse bildeten ein nahezu unerschütterliches Bollwerk.

Betrachtet man jedoch nur die kurze Epoche seit PISA, so haben die Zugriffe auf Schule und Unterricht ein bislang nicht bekanntes Ausmaß und Gewicht bekommen: Der enorme Erfolgsdruck, der das schlechte Ranking-Ergebnis Deutschlands im internationalen Vergleich auslöste, sowie die Erwartung schneller Veränderungen und Erfolge, haben bewirkt, dass von vielen Seiten in Schule und Unterricht eingegriffen wird.

Es gibt Ansprüche aus *Wirtschaft und Arbeitswelt*, schulische Leistung müsse deutlicher berufsbezogen, messbar und international anschlussfähig sein. Die Politik folgt diesen Ansprüchen mit entsprechenden Maßnahmen in der *Schulorganisation* und durch die veränderten Vorgaben neuer Lehrpläne. Die aktuellen (kompetenzorientierten) Lehrpläne wie auch die nationalen Bildungsstandards geben keinerlei Unterrichtsinhalte mehr vor. In fachdidaktischen Diskursen wird gar die Behauptung aufgestellt, für den Erwerb von bestimmten Kompetenzen seien die »Stoffe« beliebig; es gehe ja nur um notwendige Fähigkeiten und Fertigkeiten (Schilcher 2018, S. 38). Zwar wird in Standards der Lehrerbildung ein »Verfügungswissen« der Lehrer vorausgesetzt. Doch in der Praxis verlassen sich viele auf tradierte Unterrichtshandreichungen, die eine zufällige und zugerichtete Auswahl an Inhalten bieten. So werden vielfach Inhalte vermittelt, die nur im Kontext Schule als Kompetenzschmiede Bedeutung haben und Schülerinnen und Schüler nicht auf ein verantwortungsvolles Handeln in unterschiedlichen gesellschaftlichen und kulturellen Bereichen vorbereiten.

In der langen Tradition von Schule und Deutschunterricht hat man immer wieder Versuche unternommen, kognitive Fähigkeiten mit affektiven, emotionalen, sozialen und imaginativen Erfahrungen zu verbinden und sowohl Informationswissen als auch Orientierungswissen als notwendige Bedingungen von »Bildung« angemessen auszutarieren. Mit der Wende zur Kompetenzorientierung sind solche pädagogisch-didaktischen Leitlinien deutlich aus dem Gleichgewicht geraten: Bildung wird reduziert auf den Erwerb kognitiver, messbarer Kompetenzen, Lernen wird zu einer Anpassung an vorgegebene Normen – Entwicklungen, die Schüler/innen und Lehrer/innen gleichermaßen treffen.

Die *Bildungsforschung*, inzwischen hoch subventioniert, liefert *Gesellschafts- und Leistungsanalysen* und entwickelt Maßeinheiten, um Niveaus festzuschreiben. Sowohl Schüler/innen wie Lehrer/innen werden nur mehr an diesen Parametern gemessen. In der *Lehrerbildung* dominiert die Idee einer funktionalen Ausbildung und auch der *deutsch-didaktische Diskurs* folgt der Forderung, Instrumente zur Vermittlung zu entwickeln, die vielfältig routiniert einsetzbare Kompetenzen zum Ziel haben. Deren Routinierung bestimmt über die Leistung des Einzelnen. Konkrete, historische und erfahrungsbedeutsame Weltinhalte bleiben beliebig und werden als neutraler »Stoff« angesehen. Traditionen von Wissen wurden aus ihren realen Kontexten von Natur, Umwelt, Geschichte und Kultur gelöst und entweder frei verfügbar gemacht oder gestrichen.

Kritische Stimmen zur aktuellen Situation

Die hier geschilderten Entwicklungen werden auch im öffentlichen Diskurs wahrgenommen und deutlich kritisiert – diese zahlreichen und lauten Stimmen dürfen im fachdidaktischen Diskurs nicht überhört werden. Die Diskussion um den Begriff »Bildung« wurde in einer Reihe von Publikationen neu entfacht. Die Reduzierung des Unterrichts auf den Erwerb von Kompetenzen wurde als »teaching to the test« kritisiert, die Orientierung am »Outcome« als behavioristischer Drill, als Versuch »in industrieller Weise allen das Gleiche einzubläuen« (DIE ZEIT, 26.4.18) bezeichnet. Folge sei »Entfremdung«, sowohl der Schüler/innen wie der Lehrer/innen, ja der gesamten künftigen Generation.

Deutschunterricht als das gemeinsame Aufbauen von Weltbeziehungen

Andererseits: Es kann weder sinnvoll sein, ein nostalgisches Bildungsideal wiederzubeleben, noch kann alleine die »Lehrerpersönlichkeit« für gelungene Lernprozesse verantwortlich gemacht werden. Zwar wird für eine Stärkung des Unterrichts plädiert – ohne jedoch die Frage zu beantworten, welche Aufgaben schulischer Unterricht überhaupt übernehmen soll und kann, und wer für ihn verantwortlich ist.

Genau an dieser Frage setzt ein Deutschunterricht an, der auf Resonanzen und Resonanzfähigkeiten stützend aufbauen will. Als Basis für ein sinnvolles Lehren und Lernen müssen die Schüler/innen und Lehrer/innen als soziale und kulturelle Wesen sichtbar werden und gemeinsam einen Weg beschreiten können, der zwischen dem Streben nach Individualität und der Orientierung in einer sie betreffenden und zu gestaltenden Welt zu verorten ist.

Der weite Kontext von Unterricht

Wir rücken deshalb zunächst den Unterricht in seiner freilich nie völlig darstellbaren Komplexität in den Blick. Unterricht wird als ein weit gefasster Beziehungsraum verstanden, in dem Schüler/innen, Lehrer/innen, Weltphänomene, Symbolformen und Formen der wechselseitigen Erschließung und Vermittlung gleichwertig zueinander in Beziehung treten und Weltbeziehungen gestaltet werden können. Alle »Akteure« im Beziehungsgefüge Unterricht haben einen eigenen Anspruch auf Wahrnehmung und Identität, und sind zugleich Teil eines Prozesses wechselseitiger Einwirkung und Transformierung.

Der Deutschunterricht nimmt im Rahmen des Fächerkanons bei dieser Aufgabe, gemeinsam »Weltbeziehungen aufzubauen«, eine wichtige Rolle ein: Hier sind zentrale Symbolformen, die den Aufbau von Weltbeziehungen wesentlich tragen und entwickeln, beheimatet, nämlich Sprache und Literatur.

Dieses »ideale« Grundmodell ist auf den ersten Blick nichts umstürzend Neues. Es wird in der Praxis in seinen Gewichtungen jedoch häufig missverstanden. Aufgabe jeder unterrichtlichen Planung muss es jedoch sein, die einzelnen Aspekte des Beziehungsraums »Unterricht« zu berücksichtigen und in ein ausgewogenes Verhältnis zu bringen.

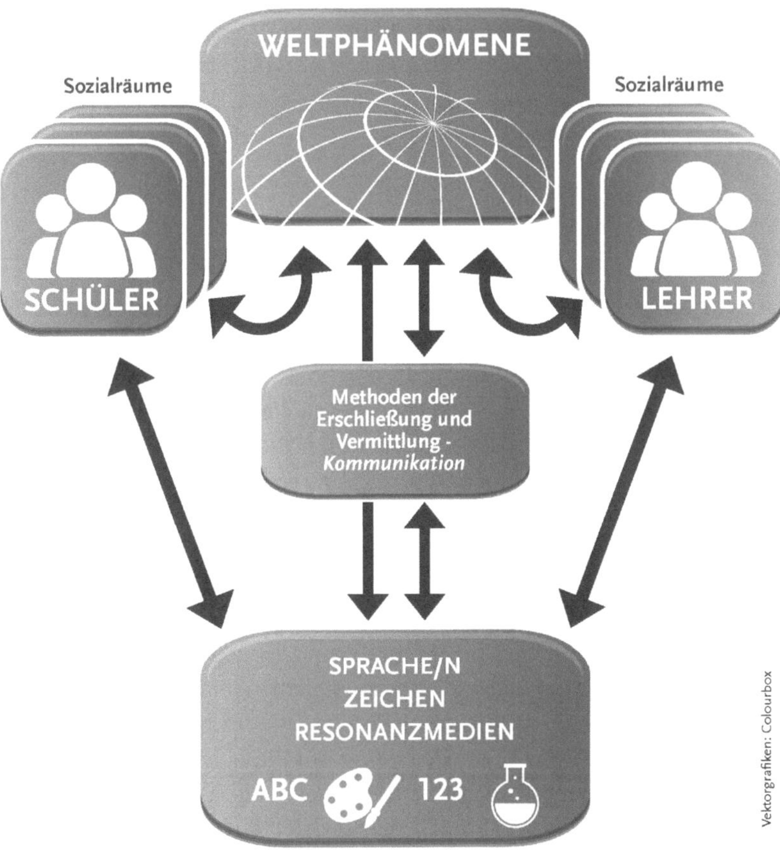

Abb. 1: Modell 1a: Der weite Kontext von Unterricht

Hier soll es zum einen deutlich machen, dass die Beteiligten – also Lehrer/innen wie Schüler/innen – sich in einem System befinden, das größer ist als Unterricht. Zwar sind die Sozialräume, in denen sich sowohl die Handelnden bewegen, hier nur benannt. Dennoch spielen sie eine bedeutsame Rolle für Planung, Durchführung und Bewertung von Unterricht. Denn alle Beteiligten handeln mit Vorwissen, Vorerwartungen, Einstellungen und – besonders die Lehrenden – mit sedimentierten Routinen und Erfahrungen, die direkt oder auch kryptisch auf das Unterrichtsgeschehen einwirken. Sie müssen folglich immer mitbedacht werden. Im Innenraum aber wirken weitere Akteure mit eigenem Anspruch mit. So ist von verschiedenartigen Beziehungsverhältnissen auszugehen, die sehr unterschiedlich verlaufen und unterschiedlich wirken können. Aufgabe jeder unterrichtlichen Planung muss es demnach sein, die Aspekte des Beziehungsraums »Unterricht« zu berücksichtigen. Einwirkungen gehen nie nur von einer Seite aus. Auch wenn Lernende und Lehrende den »Zugriff« zu den »Sachen« und den Instrumenten zu haben scheinen, ist generell nur von einer Berücksichtigung aller Subjekte im Miteinander – »Subjekte« in *einem weiten Sinne* verstanden – zu sprechen: im Sinne eines Aufbaus von Weltbeziehungen. Sowohl die *Welt-Dinge* und die *Probleme*, die *Texte* und die *Sprache*, und die Schüler/innen mit ihren Lehrer/innen haben einen je eigenen Anspruch auf Wahrnehmung, auf eine eigene Stimme, ja auf eine »Identität«.

Problematische Reduzierungen vermeiden

Definiert man Unterricht als einen von der Welt ablösbaren Raum (eine Prämisse, die nahezu allen Konzeptionen eines kompetenzorientierten Unterrichts zugrunde liegt), hat dies problematische Folgen: Sowohl in den Sozialräumen als auch innerhalb des »Systems Unterricht« werden an wichtigen Stellen Verkürzungen und Reduktionen vorgenommen. Dies trifft, genau besehen, nicht nur die Auswahl und die Gewichtung und Bewertung der »Weltphänomene«, nicht nur bestimmte Zielsetzungen, hat nicht nur Auswirkungen auf die Art und Weise des Umgangs mit Sprache und Medien. Die Reduktionen betreffen auch die Lehrer/innen und die Schüler/innen: ein problematisches Menschenbild.

Der Zugriff seitens der Bildungsforschung zwingt Lehrer/innen nahezu durchgehend, mit ihrem unterrichtlichen Planen und Handeln den Maßstäben der Messbarkeit gerecht zu werden. Es gibt jedoch keine zwingenden Gründe, diesen Maßstab der Funktionalität unbesehen zu akzeptieren. Unterricht wird nicht ohne Verkürzungen auskommen, doch selbst Prinzipien wie etwa »vom Einfachen zum Komplexen, vom Konkreten zum Abstrakten« sind nicht unbesehen zielführend. Aber die aktuellste Forderung, Unterricht sei ein Labor, in dem Lehrer zugemutet werden soll, selbst Forschungssituationen zu inszenieren, ist resonanzdidaktisch höchst problematisch (Pieper 2018). Verkürzungen hinsichtlich der Sozialräume, aus denen Schüler/innen und Lehrer/innen kommen, sind dabei noch gar nicht thematisiert, obgleich Einstellungen und bereits verfügbare »Kompetenzen« eine wichtige Ausgangsbasis allen Weiterlernens sind, ebenso wie Sinnerwartungen als »richtungsgeleitetes und selektives Verstehen« (Birkmeyer 2014, S. 764).

Reduktionen – dargestellt durch die Querbalken im Modell 1b – finden an zentralen Stellen des Beziehungsraumes Unterricht statt. So, wenn das Vorwissen der Schüler/innen nicht zureichend einbezogen ist und nicht ihr eigener Denkhorizont; oder ihr Sprachstand, wenn Sprache ausschließlich als starres Normsystem vermittelt wird, wenn literaturwissenschaftliche Begriffe sich über Verstehenszugänge von Literatur und deren Weltbilder legen, wenn Lehrer sich bei Auswahlentscheidungen blind an Testangebot und Lehrbuchwissen orientieren, die dann als »Kompetenzziel« bezeichnet werden.

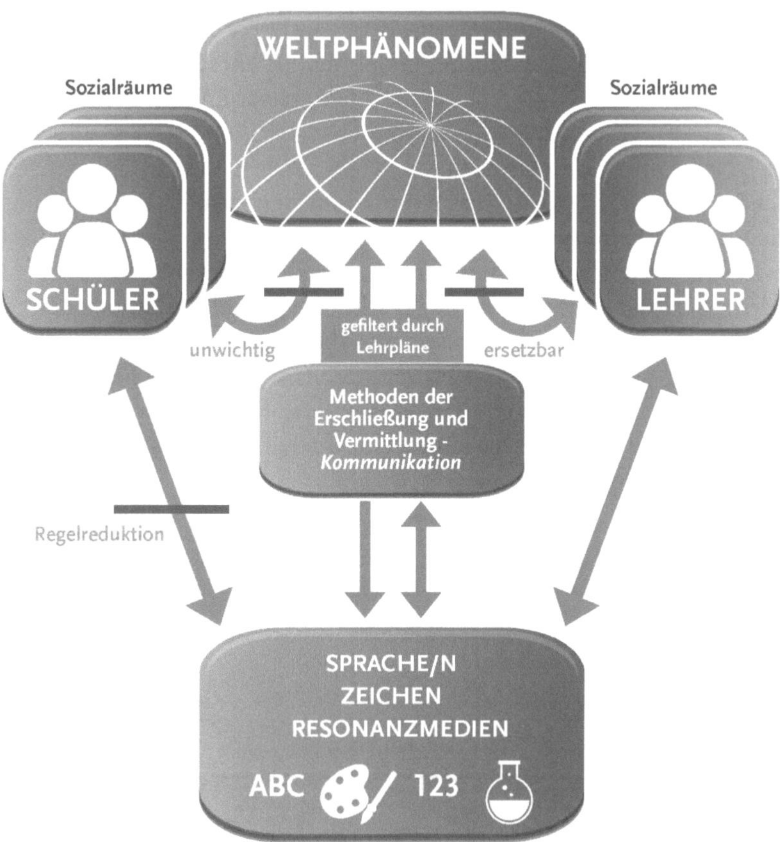

Abb. 2: Modell 1b: Problematische Reduzierungen vermeiden

Dass Unterrichten immer auch »Auswählen« und »Filtern« bedeutet, liegt auf der Hand: Selbst einzelne Weltphänomene lassen sich niemals in ihrer gesamten Komplexität in den Resonanzraum Unterricht integrieren (von dem engen zeitlichen Rhythmus eines gängigen Schultages ganz zu schweigen). Ein Teil dieser Reduktionen bleibt also unvermeidbar. Dieser Vorgang wurde zu Recht – und zugleich oft in problematischer Weise – als »didaktische Reduktion« oder als »pädagogische Fürsorge« bezeichnet.

Von besonderer Brisanz sind *drei* Stellen:

- Die eine Stelle ist die zwischen den Weltphänomenen und dem Unterricht eingefügten Vorschriften, Zielsetzungen, Medien und Materialien, sowie die Testformate – zumeist solcherart »standardisiert«, dass die individuellen Bedürfnisse, Interessen und Zugänge der Lernenden keinen Platz haben.
- Die zweite Stelle ist der Handlungsspielraum und das Selbstverständnis der Lehrer/innen. Auf der einen Seite werden Lehrer/innen durch den nahezu inhaltsfreien, kompetenzorientierten Lehrplan bei der Auswahl angemessener und sinnvoller

Weltphänomene völlig alleine gelassen. Viele Lehrkräfte fühlen sich mit dieser Aufgabe überfordert und verwenden mehr oder weniger unreflektiert Unterrichtshandreichungen und Kopiervorlagen, die dann unmittelbar und unverändert im Unterricht eingesetzt werden. Oder aber sie greifen auf tradierte Inhalte zurück, die sich bereits in jahrelanger Unterrichtspraxis bewährt haben. Auf der anderen Seite sind die Lehrkräfte paradoxerweise vollkommen abhängig dem erwarteten Kompetenzaufbau und den damit verbundenen standardisierten Tests, werden doch schlechte Testergebnisse unmittelbar als Resultat schlechten Unterrichts gewertet.

- Eine dritte Stelle sind die Formen der Erschließung und Vermittlung der Weltphänomene: Die Orientierung am sogenannten »Outcome« vernachlässigt den Prozess der Aneignung und Auseinandersetzung mit verschiedenen Inhalten. Die so entstandene Leerstelle wird durch das sedimentierte Handlungswissen aus früheren Traditionen ersetzt, von dem alle künftigen Lehrer/innen irgendwie schon als Schüler/innen mitgeprägt wurden.

Deutschunterricht als ein dynamischer Prozess von Wahrnehmen – Gestalten – Teilen

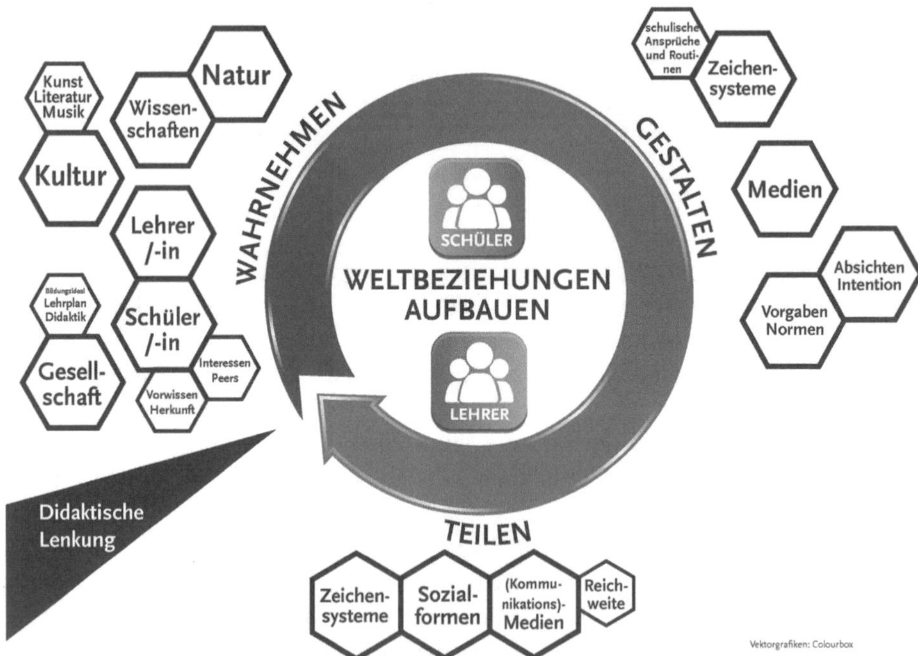

Abb. 3: Modell 2: Ein zirkulärer Prozess von Wahrnehmen – Gestalten – Teilen bestimmt unterrichtliches Handeln

Resonanzbasierter Deutschunterricht ist als ein zirkulärer Prozess von Schüler/innen und Lehrer/in zu verstehen, der von drei zentralen Begriffen geprägt ist.

Wahrnehmen

Ausgangspunkt jeden Lernprozesses im Deutschunterricht ist die sorgfältige Wahrnehmung eines Weltausschnittes, dessen Umfang angesichts der jeweiligen Situation enger oder weiter sein kann. Dies beginnt schon bei der Planung des Unterrichts, die Lehrerin muss diesen Prozess zunächst alleine durchlaufen, wobei dessen mögliche Erweiterungen bereits mitgedacht werden. Danach durchläuft die Lehrerin den Prozess gemeinsam mit den Schüler/innen. Wahrnehmung ist ein dialogischer Beziehungsprozess, der grundsätzlich alle »Akteure« gleichermaßen betrifft – alle haben Anspruch auf Beachtung. Wahrnehmung bedeutet, mit dem Weltausschnitt in Kontakt zu treten, in Beziehung zu dem Unterrichtsgegenstand zu gehen, Resonanzen zuzulassen. Das bedeutet aber auch, dass sich der Wahrnehmungsprozess verändert, sobald weitere Akteure (die Schüler/innen), ihre Vorstellungen, ihr Vorwissen und ihre Einstellungen in diesen Prozess einbezogen werden. Unterricht ist also immer nur bis zu einem gewissen Grad hin planbar.

Resonanz ist nicht zu verwechseln mit einer »Motivationsphase« zu Anfang eines Lernprozesses, die möglichst schnell durch Lenkung der Lehrkraft übersprungen werden müsse. Die gültigen Ansprüche von Welt, Schüler/innen, Lehrer/innen und den Symbolsystemen sind prinzipiell resonanzfähig.

Dies trifft zum Beispiel auf den Lernbereich »Texte verfassen« zu, noch unabhängig davon, welche Funktion der zu schreibende Text einnehmen soll: Will ich etwas beschreiben, ist der zu beschreibende Gegenstand in seinen Ansprüchen und Verortungen Ausgangspunkt jeder Weiterarbeit. Im Lernbereich Sprachbetrachtung wird ein sprachliches Phänomen etwa als wahrnehmbarer Formanspruch wie als Gestaltungsmittel sichtbar, im Lernbereich Lesen wird ein Text als spezifischer Zugang zur »Welt« erschlossen und im Bereich Sprechen die Situation, in die hineingesprochen wird, nicht nur strategisch, sondern auch hinsichtlich ihrer möglichen Bedingungen erfahrbar gemacht.

Diese Beschreibungen deuten an: Wahrnehmungen können auf ganz unterschiedlichen Ebenen stattfinden, gehen aber immer auf einen Sinn zu, der erst gefunden werden kann durch Formen der Erarbeitung. Im Deutschunterricht ist Sprache das wichtigste Medium der Verarbeitung und Darstellung, aber auch viele weitere Medien, wie zum Beispiel visuelle Gestaltung, körperliche Ausdrucksformen oder akustisches Gestalten. Es ist von großer Bedeutung, die Wahrnehmungen nicht voreilig zu verengen, wie es häufig im Kontext Schule durch verschiedene Vorgaben wie zum Beispiel Lehrplan, Testformate, didaktische Erwägungen – insbesondere ungeprüft als so benannte »didaktische Reduktion« – geschieht. Wahrnehmung ist weder rein subjektiv-emotional noch rein kognitiv oder normgeleitet zu beschreiben. Dem Weltausschnitt wird in den Köpfen der Wahrnehmenden ein je eigenes Konstrukt des Wahrgenommenen gegenübergestellt. Deshalb müssen ganzheitliche Vorstellungen, die zunächst ja flüchtig und nonverbal sind, fassbar und gestaltbar gemacht werden. In der Wahrnehmungspsychologie unterscheidet man daher zwischen einer ersten, subjektiv erfahrenen, erlebten Wahrnehmung, dem sogenannten Perzept, dem sich kognitive Vorgänge anschließen können, wie zum Beispiel Erkennen, Urteilen, Sich-Erinnern, Assoziationen. Erst aus dem Zusammenspiel dieser beiden Elemente (Perzept und kognitive Vorgänge) kommt es zu einer ganzheitlichen Wahrnehmung, die in Erkenntnis münden kann.

Zur Veranschaulichung haben wir aus einem dritten Schuljahr das Beispiel eines »Tierrätsels« herausgegriffen. Anhand dieses Beispiels zum Thema »Beschreibung eines Tieres« zeigen wir, wie – auch im Rahmen der Vorgaben des Lehrplans – ein Deutschunterricht aussehen könnte, der zum Ziel hat, gemeinsam mit den Schüler/innen Weltbeziehungen aufzubauen. Und dann vergleichen wir, wie die Veränderungen seit Pisa sich auf den aktuellen Unterricht auswirken. Das hier gezeigte Bild des aktuellen Unterrichts wurde aus Unterrichtsbeobachtungen, Unterrichtsmaterialien, Testformaten und Schülerergebnissen rekonstruiert.

Die Kompetenzerwartung des LPs gibt zum Thema »Texte planen und schreiben« Folgendes vor: »Die Schülerinnen und Schüler verfassen eigene informierende, beschreibende Texte und achten dabei auf eine reihende Darstellung sowie eine logische Anordnung der Informationen.«

Wir erkennen als den Ausgangspunkt die *Wahrnehmung eines Weltausschnittes* (hier: ein Tier). Diese Wahrnehmung kann ganz unterschiedliche Formen annehmen. Die subjektive Wahrnehmung der Schüler/innen ist maßgeblich geprägt von ihren *Vorerfahrungen* oder *Interessen*: Welche Tiere kennen die Schüler/innen als Lebewesen oder aus Bildern? Welche Tiere interessieren sie? Was nehmen sie an einem Tier wahr (Aussehen, Verhalten, Lebensraum)? Das gleiche gilt für die Wahrnehmung der Lehrkraft. Sie ist über die »Stoff«-Wahrnehmung hinaus durch ihre *Rolle als Lehrende* geprägt: Sie muss das Vorwissen der Schüler/innen auch zum Schreiben mit im Blick haben: Über welche Strategien verfügen sie? Und auch mögliche Wege/Formen der geplanten Weltbegegnung berücksichtigen: Welche Struktur/Ordnung kann ich ihnen anbieten? Wie kann ich die Wahrnehmung der Schüler/innen ausdifferenzieren? Auf welcher (medialen) Basis soll die Wahrnehmung erfolgen? Auch die die Schüler/innen und Lehrkraft umgebenden Sozialräume haben eine eigene Perspektive auf das Thema »Beschreibung eines Tieres«, so interessiert zum Beispiel die Eltern häufig der Nutzen für die weitere Bildungslaufbahn ihrer Kinder, die für die Organisation von Bildungsprozessen zuständigen Personen fragen nach dem möglichen Kompetenzaufbau und nicht zuletzt haben auch die Erkenntnisse der unterschiedlichen Wissenschaftsbereiche sowie verschiedene kulturelle Prozesse und Produkte (Literatur wie zum Beispiel Sachliteratur oder Kinder- und Jugendliteratur/bildende Kunst/Musik) eine eigene Perspektive auf den wahrzunehmenden Weltausschnitt.

Gestalten

Im deutschdidaktischen Diskurs ist die Tatsache, dass die Begegnung, diese erste Wahrnehmung des Weltausschnittes zunächst einmal individuell, flüchtig und häufig auch nicht primär an Sprache gekoppelt ist, zwar seit langem bekannt. Um diese Wahrnehmung aber nicht zu überspringen, sondern sichtbar zu machen und gewissermaßen zu materialisieren, muss sie in irgendeiner Form gestaltet werden. Sie drängt dazu, Gestalt anzunehmen. Wahrnehmungen können niemals identisch sein, sondern sie werden immer auch durch den Wahrnehmenden gefiltert, strukturiert und geordnet. »Gestalten« ist ein individueller und zugleich in den Bedingungen der Kommunikation sich entwickelnder Prozess.

Im Deutschunterricht geschieht das Gestalten häufig in Form von Sprache, also Sprechen und Schreiben. Es sind jedoch weit mehr Formen der Gestaltung denkbar und möglich, auch Körper, Stimme und Raum wirken mit, unterschiedlichen Faktoren beeinflussen sie: Welche Absichten verfolge ich? Welche Zeichensysteme stehen mir zur Verfügung?

Bezogen auf unser Beispiel kann das Gestalten zum Beispiel auf der normativen, formalen, regelorientierten Ebene stattfinden. Basis bilden hier orthografische/grammatische/semantische Regelwerke. Das Gestalten kann sich aber auch an der Textsorte »Beschreibung« ausrichten. Auch eine Orientierung an der internen (Text-)Grammatik der Schüler/innen ist denkbar. Nicht zuletzt ist auch die Verwendung eines anderen Zeichensystems denkbar, das zum Beispiel visuelle, akustische oder mediale Aspekte mit einbezieht.

In eigenen Gestaltungsversuchen erproben die Schüler/innen und Lehrer/innen verschiedene Perspektiven auf den gewählten Weltausschnitt. Der Begriff »Gestalten« umfasst auch die Möglichkeit, einen eingeschlagenen Weg als nicht gangbar zu verwerfen. Auch das mögliche Scheitern muss als Bestandteil eines Bildungsbegriffes integriert werden – vielleicht alleine deshalb, um das Glücken eines anderen Weges umso intensiver zu erleben.

Teilen

Der individuelle Prozess bedarf der Erweiterung, der »Mit-Teilung«: Weltbeziehungen zu gestalten umfasst demnach auch die Bereitschaft, die eigenen Wahrnehmungen sowie deren Gestaltung mit einem Gegenüber (Schüler/innen und/ oder Lehrkraft – und wie auch weitere Bereichen der »Öffentlichkeit«) zu teilen. Durch den Austausch mit einem Gegenüber können die eigene Wahrnehmung und der Gestaltungsprozess überprüft und ergänzt, modifiziert und korrigiert werden. Daher ist der hier dargestellte Prozess auch kreisförmig dargestellt, im Idealfall kann dieser Prozess mehrfach bzw. auf unterschiedlichen Ebenen durchlaufen werden. Dieser Prozess bereichert auch die Wahrnehmungen des Einzelnen, ein Lernprozess wird in Gang gesetzt.

Ein Blick in die Realität unterrichtlichen Handelns

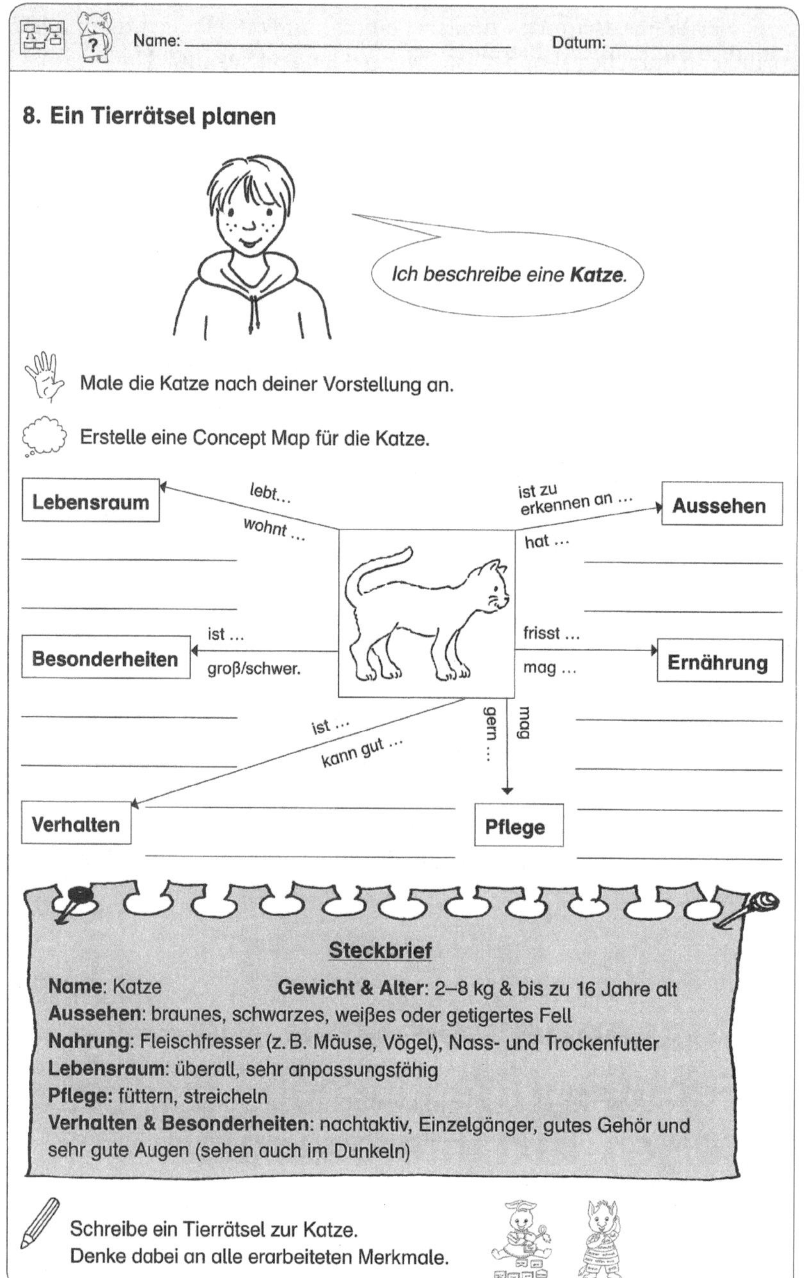

Abb. 4: Kompetenzorientiertes Unterrichtsbeispiel

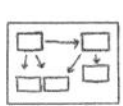

10. Bewertungsgrundlage (KV 1)

Das möchte ich dir zu deinem Tierrätsel sagen: Name: ____________

1. Concept Map	☺	😐	☹
Du **planst** dein Rätsel **mit Stichpunkten**.			
Deine Concept Map enthält **alle wichtigen Informationen**.			
Deine Concept Map ist **übersichtlich**.			
2. Tierrätsel-Text	☺	😐	☹
Du beschreibst den **Lebensraum** genau.			
Du beschreibst das **Aussehen** genau.			
Du beschreibst, was dein Tier **frisst**.			
Du beschreibst die **Pflege**.			
Du nennst die **Feinde** des Tieres.			
Du erklärst das **Verhalten** des Tieres.			
Du beschreibst noch weitere **Besonderheiten** deines Tieres.			
3. Tierrätsel: Sprachliche Gstaltung	☺	😐	☹
Du beschreibst **sachlich**.			
Du beginnst mit einem **Einleitungssatz**.			
Dein Rätsel endet mit einem **Schluss-Satz**.			
Du verwendest **passende Adjektive und Farbwörter**.			
Du verwendest **passende Fachbegriffe**.			
Du verwendest **verschiedene Satzanfänge**.			
Du **stellst** deine **Sätze um**.			
Du schreibst dein Rätsel gut **lesbar** und **übersichtlich** auf.			

38 Wir erstellen Concept Maps und schreiben Tierrätsel

Die Vorgaben, die wir hier sehen, sind einer Unterrichtshandreichung zum Thema »Beschreiben« entnommen. Die Unterrichtsmaterialien wurden auch im aktuellen Unterricht verwendet, um eine Unterrichtssequenz zu gestalten und eine Leistungsüberprüfung durchzuführen.

Didaktische Hinweise zu diesem Prozessmodell:
Selbstverständlich sind nicht alle der genannten Ebenen in eine Unterrichtsstunde zu integrieren, es muss eine Auswahl getroffen werden, wichtig ist uns aber die Auswahlmöglichkeit und die Vermeidung von frühen Engführungen.
Jüngere Schüler/innen benötigen ein größeres Maß an Gewissheiten/Strukturen/Regelmäßigkeiten (bevor man Normen durchbrechen kann, müssen diese verfügbar sein), aber umgekehrt sind gerade jüngere Schüler/innen oftmals noch wesentlich offener und bereit, sich auf verschiedene Perspektiven einzustellen, weil sie noch kein so festgefügtes Wissenssystem haben.

Bereits der Titel der Unterrichtssequenz ist irreführend. Ein Rätsel ist keine Beschreibung. Bei einem Rätsel geht es gerade nicht um eine möglichst genaue Beschreibung, sondern um das bewusste Vorenthalten von direkten Informationen durch kenntnisreiche und geschickte Verschlüsselung. Die Motivation der Schüler/innen wird zudem verfehlt, da alle ein Rätsel zum gleichen Tier verfassen sollen.

Der Aspekt der *Wahrnehmung* wurde sofort auf die schulische Funktion der Textsorte verengt. Ziel war es, abprüfbares Wissen zu vermitteln. Die Schüler/innen hatten nicht die Gelegenheit, selbständig mit einem Weltausschnitt (ein Tier) in Kontakt zu treten, sondern mit bereits gefilterten, strukturierten Informationen. Auch das Kennenlernen einer »Concept Map« als eine Form der Wahrnehmung ist verfehlt, weil die Ordnungskategorien durch die Stichpunkte und die dazugehörigen Überschriften bereits vorgegeben waren. Auf diese Weise haben die Schüler/innen lediglich Informationen von einem Ordnungssystem in ein anderes übertragen. Ein Erproben, ein Sich-Ausprobieren ist in diesem Unterrichtskonzept nicht vorgesehen, sowohl das Ergebnis, nämlich das »Tierrätsel« als auch alle Inhalte (siehe Steckbrief) sind bereits vorgegeben.

Das *Gestalten* der Wahrnehmung innerhalb eines bestimmten Zeichensystems wurde durch sehr enge formale und inhaltliche Vorgaben enggeführt. Die Schüler/innen konnten keine eigene Struktur entwickeln und auch keine Schwerpunkte setzen. Vorgabe war, möglichst alle Informationen wiederzugeben. Der Eingangs- und Schlusssatz war vorgegeben, die in Stichpunkten vorgegebenen Informationen mussten nur noch in Sätze umformuliert werden. Die Schüler/innen haben sich weder an einem übergeordneten Regelsystem orientiert, noch an einer kommunikativen Absicht (diese wurde durch die irreführende Überschrift verschleiert), noch an der eigenen internen Grammatik (auch hier gab es lediglich leere, nicht funktional begründete formale Vorgaben: Verwende unterschiedliche Satzanfänge). Die einzige Leistung, die die Schüler/innen erbracht haben, war, sich an schulische Normen/schulische Traditionen anzupassen und aus Stichpunkten ganze Sätze zu formulieren.

Durch die engen Vorgaben wurde auch ein Aushandeln überflüssig. Ein Blick auf die Schülerprodukte hat gezeigt, dass diese nahezu identisch waren. Der Aspekt *Teilen* wurde auf die Korrektur durch die Lehrkraft reduziert. Die Schüler/innen haben weder die Texte der anderen kennengelernt, noch haben sie eine Rückmeldung über die Wirkung ihres Textes erhalten. Bewertet wurde die Einhaltung der Norm – in Form eines Feedbackbogens, der einen reflektierenden Austausch nicht anregt.

Rahmenbedingungen unseres Konzeptes

Weltbeziehungen aufbauen – das Resonanzmodell von Hartmut Rosa

Ausgangspunkt und Ziel unseres Konzeptes ist das gelingende menschliche Zusammenwirken in einer offenen Welt, ein Anspruch, den Hartmut Rosa mit »Resonanz« benennt. Auch Unterricht muss als ein solcher Resonanzraum verstanden werden.

Nur durch wechselseitige Begegnungen gelingt es, alle Aktanten des Unterrichtsprozesses so zu »behandeln«, dass sie so etwas wie Identität oder Persönlichkeit aufbauen, und sich andererseits in gesellschaftlichen Zusammenhängen wie zum Beispiel Natur, Technik, Arbeitswelt, Kultur und Wissenschaft zu orientieren. Die Schüler/innen sollen zum einem lernen, »mit eigener Stimme [zu] sprechen« (Rosa 2016, S. 298) andererseits aber auch respektvoll mit dem Gegenüber in Kontakt zu treten. Wenn man ein Resonanzgeschehen mit »Sinn« interpretiert, so ist Wahrnehmen der Beginn jeder Begegnung. Durch das Ermöglichen und Erweitern sinnhafter Begegnungen erfahren die Schüler/innen Selbstwirksamkeit und übernehmen Verantwortung für ihren Lernprozess sowie für die ihnen anvertrauten Weltausschnitte. Rosa spricht von einer »Antwortbeziehung«, die nicht mit einem »emotionalen Zustand« zu verwechseln ist, sondern immer eine selbstreflexive Form annehmen muss. Der in der Öffentlichkeit vielfach beklagte Mangel an Wertorientierung im Unterricht ist zentraler Bestandteil des resonanzbasierten Deutschunterrichts, wenn darunter die Offenheit für das Andere und das Gegenüber mit der Sinnfrage auch für sich selbst übereinkommt (Rosa 2016, S. 298).

Multiperspektivität zulassen und schulen

Das Resonanzmodell von Hartmut Rosa ist ein anthropologisch und soziologisch fundiertes und damit auch ein tragfähiges pädagogisches Modell, das unterrichtliches Handeln vor allem als Beziehungen (Rosa bezeichnet diese als Resonanzachsen) zwischen Lehrenden, Lernenden und Weltausschnitten in den Blick nimmt. Verschiedene didaktische Dimensionen, wie zum Beispiel die zu vermittelnden Inhalte, die Möglichkeiten der Erschließung dieser Inhalte sowie die dafür benötigten Symbolformen wie Sprache, Medien und andere Zeichensysteme werden daher nicht bis in Handlungskontexte ausartikuliert und berücksichtigt.

Deshalb wird in dem hier vorgestellten Konzept dem Grundsatz Rosas, Weltausschnitte als grundsätzlich resonanzaffin in den Unterricht einzubeziehen, die Einsicht Ernst Cassirers an die Seite gestellt: »Verstehen ist nie universell«. Dessen Theorie der »Symbolischen Formen« zeigt zum einen, dass dieselbe »Welt« immer nur mit den je verschiedenen Mitteln – also nie irgendwie »direkt« – erfahrbar wird, zum anderen, dass diese verschiedenen Symbol-»Sprachen« Weisen der Welterfahrung abbilden und bilden können (Cassirer 1994). Die Auseinandersetzung mit Wortsprache als Teil des Symbolsystems ist zentraler Auftrag des Deutschunterrichts. Sie fasst in sich so vielgestaltig die Welt, dass die in der Bildungstheorie erkennbare Verkürzung auf den Begriff »Verkehrssprache« als Teil von sogenannter »Basiskompetenzen« ein Zeichen problematischer Reduktionen und absolut unzulänglich ist (Baumert 2002, S. 108).

Ein zentraler Anspruch des resonanzbasierten Deutschunterrichts ist es daher umso mehr, sowohl die sprachlichen und medialen Weisen der Welterschließung und Weltdeutung in ihrer ganzen Vielfalt zu erfassen und die jeweils thematisierten Weltausschnitte aus möglichst verschiedenen Perspektiven zu betrachten, ohne sie sogleich auf ein Format eines Wissenstests und einige Fachbegriffe zu reduzieren. Die Schüler/innen werden so befähigt, multiperspektivisch zu denken, ihren eigenen Standpunkt zu reflektieren und sich in unterschiedlichen gesellschaftlichen Kontexten zu orientieren.

Grundsätzlich darf resonanzfähige Sprache weder allein als Mittel, Gefühle auszudrücken, noch als bloße Begriffsbildung verstanden werden. Vielmehr muss thematisiert werden, welche Formen von Sprache Formen der Begegnung (Resonanzen) und der aktiven »Weltgestaltung« ermöglichen. Versteht man Lernen und Unterricht als eine wechselseitige Begegnung mit einem Weltausschnitt, dann muss auch die Reflexion über Sprache einen anderen Stellenwert haben können als den eines bloßen Instruments.

Am Anfang war der Perspektivenwechsel
Tomasellos Modell der Entwicklung des menschlichen Denkens

Das resonanzbasierte Modell von Unterricht lässt sich noch durch einen weiteren wissenschaftlichen Ansatz legitimieren: Tomasellos Erkenntnisse zur Entwicklung des menschlichen Denkens. Die Integration dieses Ansatzes ist für das vorliegende Konzept von besonderer Bedeutung, da auf diese Weise Ergebnisse der soziologischen, pädagogischen und didaktischen Forschung mit Ergebnissen naturwissenschaftlicher Forschung in Beziehung gesetzt werden. Ein besonderes Anliegen des resonanzbasierten Unterrichtsmodells ist es, die häufig im didaktischen Diskurs vorzufindenden Dichotomien von kognitiv versus affektiv, von empirischer versus hermeneutischer Forschung, von handlungsbezogenem versus analytischen Wissen zu überwinden.

Tomasello bietet Erkenntnisse, die den Ansatz einer resonanzbasierten Deutschdidaktik aus einer naturwissenschaftlichen Perspektive ergänzen. Er untersucht die Spracherwerbsprozesse von Kindern in Abgrenzung zu der Kommunikation anderer Primaten und kommt dabei zu erstaunlichen Ergebnissen.

Auch für Tomasello stellt – ähnlich wie in Modell 1a dargestellt – ein Beziehungsgefüge die wichtigste Grundlage für den Spracherwerb dar, die »gemeinsame Aufmerksamkeit«. Er definiert Szenen gemeinsamer Aufmerksamkeit als »soziale Interaktion, bei denen das Kind oder der Erwachsene während einer bestimmten Zeit ihre Aufmerksamkeit auf einen dritten Gegenstand konzentrieren und außerdem jeweils gegenseitig auf die Aufmerksamkeit des anderen hinsichtlich dieses dritten Gegenstandes achten« (Tomasello 2015, S. 128).

Dies bedeutet, dass Sprachenlernen nur dann erfolgreich verlaufen kann, wenn Kinder die Chance erhalten, über etwas, das ihre Aufmerksamkeit auf sich zieht, mit einem Gegenüber zu kommunizieren. Umgekehrt verläuft die Kommunikation nur dann erfolgreich, wenn das Kind bereit ist, die Perspektive seines Gegenübers einzunehmen und dessen Aufmerksamkeit gezielt steuern zu können.

Hier wird deutlich, dass der im didaktisch-pädagogischen Diskurs vielfach verwendete Begriff des Perspektivenwechsels eine sowohl kognitive wie auch affektive Dimension aufweist: Affektiv als die Bereitschaft aller Beteiligten, sich auf ein Gegenüber einzulassen, kognitiv als die Fähigkeit, eine andere Perspektive einzunehmen. Zudem stellen für Tomasello die Verhaltensweisen gemeinsamer Aufmerksamkeit die Voraussetzung für jedwede kognitive Entwicklung dar.

Tomasellos Auffassung von Sprache bestätigt die Annahme, dass Lernen als ein dynamisches Beziehungsgeflecht zu verstehen ist. In seinem Sprachbegriff verankert er kognitive wie auch soziale Aspekte als gleichwertige Komponenten. Durch den Spracherwerb werden abstrakte Ordnungen und Strukturen aufgebaut. Sobald man sich über Wahrgenommenes austauscht und durch den Gesprächspartner auch eine andere Perspektive auf das Wahrgenommene nimmt, beginnt man, diese Wahrnehmungen zu kategorisieren und zu ordnen. Umgekehrt werden konkrete Äußerungen – da Sprache einer systematischen Struktur folgt – zur Bildung abstrakter Sprachkonstruktionen genutzt. Es kommt zu Kategorisierungen und Schematisierungen.

Neben diesem systematischen Charakter hat Sprache immer auch einen sozialen Charakter, Sprachenlernen ist immer auch ein soziales Lernen. Sprache, ja selbst einzelne Wörter sind nie außerhalb von Beziehungen und Kontexten zu denken. Sprachliche Äußerungen sind zum einen stets darauf angelegt, mit jemanden in Kontakt zu treten, mit jemanden etwas zu teilen, zum anderen stellt jede sprachliche Äußerung auch immer eine Art von Stellungnahme dar. Der Sprecher nimmt mit seiner Aussage eine bestimmte Perspektive ein, er positioniert sich in der ihn umgebenden Welt.

Bereits innerhalb der konventionellen Struktur von Sprache gibt es vielfältige Möglichkeiten, eine Perspektive einzunehmen. Tomasello demonstriert dies sehr anschaulich an den grammatikalisch-syntaktischen Kombinationsmöglichkeiten der vier »Inhaltswörtern«: »Fred«, »Stein«, »Fenster«, »zerbrechen«:

»Fred zerbrach das Fenster.
Der Stein zerbrach das Fenster.
Fred zerbrach das Fenster mit einem Stein.
Das Fenster zerbrach.
Das Fenster wurde zerbrochen.
Das Fenster wurde von einem Stein zerbrochen.
Das Fenster wurde von Fred zerbrochen.
Das Fenster wurde von Fred mit einem Stein zerbrochen.
Es war Fred, der das Fenster zerbrach.
Es war der Stein, der das Fenster zerbrach.
Es war das Fenster, das zerbrach.
Es war das Fenster, dass zerbrochen wurde.« (Tomasello 2015, S. 197)

Hier ist nur der konventionelle Gebrauch der Sprache aufgezeigt. Die Möglichkeiten, Stellung zu beziehen und sich zu positionieren vervielfachen sich mit der Verwendung anderer, synonym verwendbarer Inhaltswörter, von weiteren sprachschöpferischen Tätigkeiten wie zum Beispiel dem Schaffen neuer Wortverbindungen sowie Wortneuschöpfungen gar nicht zu sprechen.

Es wird deutlich: Das Verwenden von (sprachlichen) Zeichen, um Weltbeziehungen aufzubauen und diese mit jemanden zu teilen, ist einerseits ein eher kognitiver Akt des Ordnens und Strukturierens, andererseits aber ein individueller Akt des »Sich-Positionierens«. Aus diesem Grund wird dem Prozess des »Teilens« neben dem Wahrnehmen und Gestalten in einer resonanzbasierten Didaktik eine so bedeutsame Rolle beigemessen. Im Akt des Teilens, in dem Versuch, seine eigene Position jemanden mitzuteilen, zeigt sich, ob die subjektiv-affektiven Anteile und die analytisch-kognitiven Anteile der sprachlichen Äußerung in ein ausgewogenes Verhältnis gebracht wurden. Überwiegt der subjektiv-affektive Anteil, so ist die Äußerung für ein Gegenüber mit großer Wahrscheinlichkeit nicht nachvollziehbar. Orientiert sich der Sprecher hingegen nur an vorgegebenen Strukturen, so fehlt der Bezug auf die konkrete Situation und die dem sprachlichen Muster inhärente Position wird unreflektiert übernommen. Aus diesem Grund hält Tomasello auch die Unterteilung der kognitiven Tätigkeiten des Menschen in verschiedene Wissensmodule für wenig sinnvoll: Die Fähigkeit zur Identifikation und zum Perspektivenwechsel, die gemeinsame Aufmerksamkeit stellt gerade nicht ein soziales Wissensmodul dar, sondern ein übergeordnetes Prinzip, das die Entwicklung des menschlichen Denkens erst möglich macht.

Tomasello stützt so eine resonanzbasierte Didaktik, wenn er der Sprache, zentrales Symbolsystem des Menschen, die überragende Rolle in der kognitiven Entwicklung des Menschen zuweist. Die Funktion von Sprache geht weit über die eines Werkzeuges hinaus. Tomasello geht davon aus, dass in der Sprache alle kulturellen Errungenschaften über die Menschheitsgeschichte hinweg weitergegeben werden. In den einzelnen Symbolsystemen sind zudem unterschiedliche Erfahrungen durch Verständigungsprozesse gespeichert. Er betont ausdrücklich den perspektivischen Charakter von Sprache. Ihr konventioneller Gebrauch zeige immer auch, wie in einer bestimmten Kultur Aufmerksamkeit gesteuert wird, zu deren reflexiver Verarbeitung Unterricht wesentlich beiträgt. Wenn im Deutschunterricht zum Beispiel Texte gelesen werden, bilden Inhalt und Sprache eine Einheit. Allein die Analyse kognitiver und grammatischer Strukturen ermöglicht noch kein ganzheitliches Verstehen.

Ziel einer resonanzbasierten Deutschdidaktik muss es daher sein, die Schüler/innen zum einen mit Sprache als System vertraut zu machen, ihnen Einblicke in die Ordnung und die Kategorien von Sprache zu geben, andererseits ihnen aber stets die Möglichkeit geben, sich anhand von weiterer Erprobung und ergänzenden Symbolformen (Bilder, Bewegung, Musik etc.) in der sie umgebenden Welt zu verankern.

Resonanzbasierter Deutschunterricht – Folgerungen und Konsequenzen

Zusammenfassung der Beispielkritik

- Im Zentrum unterrichtlicher Bemühungen stehen aktuell nicht die Begegnungen mit Weltausschnitten, sondern weltlose, rein funktionale Kompetenzen. Durch die Beschneidung der Welt(ausschnitte) auf ein schulisches Format schwindet die Bereitschaft zum Perspektivenwechsel sowie das Erkennen von tatsächlichen Übertragungs- und Anwendungsmöglichkeiten, die Beziehungscharakter erhalten könnten.
- Die eng vorgegebenen Lernwege, die immer auch bereits bestimmte Resultate implizieren, lassen keinen Raum für das Erproben, das Zweifeln oder gar das Scheitern. Umgekehrt fehlt genauso das »Glück der Erkenntnis« oder der »Stolz auf ein Werkstück«, das am Ende jedes echten und offenen Lernweges steht. Auch ein beiläufiger Wissenserwerb ist nicht möglich, das sind nur störende Umwege.
- Der gewünschte Einsatz digitaler Medien lässt kaum mehr reale Begegnungen mit verschiedenen Weltausschnitten zu.
- Durch die Beschränkung auf messbare Ergebnisse bleibt kaum mehr Raum für handlungsbezogenes, emotionales, assoziatives und bildliches Wissen oder ebensolche Lernwege.
- Weltbeziehungserfahrungen bleiben ohne Resonanz, das Wachsen ästhetischer und moralischer Urteilskraft, Ambiguitätstoleranz und Fremdverstehen wird zugunsten einer sogenannten »kognitiven Kompetenz« unterlassen oder gar unterbunden.

Das Unterrichtsbeispiel – alternativ verändert

Wir haben gezeigt, dass jeder Unterricht schon in der Vorbereitung vieles ausblendet: aufgrund von Lehrplanvorgaben, vorhandenen Unterrichtsmaterialien, als notwendig erkannten engen Übungen für Lesen, Schreiben und weitere Fertigkeiten im Beantworten vorgegebener Fragen, das alles den Anspruch erhebt, »Kompetenzen« zu fördern. Die Folgen sind ein Unterricht, der auch die »Beteiligten«, zu denen auch die Weltausschnitte und die medialen Formen ihrer »Fassungen« gehören, resonanzlos zurichtet, eine vielfach mechanische, in jeder Hinsicht bloße Beschäftigung.

Der Weltausschnitt und seine Wahrnehmungswege

Bei der Planung einer Unterrichtssequenz muss sich der Lehrer/die Lehrerin fragen: Welchen Weltausschnitt möchte ich im Unterricht thematisieren? Welche Perspektiven und welche Zugänge auf diesen Weltausschnitt sind möglich? Es ist die Begegnung mit einem »Tier«. Wie wird das Thema wahrnehmbar und »wahrgenommen«?

Wenn es nicht ein Tier im Klassenzimmer oder Besuch zum Beispiel in einem Zoo ist, so ist dieser »Weltausschnitt« immer medial vermittelt, seien es Bilder oder Filme, seien es Texte der unterschiedlichsten Art. Unterschiedliche Inhalte, Auffälligkeiten oder Erfahrungen spielen eine Rolle:

- Aussehen und Verhalten, mediale Präsentation, Bildunterschriften,
- die Bedeutung von Tieren in der aktuellen Gesellschaft (z. B. Tierschutz, artgerechte Tierhaltung, Massentierhaltung, der Erhalt der Artenvielfalt, die gewachsene Bedeutung von Haustieren, …),
- eine literarische Perspektive (z. B. die Bedeutung von Tieren in Fabeln und Märchen, in der Lyrik, wie z. B. »Der Panther« von Rainer Maria Rilke, »ottos mops« von Ernst Jandl),
- die kulturelle Bedeutung von Tieren, auch in ihrem historischen Wandel (als Bedrohung, als Nahrungslieferant, als Partner des Menschen) und im kulturellen Vergleich (im arabischen Kulturraum gelten Hunde z. B. als unrein, Institutionen wie »Hundeschulen« wären dort undenkbar),
- eine wissenschaftliche Perspektive, Tiere zu beschreiben, zu klassifizieren, Kenntnis von Fachbegriffen,
- die Perspektive der Musik oder der bildenden Kunst, zum Beispiel »Peter und der Wolf« von Peter Tschaikowsky, »Schmetterling« von Edvard Grieg, »Panther und Tiger« von Carl Fahringer, »Blaues Pferd« von Franz Marc, »Das Nashorn« von Albrecht Dürer, … .
- Filme und Bilder ergänzen in großer Zahl und oft hoher Qualität die Zugänglichkeit zu Tieren,
- das Verhältnis von Mensch und Tier – von sprachlichen Vergleichen bis zu den Erwartungen an den Helfertieren (für Polizei, Blinde, psychisch Kranke usw.)

Die Weite des »Weltausschnitts«

Allein der Blick auf die exemplarisch dargestellten Aspekte des Themas »Tiere« zeigt auf, dass es unmöglich ist, alle Facetten eines Themas in einer Unterrichtssequenz oder gar einer einzigen Stunde zu bearbeiten. Aber auch wenn die Thematik im Unterricht selbst nicht in seiner Komplexität wahrgenommen und gestaltet werden kann, ist die intensive, mehrperspektivische Auseinandersetzung aus drei Gründen dringend erforderlich: Zum ersten muss die Lehrerin die Komplexität des Themas erfassen, um sich bewusst für einen oder verschiedene Schwerpunkte entscheiden zu können. Setzt sich die Lehrkraft nicht selbständig mit einer Thematik auseinander, wird sie das Thema im Unterricht immer nur begrenzt und reduziert behandeln können – ohne sich dieser Reduzierungen bewusst zu sein. Zum zweiten kann nur eine Lehrerin, die bereits im Vorfeld verschiedene Perspektiven auf das Unterrichtsthema eingenommen hat, angemessen auf die Reaktionen und Impulse der Schüler/innen eingehen. Nur wenn alle als gleichwertige Akteure im Beziehungsraum Unterricht wahrgenommen werden, können Resonanzen entstehen. Zum dritten ist ein resonanzbasierter Unterricht als ein zirkulärer Prozess angelegt, der immer verdeutlicht, dass das soeben bearbeitete Thema noch weitere Aspekte und Perspektiven aufweist. Es ist Aufgabe der Lehrkraft, einen Ausblick auf weitere Aspekte zu ermöglichen.

Die Schülerinnen und Schüler als Handelnde

Besonders für jüngere Schüler/innen haben Tiere häufig eine große emotionale Bedeutung, viele wünschen sich ein Haustier als Freund, Begleiter und Ansprechpartner. Und viele besitzen eine große Anzahl von Stofftieren, die als ihre Partner wichtig sind. Zugleich ist aber auch das Interesse an der Vielfalt der Tierwelt und der Lebensweise der einzelnen Tiere zu beobachten. Oft besitzen auch schon jüngere Kinder ausdifferenzierte und fundierte Kenntnisse über bestimmte Tiere, die sie aus Kindersachbüchern, Dokumentationsfilmen oder entsprechenden Apps erworben haben. So zeigt sich die Spannung von Nähe und der Wahrnehmung von Differenz. Ältere Schüler/innen sind an der Situation und den Lebensbedingungen von Tieren interessiert: Sie entscheiden sich zum Beispiel bewusst für eine vegetarische/vegane Ernährung, da sie mit den Bedingungen der Massentierhaltung nicht einverstanden sind oder engagieren sich in NGOs für den Schutz bedrohter Tierarten.

Auch kinderliterarische Werke weisen Tieren eine große Bedeutung zu, man denke nur an beliebte Serien wie »Yakari« oder »Bibi und Tina«, die im multimedialen Verbund von Kinderbuch, Comic, Hörspiel, Zeichentrickfilm, Spielfilm und (Lern-)App repräsentiert sind. Aber auch in komplexeren Kinderromanen wie zum Beispiel »Win-Dixie« von Kate DiCamillo oder »Fünf Hunde im Gepäck« von Eva Ibbotson verdeutlichen anschaulich, welche Bedeutung Tiere im Wahrnehmungs- und Entwicklungsprozess von Kindern einnehmen können.

Die Lehrpläne fordern, die Schüler/innen für einen verantwortungsvollen Umgang mit der sie umgebenden Umwelt (die auch die Tierwelt umfasst) zu sensibilisieren. So ist die pädagogische Perspektive von großer Bedeutung: Für die Eltern der Schüler/innen ist das Thema »Verantwortung« eng mit dem Thema (Haus-)Tier verbunden.

Resonanzen der Lehrerinnen und Lehrer

Lehrerinnen und Lehrer werden bei der Auswahl einer der (vielen) möglichen Perspektiven und den verwendbaren Materialien deren Sinn für ihre Arbeit bedenken. Sie werden die Wahrnehmungsvorgaben und Äußerungen der Schüler/innen im Unterrichtsgeschehen (im Klassengespräch oder in Gruppen) darauf prüfen, wie von hier aus mit vorgegebenen oder selber ausfindig zu machenden Hilfen das dynamische Verhältnis zwischen allen »Beteiligten« im Unterricht gefördert werden kann. Klärungen und Erweiterungen des Wissens, der Darstellungsmittel sowie Resonanzerfahrung sollen im Blick sein. Ziel ist eine individuell (mit-)erarbeitete und vorzeigbare Gestaltung, die durch Vorstufen läuft und Aufmerksamkeit und Austausch erfordert. Die Auswahl der Themen und behandelten Aspekte sollte gemeinsam ausgehandelt werden, auch wenn die Lehrkraft bisweilen offen zugeben darf, dass sie mit einzelnen Aspekten des Themas noch nicht vertraut ist und sich selbst erst darüber informieren muss.

Die Resonanz und Arbeitshaltung der Schülerinnen

Die Schüler/innen müssen die Chance haben, darüber sich im Klaren zu werden, ob sie genügend Kenntnisse und sprachliche und andere Darstellungsfähigkeiten für ihre eigenen Wahrnehmungen und die der Partner haben oder ob sie sich diese erwerben müssen. Dabei geht es um Informationen oder Begriffe, um angemessene oder wertende Aussagen. Verschiedene Materialien wie zum Beispiel ein Tierlexikon, das einen eher sachlichen, informativen Zugriff auf das Thema erlaubt, werden auch daraufhin befragt, welche Fragen noch offen bleiben. Auch der Umgang mit Internetrecherchen (es gibt z. B. für Kinder die Suchmaschine »Blinde Kuh«) oder Zeitschriften ist schon für jüngere Schüler/innen eine sinnvolle, zielgerichtete und altersgemäße Aufgabe, die aber ergänzbar durch andere Hilfen ist.

Gesprächsdialoge werden mit Hilfe von Wortkarten oder der Methode des Schreibgesprächs dokumentiert, so dass nicht nur eine Reflexion über Wissen und Urteile möglich wird, sondern auch Einsichten über eine »Form«, eine Struktur erfahrbar, die für eine bestimmte intentionale Textgestaltung wichtig werden.

Die Inhalte der Gespräche können zu ersten Fragestellungen bzw. Darstellungsformen führen, zum Beispiel:

- Ich hätte gerne einen Hund/eine Katze/ein Kaninchen als Haustier.
- Mein Hund beschützt mich.
- Ich finde Raubkatzen interessant, weil sie sehr schnell und stark sind.
- Ich würde gerne wissen, wie es unsere Katze immer wieder schafft, nach Hause zu finden.
- Woher kann ich wissen, ob ein Hund nett ist oder ob er beißt?
- Ich liebe mein Stofftier, weil …
- Wie kann man »Ottos Mops« von Ernst Jandl spielen?
- Wie kann ich für ein echtes Tierrätsel leichte und schwere »verrätselnde« Formulierungen finden?

Wenn es sinnvoll ist, eine äußere Beschreibung eines Tiers zu schreiben, kann es hilfreich sein, verschiedene Fassungen eines solchen Textes für unterschiedliche Situationen anzufertigen. Zum Beispiel die Suchanzeige für eine vermisste Katze und die Beschreibung eines trainierten Jagdhundes für seinen »Beruf« lassen sich vergleichen und besprechen. Ein Vergleich mit der Beschreibung eines Stofftieres kann dann eine völlig andere Perspektive zeigen und eine Beschreibung von Käfighaltung von Schweinen oder Hühnern wird schnell zeigen, dass hier auch noch andere Wahrnehmungen fassbar gemacht werden müssen. Auch hierzu lassen sich Hilfen anbieten, etwa Wortlisten, aus denen bewusst Wörter ausgewählt werden können, Fachbegriffe oder sprachliche Formulierungen und ihre Leistungsfähigkeit für bestimmte Textsorten.

Wie erfolgreich es ist, die Klasse in arbeitsteiligen Gruppen oder auch in Einzelarbeit zu organisieren, lässt sich nicht theoretisch beantworten. Für die Präsentation von Ergebnissen finden sich Möglichkeiten wie zum Beispiel den Gallery-walk oder die Textwanderung oder die Schreibkonferenz. Die Schüler/innen geben sich gegenseitig ein Feedback, das sich zunächst am Verstehen und dem Schaffen eines gemeinsamen Verständnisses orientiert. Sie sagen zunächst nur, ob sie die Art der Wahrnehmung ihres Gegenübers nachvollziehen können und fragen bei Verständnisproblemen oder inhaltlichen Lücken nach. In einem zweiten Schritt werden der Text oder Gestaltungsversuche der Schüler/innen in Bezug zu formalen, regelorientierten Ordnungssystemen (eine »sachliche Beschreibung«) gesetzt. Hier kommen – auch im Blick auf Lehrplanvorgaben – orthografische/grammatische/semantische Hilfen zum Einsatz.

Gestaltung und Rückblick

Der Abschluss hat verschiedene resonanzaffine Teile: Wichtig ist, dass die Gestaltungsergebnisse der Schülerinnen und Schüler in der Klasse gewürdigt werden und so Erfolgserfahrung spürbar werden kann. Nicht nur aus dem Mund der Lehrkraft, sondern als Chance zur Selbstbeurteilung der Schüler/innen. So wird sichtbar, dass eine sinnvolle Arbeit abgeschlossen ist, die resonante Beziehungen stärkt. Fertige Arbeiten können auch an einer Pinnwand ausgestellt werden; nicht selten arbeiten Einzelne auch noch selbstständig weiter und berichten davon.

Ebenso unverzichtbar – und gerade auch für schwächere Schüler bedeutsam – sind individuelle Bemerkungen der Lehrkraft, die die Leistung angemessen würdigen. Es ist für die Haltung der Kinder zu ihrer eigenen Arbeit wichtig, dass sie auch selbst ihren Erfahrungserfolg einschätzen können und dass sie auch über ihre noch vorhandenen Schwächen etwa in der sprachlichen Darstellung erkennen, was sie dennoch an Erfahrung und Wissen erworben haben.

Weltsichterweiterungen

Nicht fehlen darf, dass die Lehrkraft abschließend auch den Blick auf Wahrnehmungsfelder lenkt, die zwar genannt, aber unbearbeitet geblieben sind: als mögliche Basis für spätere Anknüpfungen und Erweiterungen, sowohl im thematischen Feld wie und in Blick auf die Erarbeitung der sprachlichen und medialen Herausforderungen und Formate. Der Blick für weitere Perspektiven zum Thema ist vor allem für solche wichtig, die die Schülerinnen und Schüler selbst angesprochen hatten. Die schon im Verlauf gepflegte Gesprächsatmosphäre hilft, die Resonanzbeziehungen zwischen Lehrerin und Schüler/innen sowie der Schüler/innen untereinander zu stärken. Im Blick auf die Lehrkraft gesagt: ihre Resonanzfähigkeit gilt nicht nur dem Thema oder den Möglichkeiten der Realisierung, sie gilt vor allem auch ihrem Selbstwert, als die seit Jahrtausenden für »Mäeutik« Zuständige: Hilfe bei der Entwicklung selbstverantwortlicher junger Menschen, keine »entfremdeten«, abgerichteten Puppen.

Konsequenzen für die Lehrer/innenbildung

Angesichts dieser Situation wäre folgendes für die Ausbildung von Lehrer/innen zu wünschen:

- Um im Deutschunterricht gemeinsam mit den Schüler/innen Weltbeziehungen aufbauen zu können, muss die Lehrkraft zunächst selbst Wahrnehmungen zulassen und mit den ausgewählten Weltausschnitten in Kontakt treten und diese bezüglich ihrer Resonanzqualitäten prüfen und verschiedene (!) Zugänge suchen und sichtbar machen. Ein vertieftes »konzeptuelles Verständnis des Unterrichtsstoffes« (Schilcher 2018, S. 31) ist nicht ausreichend.

- Perspektiven auf ausgewählte Weltausschnitte haben ihre eigenen Ansprüche, sie didaktisch-methodisch zu entfalten, erfordert die Fähigkeit zur Transposition, zum »Transponieren« (Schneuwly 2010) in ein didaktisch angemessenes Format, das weder allein kognitiv oder handlungsorientiert oder emotional oder technisch sein kann. Lehrerbildung muss in einem weiteren Kontext gesehen werden.
- Die Schüler/innen müssen die Möglichkeit bekommen, eigene Lernwege zu erproben, Raum und Zeit zu haben für das Erproben verschiedener Lernwege und das Aushandeln gemeinsamer Ergebnisse. Scheitern als mögliche Option darf es geben.
- Sowohl ethische wie historische Dimensionen der Weltbegegnung gehören in den Raum des Deutschunterrichts und dürfen nicht hinter formalen oder formalisierten Kompetenzzielen verschwinden.
- Lehrer/innen müssen die Fähigkeit haben, didaktische Materialien und Tests auf problematische Engführungen hin kritisch zu prüfen. Sie sind weder Rädchen in einer Lehr-/Lernforschungsmaschinerie noch sollen sie zu perfekt funktionierenden Laboranten ausgebildet werden: ihre Schüler/innen sind weder ihre Reagenzgläser noch ihre Laboraffen.
- Sogenannte Basisqualifikationen und dazu notwendige Übungsformen lassen sich in didaktischen Kontexten immer auch in Weltbegegnungsthemen integrieren und individualisieren.
- Neben einem erkennbaren Abschluss einer Unterrichtssequenz, die sich nicht nur in einer Leistungsüberprüfung erschöpft, muss der Blick über das angestrebte Niveau hinaus geweitet werden – als offene Frage, als Einstieg in einen anderen Weg der Betrachtung, als dialektische Erfahrung des Widerspruchs.

Resonanzbasierte Deutschdidaktik – Möglichkeiten und Grenzen

Resonanz darf nicht als eine Art neuer Unterrichtsmethode verstanden werden, die jederzeit auf alle Unterrichtsinhalte anzuwenden ist, denn Resonanz ist nicht jederzeit verfügbar, Resonanz ist nicht immer von jedem Beteiligten in Bezug auf jeden Inhalt herzustellen und vor allem: Resonanz lässt sich nicht fest- oder vorschreiben oder in Form von Kopiervorlagen kaufen.

Resonanz muss vielmehr als ein übergeordnetes (Lehr-)prinzip verstanden werden, welches eine Öffnung in Hinblick auf die Auseinandersetzung mit verschiedenen Inhalten, einen Austausch über die Wahrnehmungen aller Beteiligten und die gemeinsame Deutung und Interpretation des Wahrgenommenen impliziert.

Eine resonanzbasierte Deutschdidaktik strebt daher vor allem eine *Perspektivierung* an: Die Aufgabe der Lehrerin ist es dabei, sowohl die Perspektiven der einzelnen Schüler/innen wahr- und ernst zu nehmen als auch den Schüler/innen neue Perspektiven anzubieten.

Eine resonanzbasierte Deutschdidaktik erlaubt es allen Beteiligten, Stellung zu den angebotenen Weltausschnitten zu beziehen und »mit eigener Stimme zu sprechen« bzw. eigene Gestaltungsformen zu erproben um der eigenen Wahrnehmung Ausdruck zu verleihen. Auf diese Weise machen die Schüler/innen wie auch die Lehrer/innen zunächst eigene, subjektive und individuelle Erfahrungen, es entstehen Resonanzen zwischen den Akteuren und dem gewählten Weltausschnitt.

Der zweite zentrale Aspekt einer resonanzbasierten Deutschdidaktik ist das *Teilen* der gemachten, individuellen Erfahrungen. Indem sich die Lehrer/innen und Schüler/innen über ihre Erfahrungen austauschen, üben sie, verschiedene Perspektiven einzunehmen und bauen so interpersonale Resonanzen auf. Manchmal gelingt es, durch Prozesse des Aushandelns eine gemeinsame Lesart zu entwickeln.

Der dritte zentrale Aspekt einer resonanzbasierten Deutschdidaktik ist die Präsentation von Weltausschnitten in *sinnhaften Kontexten*. Anders als in einem Unterricht, der lediglich den Aufbau von Kompetenzen zum Ziel hat und isolierte, vermeintlich wertfreie Inhalte aufgegriffen werden, werden hier Inhalte stets in einem Sinnzusammenhang präsentiert. Dadurch ist die Intention des unterrichtlichen Handelns auch für alle Beteiligten erkennbar und dadurch auch verhandelbar. Eine klare Sinnorientierung korrespondiert eng mit der Selbstwirksamkeitserfahrung der Schüler/innen wie auch der Lehrer/innen.

Literatur

Funktionalisierung ist nicht nur eine Krake,
sie ist die schleichende Verdrängung des Subjekts,
das ein Ich und ein Wir zu werden sich auf den Weg machen will.

Zitierte Literatur

Baumert, J.: Deutschland im internationalen Bildungsvergleich. In: Killius, N./Kluge, J./Reisch, L. (Hrsg.) (2002): Die Zukunft der Bildung. Frankfurt: Suhrkamp, S. 100–150.

Birkmeyer, J. (2014): Was sind gute Lernaufgaben? Die verborgene Relevanz von Fragen im Literaturunterricht. In: Frederking, V./ Huneke H. W./Krommer, A./Meier, C. (Hrsg.): Taschenbuch des Deutschunterrichts. Band 3. Baltmannsweiler: Schneider Hohengehren, S. 757–778.

Cassirer, E. (1994): Philosophie der symbolischen Formen. Erster Teil Die Sprache. 10. Auflage. Darmstadt: Wissenschaftliche Buchgesellschaft.

Kroll-Gabriel, S. (2017): Textsorte Beschreibung für die Grundschule. Augsburg: Auer.

Pieper I. (2018): Zumutungen erkennen, Verhältnismäßigkeiten im Blick behalten: Für mehr Balance in einer feldnahen Deutschdidaktik. In: DD 44, S. 4–9.

Rosa, H. (2016): Resonanz: Eine Soziologie der Weltbeziehung. Berlin: Suhrkamp Verlag.

Schilcher, A./Finkenzeller, K./Knott, C./Pronold-Günthner, F./Wild, J. (2018): Schritt für Schritt zum guten Deutschunterricht. Praxisbuch für Studium und Referendariat: Strategien und Methoden für professionelle Deutschlehrkräfte. Seelze: Klett Kallmeyer

Schneuwly, B. (2010): Savoirs/Scire: Gegenstand und Perspektive der Didaktik. Bemerkungen aus der Sicht der französischen Sprach- und Literaturdidaktik. Manuskript. Vortrag auf dem Symposium DD in Bremen.

Tomasello, M. (2015): Die kulturelle Entwicklung des menschlichen Denkens. Zur Evolution der Kognition. 5. Auflage. Frankfurt am Main: Suhrkamp.

Literatur zum Weiterlesen

Bildungs- und Schulkritik

Beisbart, O. (2002): PISA – Zentrale Befunde, insbesondere zur Lesekompetenz deutscher Schülerinnen und Schüler, und Ansatzpunkte für eine Verbesserung der Leseförderung. In: Verband Bildung und Erziehung: PISA. Menetekel oder heilsamer Schock? Dokumentation des Deutschen Lehrertags, S. 37–57.

Blickenstorfer, J. (2017): Wege aus der Barbarei. Ideen zur Bildung des Menschen. Stuttgart: Kröner.

Fuld, W. (2004): Die Bildungslüge. Warum wir weniger wissen und mehr verstehen müssen. Berlin: Argon.

Geyer, F. (2018): Tablets lenken nur ab. FAZ Nr. 97/26.4.2018, S. 9.

Kauffmann, K. (2017): Reden wir über die Deutschlehrer. Wie retten wir die deutsche Sprache für die Schule? In: FAZ Nr.140, 20.Juni 2017. S. 9.

Koziol, K. (2017): Die Erzählung vom besseren Leben gegen die Logik der digitalen Welt. München: Kopaed.

Liessmann, K. P. (2011): Theorie der Unbildung. Die Irrtümer der Wissensgesellschaft. 6.Auflage. München: Piper.

Liessmann, K. P. (2017): Bildung als Provokation. Wien: Zsolnay.

Probst, M. (2017): Umdenken oder untergehen. Auf der Suche nach einem neuen Bildungsbegriff: Das Ideal der Aufklärung ist am Ende – es hat den Planeten zerstört. Der Mensch muss lernen, seine eigene Freiheit zu begrenzen. Essay. In: DIE ZEIT Nr. 44, 26.10.2017, S. 66.

Savater, F. (2005): Tu, was du willst. Ethik für Erwachsene von morgen. Weinheim: Verlagsgruppe Beltz.

Türcke, C. (2016): Lehrerdämmerung. Was die neue Lernkultur in den Schulen anrichtet. München: Beck.

Soziologie und Anthropologie

Bauman, Z. (2003): Flüchtige Moderne. Frankfurt: Suhrkamp.

Cassirer, E. (1994): Wesen und Wirken des Symbolbegriffs. 8. Auflage Darmstadt: Wissenschaftliche Buchgesellschaft.

Rosa, H. (2012): Weltbeziehungen im Zeitalter der Beschleunigung. Umrisse einer neuen Gesellschaftspolitik. Berlin: Suhrkamp.

Schulze, G. (2005): Die Erlebnisgesellschaft. Kultursoziologie der Gegenwart. 2. Aktualisierte Auflage. Frankfurt: Campus Verlag.

Welsch, W. (1990): Ästhetisches Denken. Stuttgart: Reclam.

Bildungsforschung

Klieme, E. (2006): Empirische Unterrichtsforschung. Aktuelle Entwicklungen, theoretische Grundlagen und fachspezifische Befunde. Einführung in den Thementeil. Zeitschrift für Pädagogik 52, S. 765–773.

Kunter, M./Baumert, J. u.a. (Hrsg.) (2011): Professionelle Kompetenz von Lehrkräften. Ergebnisse des Forschungsprogramms COACTIV. Münster: Waxmann.

Glatzeder, B./Goel, V./ von Müller, A. (Eds.) (2010): Towards a Theory of Thinking. Building Blocks for a Conceptual Framework. Berlin: Springer Science/Business Media.

Deutschdidaktische Publikationen mit Blick auf »Weltbeziehungen«

Abraham, U./Kepser, M. (2016): Literaturdidaktik Deutsch. Eine Einführung. 4. Aktualisierte und erweiterte Auflage. Berlin: Erich Schmidt Verlag.

Abraham, U./Brendel-Perpina, I. (2015): Literarisches Schreiben im Deutschunterricht. Produktionsorientierte Literaturpädagogik in der Aus- und Weiterbildung. Stuttgart: Klett-Kallmeyer.

Abraham, U. (2016): Einzeln, aber nicht allein. Versuch über die Schwierigkeit einer kompetenzorientierten Lese- und Schreibdidaktik, 'Leistung' im gemeinsamen Erreichten zu sehen. In: Didaktik Deutsch 38, S. 97–114.

Abraham, U. (1998): Übergänge. Literatur, Sozialisation und literarisches Lernen. Opladen/Wiesbaden: Westdt. Verlag.

Von Brand, T. (2016): Historisches Lernen im Literaturunterricht. In: PD 259, S. 4–11.

Feilke, H.(2015): Transitorische Normen. Argumente zu einem didaktischen Normbegriff. In: Didaktik Deutsch 38, S. 115–136.

Glas, A./Heinen, U./Krautz, J./Lieber, G./Miller, M./Sowa, H./Uhlig, B. (Hrsg.) (2016): Sprechende Bilder. Besprochene Bilder. Bild, Begriff und Sprachhandeln in der deiktisch-imaginativen Verständigungspraxis. München: kopaed.

Rödel, M. (Hrsg.) (2014): Deutschunterricht am Gymnasium – Was kann die Sprachwissenschaft leisten? Baltmannsweiler: Schneider Hohengehren.

Rödel, M. (2014): Was können Sprachwissenschaft und Sprachdidaktik leisten? Perspektiven für den Deutschunterricht. In: Mitteilungen des Dt. Germanistenverbandes 61, S. 292–312.

Rösch, H. (Hrsg.) (2008): Kompetenzen im Deutschunterricht. 2. Auflage. Frankfurt: P. Lang.

Wrobel, D./von Brand, T./ Engels, M. (Hrsg.) (2017): Gestaltungsraum Deutschunterricht. Literatur – Kultur – Sprache. Baltmannsweiler: Schneider Hohengehren.

Beate Leßmann

»Ich wäre nichts ohne Schreiben« – Anverwandlung durch Schreiben und Gespräche über eigene Texte in Autorenrunden

Wenn Mattis auf die Frage »Wie wichtig ist Schreiben für dein Leben?« am Ende des 4. Schuljahres antwortet »Sehr wichtig! Ich wäre nichts ohne Schreiben!«, dann lässt sich erahnen, dass er Schreiben in der Grundschule als sinnstiftend und bedeutungsvoll für sein Leben erlebte. Die Äußerungen anderer Kinder zeigen, dass Mattis nicht etwa die rühmliche Ausnahme bildet. »Schreiben ist sehr wichtig. Ich brauch es einfach«, sagt Anna-Lena – und Hayir aus derselben Klasse meint »Schreiben ist einfach das Beste in der Schule.« Der Schreibunterricht, auf den diese Kinder zurückblicken, ist offensichtlich von Resonanzerfahrungen geprägt.

Dem Beitrag liegt das Setting der »Schreibzeit« (Leßmann 2016, S. 15 ff.) zugrunde, das den Kontext für die positiven Statements der Viertklässler bildete. Die Äußerungen der Kinder beziehen sich dabei auch auf Erfahrungen aus »Autorenrunden« (Leßmann 2016, S. 36 ff.), die einen zentralen Baustein der Schreibzeit bilden. Die ganze Klasse begutachtet dabei gemeinsam im Gespräch mit der Autorin oder dem Autor und der Lehrkraft die Wirkung und die Machart – kurzum die Qualität – eines Textes, der vorgetragen wurde.

Wöchentliche Schreibzeiten und Autorenrunden haben sich in der Unterrichtspraxis der Grundschule entwickelt. Das Setting der Schreibzeit wird zunächst vorgestellt und aus resonanzpädagogischer Perspektive betrachtet. Dann konzentrieren sich die Ausführungen auf Autorenrunden als ein Spezifikum der Schreibzeit. Für das Unterrichtsformat Autorenrunde liegt eine theoretische Erschließung des in der Praxis Erfahrenen vor (Leßmann 2020). Die interdisziplinär angelegte Studie, die sich als reflektierende Rückschau auf die Praxis versteht, bietet zahlreiche Anschlussstellen für eine resonanzpädagogische Perspektivierung von Autorenrunden. Es werden hier solche Anschlussstellen dargestellt, die den Kern von Autorenrunden betreffen und möglicherweise zugleich Kategorien für eine resonanzpädagogische Reflexion weiterer Unterrichtssettings bereitstellen.

Die wöchentliche Schreibzeit als Resonanzraum

An einem festen Tag der Woche erhalten alle Schülerinnen und Schüler einer Klasse regelmäßig und verlässlich Zeit, um an eigenen Texten zu arbeiten. Sie schreiben Texte zu Themen, die sie selbst wählen. Ihre Texte schreiben sie in ein fest eingebundenes »Tagebuch« oder »Schreibbuch«, das ausschließlich für solche Texte bereitsteht, die für die Einzelnen von Bedeutung sind. Mit einem persönlichen Anschreiben auf der ersten Buchseite werden die Schülerinnen und Schüler durch die Lehrkraft persönlich eingeladen, das zu schreiben, was ihnen wichtig ist. Während der Arbeit am Text oder nach dessen Fertigstellung können sie ihre Texte zunächst einer Mitschülerin oder einem Mitschüler vorstellen und erhalten ein erstes Feedback auf ihre Arbeit. Sie können sich zudem für einen Vortrag und eine anschließende Begutachtung des Textes vor der ganzen Klasse in einer Autorenrunde anmelden. Möchten sie ihren Text darüber hinaus veröffentlichen, überarbeiten sie ihren Textentwurf zusammen in einem Team in einer Schreibkonferenz (Spitta 2015) so, dass dieser von den selbst gewählten Adressaten später gut rezipiert werden kann. Nach einer sich anschließenden rechtschriftlichen Selbst- und Fremdkontrolle schreiben sie ihren Text ab und gestalten ihn passend zu dem von ihnen gewählten Verwendungszweck. Möglichkeiten der Veröffentlichung und Präsentation von Texten bieten sogenannte Autorenlesungen für überarbeitete Texte, aber auch regelmäßige Buchveröffentlichungen mit Texten von allen Schülerinnen und Schülern einer Klasse (»Beste-Texte-Bücher«), Schulzeitungen, Textordner, Rahmen im Schulgebäude, Homepages oder beispielsweise Aussteller im Klassenraum.

Das Setting der Schreibzeit (Leßmann 2016, S. 15 ff.) ist altersunabhängig und kann in jeder Jahrgangsstufe, auch im jahrgangsübergreifenden Lernen und in höchst heterogenen und inklusiven Settings eingesetzt werden. Betritt man einen Klassenraum während der Schreibzeit, so wird man ein reges und äußerst ernsthaftes Arbeiten an eigenen Texten erleben, bei dem die Schülerinnen und Schüler zufrieden ihren eigenen Aufgaben nachgehen, entweder alleine oder in einem Team, und zwar jeder in dem Modus, der ihm selbst möglich ist. Resonanzpädagogisch artikuliert wird hier spürbar, dass Menschen in dieser Form der Arbeit mit der Welt in Beziehung treten. Dabei ergibt sich unweigerlich etwas, das in der Resonanzpädagogik als »Anverwandlung« (Rosa 2018, S. 396) beschrieben wird. Beobachtungen aus der Unterrichtspraxis mögen das In-Beziehung-Treten illustrieren, das zu einer Anverwandlung oder Transformation (Rosa 2018, S. 396) des Schreibenden, des Textes und der Gruppe führt.

Im Schreiben sich seiner selbst vergewissern

Die Schreibzeit fordert die Schülerinnen und Schüler heraus, sich einer Sache zu stellen, die sie persönlich beschäftigt. Indem sie sich Themen und Textformen ebenso wie Adressaten und die Verwendung ihrer Texte frei wählen dürfen bzw. müssen, werden sie auf sich selbst zurückgeworfen. Das im Schreibbuch klebende Einladungsschreiben stützt sie dabei insofern, als es ihnen nahelegt, sich den eigenen Gedanken, Fragen, Erlebnissen, Entdeckungen oder Erkenntnissen zuzuwenden und diese als Potenziale für ihre Arbeit wertzuschätzen. Sie werden aufgefordert, ihre eigene Welt überhaupt wahrzunehmen und so in Sprache zu kleiden, dass sie diese vor anderen zum Sprechen bringen (Rosa/Endres 2016, S. 85) und mit ihnen teilen können. Schreiben eigener Texte ist eine Vergewisserung des Eigenen, um es in der Kommunikation mit anderen zu vertreten und sich zu positionieren (Rosa 2018, S. 404). Im Schreiben eigener Texte macht man sich eine Sache zu eigen, vor allem aber wird man seiner selbst gewahr. Man lernt, die eigenen Gedanken und Erfahrungen ernst zu nehmen und so zu artikulieren, dass man sie mitteilen kann. Man erfährt, dass man etwas zu sagen hat. Das Vertrauen in die eigenen Ressourcen wird gefordert und gestärkt. Schreiben in diesem Sinne lässt die Potenziale des Einzelnen zum Schwingen bringen. Schreiben ermöglicht eine Resonanz mit sich selbst. Die Schreibenden begreifen sich zudem bereits während des Schreibens ihrer Texte als potentielle Resonanzpartner ihrer Mitschüler/innen. In den gemeinsamen Gesprächen über ihre Texte mit einer Mitschülerin oder einem Mitschüler, in der Autorenrunde oder in der Schreibkonferenz, erleben sie sich dann aktiv als ernstzunehmende Resonanzpartner.

Regelmäßig im Schreiben auf sich selbst zurückgeworfen sein, und dies im Kontext einer Gruppe von Schreibenden, Hörenden und Beratenden (s. Autorenrunde), wird hier als elementarer Baustein eines Prozesses der Anverwandlung betrachtet. Die schreibenden Schülerinnen und Schüler beginnen, eine Identität als Schreibende zu entwickeln.

Wenn der Text zu antworten beginnt

Es wurde bislang bewusst von »Arbeit« an Texten gesprochen, um deutlich zu machen, dass Schreiben von Texten und Nachdenken und Sprechen über Texte keinesfalls ein Kinderspiel ist, sondern einer herausfordernden Arbeitssituation gleichkommt, der man sich hingeben und in der man aufgehen kann, die einen aber auch bis an die eigenen Grenzen bringen kann. Hartmut Rosa betitelt seine resonanztheoretischen Ausführungen zur Arbeit mit der Formulierung »Wenn das Material zu antworten beginnt« (Rosa 2018, S. 393). Er bezieht sich auf den durch den Bäcker zu formenden Teig, aber auch auf die Erstellung von Texten. Beim Schreiben ist das Material – neben Stift, Papier und dem eigenen Körper – der Text selbst. Dass der Schreiber oder die Schreiberin beim Verfassen eines Textes in einen Dialog mit dem eigenen Text tritt, bei dem der Text zum wahren Gegenüber des Schreibenden wird, lässt sich in der Schreibzeit immer wieder beobachten.

Michel, ein Schüler, der gerade das zweite Schulbesuchsjahr beendet hat, sitzt vor seinem Tagebuch und denkt eine ganze Weile nach, bevor er zu seinem Stift greift und die ersten Wörter »Die Reise in die Gruselwelt« schreibt. Immer wieder macht er beim Schreiben Pausen, schaut in die Luft und grübelt. Und immer wieder liest er seinen bis dahin geschriebenen Text. Mehrere Schreibzeiten benötigt er, um seinen Text fertigzustellen. Der Text wird dabei zum lebendigen Gegenüber mit einer eigenen Wirkkraft. Michel wird Teil eines Resonanzgeschehens zwischen ihm als Autor und seinem eigenen Text. Es kann hier von einer »doppelseitigen Transformation« (Rosa 2018, S. 396) gesprochen werden, bei der sich eine Anverwandlung sowohl des Autors als auch des Textes durch den Dialog zwischen Autor und Text vollzieht.

In der Schreibforschung wird in Schreibprozessmodellen von John Hayes bzw. Hayes et al. die Bedeutung des bislang geschriebenen Textes – »Text-Produced-So-Far« (Hayes/Flower 1980), »The-Text-So-Far« (Hayes 1996) bzw. »Text-Written-So-Far« (Hayes 2012) – für den Schreibprozess angeführt. Das erneute Lesen – »Rereading« (Hayes/Olinghouse 2015, S. 485ff.) – des entstehenden Textes wird als wichtig erachtet. In resonanzpädagogischer Hinsicht kann die Vibration, die zwischen Autor und geschriebenem Text beim wiederholenden Lesen des bereits Geschriebenen entsteht, als bedeutsamer Aspekt des gesamten Resonanzgeschehens, das sich im Schreibprozess vollzieht, bezeichnet werden.

Den eigenen Text verantworten

Was während des erneuten Lesens des bisher geschriebenen Textes und während der Phasen des Nachdenkens im Prozess des Schreibens im Schreibenden vor sich geht, kann nur vermutet werden. Im Kontext der Schreibzeit, bei der sich die Schreibenden innerlich darauf einstellen, einen im Entstehen begriffenen Text in die Gruppe zu tragen und mit ihr in den klasseninternen Dialog über den Text zu treten, ist davon auszugehen, dass hier zweierlei antizipierend den Schreibprozess begleitet. Erstens sieht sich der Schreiber bereits jetzt als Vortragender seines eigenen Textes in einer kleinen Gruppe oder inmitten der gesamten Klasse. Diese Vorwegnahme der tatsächlichen Situation lässt ihn während des Schreibens in einen inneren Dialog mit den potentiellen Rezipienten treten. So wird Michel sich beispielsweise fragen, wie er seine Gruselwelt ausmalt und welche Handlungen sich in ihr abspielen, um die Hörerinnen und Hörer in den Bann seiner Geschichte zu ziehen. Damit lebt er sich zweitens in die Perspektive der Rezipienten ein, deren Vorstellungen und deren Wissen es zu treffen gilt, damit der Text eine möglichst intensive Wirkung verursacht.

Im Angesicht der künftigen Darbietung seines Textes in der Gruppe nimmt die Verantwortung zu, die er für seinen eigenen Text trägt. Dazu gehört auch die Verantwortung, die er als Autor für die Art und Weise seiner Textpräsentation trägt. Im Austausch über seinen Text kann er von den Rezipienten zur Verantwortung für ihn gezogen werden – für die Sache, die er sich hier zu eigen macht, genauso wie für deren sprachliche Darstellung.

Diese verschiedenen Facetten eines dynamischen Schreibprozesses deuten auf umfassende Transformationsprozesse hin. Im Schreiben bildet sich eine Beziehung zu Inhalt und Form des eigenen Textes aus. Diese fordert eine eigene Positionierung des Autors ein, die zuvor möglicherweise noch nie so eingefordert wurde. Im Austausch mit der Gruppe werden diese Positionierungen unter Umständen in Frage gestellt. Der Autor muss es lernen, sich gegenüber seinen Mitschülerinnen und Mitschülern zu vertreten. Es sind also Transformationsprozesse auf mehreren Ebenen, die ein Schreiber oder eine Schreiberin durchlebt.

Was hier für einen einzigen Text beschrieben ist, verdichtet sich im Laufe des Schreibens, Hörens und Bedenkens immer neuer Texte im Rahmen der Schreibzeit. Die Identität als Schreibende, Hörende und Beratende entfaltet sich.

Damit einher gehen Erfahrungen der Selbstwirksamkeit – etwa wenn Michel sich daran erinnert, dass er beim Vortragen eines anderen Textes in der Vergangenheit die volle Aufmerksamkeit der Hörenden hatte. Die vorausgegangene Resonanzerfahrung lässt ihn nun bereits mit Selbstwirksamkeitserwartungen an die Arbeit an einen neuen Text gehen. Es ist der verlässliche Raum der Schreibzeit mit ihren sich stets wiederholenden Abläufen und Interaktionen, die Resonanzerfahrungen den Boden bereiten.

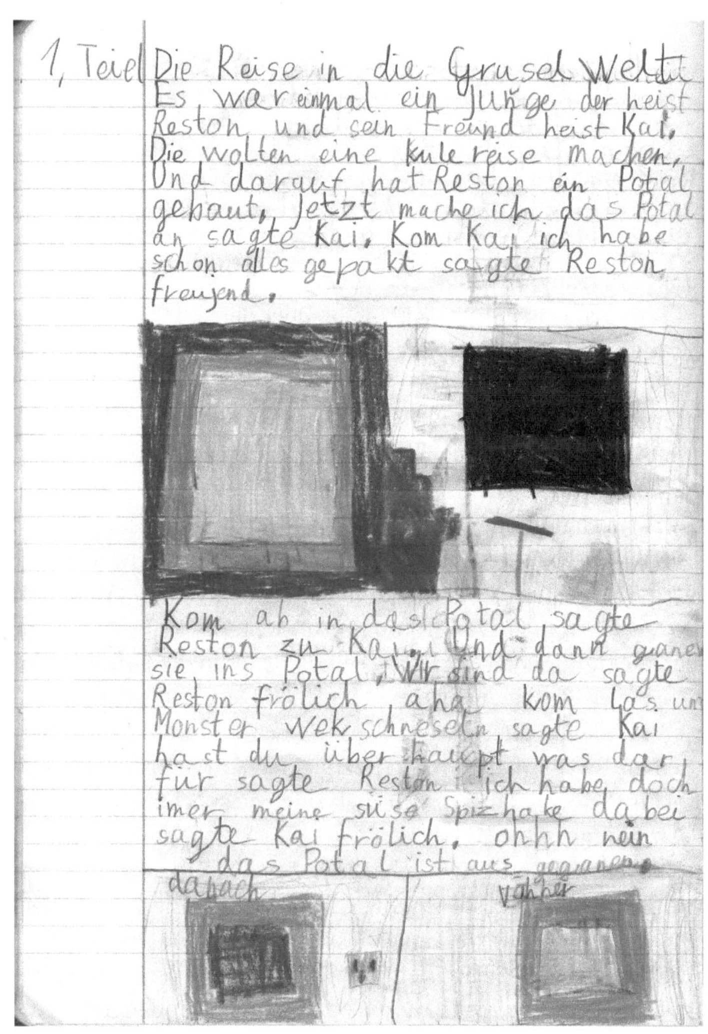

1, Teil Die Reise in die Gruselwelt
Es war einmal ein Junge der heist
Reston und sein Freund heist Kai.
Die wolten eine kule reise machen.
Und darauf hat Reston ein Potal
gebaut, Jetzt mache ich das Potal
an sagte Kai. Kom Kai ich habe
schon alles gepakt sagte Reston
freujend.

Kom an in das Potal sagte
Reston zu Kai. Und dann ganen
sie ins Potal. Wir sind da sagte
Reston frölich aha kom las un
Monster wek schneseln sagte Kai
hast du überhaupt was dar
für sagte Reston ich habe doch
imer meine süse Spizhake dabei
sagte Kai frölich. ohhh nein
das Potal ist aus gegangen
danach
vorher

Abb.1: Textanfang Michel Teil 1

In den bisherigen Ausführungen zur Schreibzeit wurde vorrangig für Situationen des Schreibens dargestellt, wie sich Resonanzerfahrungen im Unterricht etablieren lassen. Dabei wurde bereits deutlich, dass sich die Erfahrungen der Resonanz ergeben, weil das Schreiben selbst in den sozialen Raum der Gruppe eingebunden ist. Auch für andere Settings der Schreibzeit ließen sich vergleichbare transformierende Resonanzbeziehungen darstellen, etwa für den Austausch über Texte in kleineren Gruppen, für die Überarbeitung von Texten in Schreibkonferenzen oder für Situationen der Präsentation und Veröffentlichung überarbeiteter Texte. In den verschiedenen Settings setzt sich fort, was für das Schreiben dargelegt wurde, jedoch unter realer Einbeziehung der Mitschülerinnen und Mitschüler. Das darzustellende Format der Autorenrunde wurde als Pendant zum Schreiben der Einzelnen gewählt, da hier besonders deutlich wird, dass Anverwandlung auf Sozialität angewiesen ist.

Autorenrunden – Einblicke in die Praxis

Bevor Autorenrunden aus resonanztheoretischer Perspektive betrachtet werden können, werden Rituale und Interaktionsmuster des Unterrichtsformats vorgestellt. Die Transkription eines Ausschnitts einer Autorenrunde zum bereits erwähnten Text von Michel gibt zudem konkrete Einblicke in das gemeinsame Gespräch über den Text.

Das Unterrichtsformat in der Praxis

Dass Michel seinen Text »Die Reise in die Gruselwelt« der ganzen Klasse in einer Autorenrunde vorstellen möchte, steht längst fest, bevor er den Text beendet hat. Seine Tischnachbarn ermutigen ihn, sich in die Anmeldeliste für die Autorenrunde einzutragen, denn sie sind neugierig auf seinen Text. Da noch einige vor ihm in der Liste stehen, wartet er sehnsüchtig auf den Tag, an dem er seinen Text der Klasse vorstellen kann. Eines Tages steht sein Name ganz oben. Wie zu Beginn jeder Schreibzeit versammeln sich alle Kinder der Klasse und die Lehrperson in einem Stuhlkreis. In der Kreismitte liegt ein Plan, der als Leitfaden für die Strukturierung des Gesprächs dient und den Kindern seit dem 1. Schuljahr bekannt ist, außerdem ein dicker roter Faden. Die Lehrperson eröffnet die Autorenrunde, indem sie alle Teilnehmenden und Michel als Autor begrüßt. Die Kinder hören Michels Textvortrag gespannt und aufmerksam zu. Da sein Text aus zwei Teilen besteht, liest Michel nur den ersten Teil vor und erläutert anschließend, was im zweiten Teil passiert. Die Klasse applaudiert, und das Gespräch über den Text beginnt.

In der ersten Phase des Gesprächs äußern die Kinder, was ihnen an Michels Text gefallen hat. Sie artikulieren, dass sich der Text um digitale Spielerfahrungen dreht. Sie beschreiben auch, welche Wirkung der Text in ihnen auslöst, nämlich, dass er spannend und gruselig sei. Dieser erste Fragenbereich ist auf dem Leitfaden durch einen

Smiley gekennzeichnet. Er signalisiert, dass in dieser Phase ausschließlich positive Rückmeldungen formuliert werden. In der zweiten Phase des Gesprächs sollen die Kinder ergründen, warum der Text die beschriebene Wirkung erzielt. Wie kommt es, dass die Rezipienten sich gruseln, wie hat der Autor diese Wirkung erreicht? Es ist die Frage nach dem »Schreibgeheimnis« (Spitta 2015, S. 64), also nach der Machart des Textes in Bezug auf die Wirkung. Diese Phase ist auf dem Leitfaden durch einen Diamanten versinnbildlicht. Er steht für das Besondere und Wertvolle des Textes, das gar nicht so einfach aufzuspüren und zu benennen ist. In höheren Jahrgängen wird der Begriff »Schreibgeheimnis« durch die sogenannte »Text-Hand« (Leßmann 2016, S. 46 ff.) ersetzt, die einen differenzierteren Blick auf die Machart der Texte ermöglicht. Für Michels Text wurde etwa gesagt, dass alleine die Verwendung eines Portals zu Beginn Spannung erzeugt hätte, ebenso die Formulierung »Reise in die Gruselwelt« und insbesondere der Ausdruck »Gruselwelt«. Herausgearbeitet wird ferner eine Stelle, an der etwas Überraschendes passiert, nämlich dass ein Portal, durch das die Protagonisten Kai und Reston reisen, »ausgeht«. Die Stelle wird als Planbruch identifiziert. Dieser wird durch eine Beschreibung der Gefühle »Ich krieg Angst« akzentuiert. In dieser Phase des Gesprächs wird auch darüber nachgedacht, inwieweit sich in den Köpfen der Hörenden eine kohärente Vorstellung des Textes bilden kann. Die Idee des »roten Fadens« wird genutzt, um Struktur und Kohärenz eines Textes wahrzunehmen, zu beschreiben und mit einem konkreten Faden abzubilden. In der dritten Phase wird gemäß dem Leitfaden die Textsorte thematisiert. Dabei wird danach gefragt, ob sich der vorgetragene Text einer bereits bekannten Textsorte oder einem Textmuster (erzählend, informierend, appellierend) zuordnen lässt und aus welchen Gründen. Nach der Begutachtung des Textes ist im vierten Schritt Raum für konkrete Hinweise. In diesem Fall erarbeiten die Kinder mit Michel eine alternative Formulierung zum Textanfang.

»Die Reise in die Gruselwelt« – Auszug eines Transkripts einer Autorenrunde

Der folgende Transkriptionsausschnitt ist der ersten Phase des Gesprächs entnommen. Zuvor hatten sich die Kinder darüber ausgetauscht, dass Michel zwar durch ein Computerspiel zu diesem Text animiert wurde, dann aber seine eigene Phantasie eingesetzt habe. Sie erklärten sich gegenseitig, was ein Portal ist und welche Bedeutung ein Portal in einem Computerspiel hat. Bereits hier, in der ersten Phase, drängte sich die Frage nach der Textsorte in das Gespräch. Auf die Frage nach der Wirkung argumentiert Thore mit der Textsorte (Zeile 1). An dieser Stelle setzt der Transkripitionsauszug ein. Im Mittelpunkt des Gesprächs steht die Frage, ob es sich hier wirklich um ein Märchen handle, wie durch die Formulierung »Es war einmal« des ersten Satzes impliziert wird.

1	(Thore)	Also, dass es wie auf wie ne Fantasiewelt auf mich wirkt, irgendwie so ne Fantasiegeschichte. Der denkt sich das aus oder so, Minecraft, das gibts ja nicht auf der Welt ...
2	(BL)	Aha.
3	(Thore)	... oder seh ich da irgendwas (zeigt aus dem Fenster), was man anzünden kann?
4	(BL)	Okay. Laurenc?
5	(Laurenc)	Hm, ich würde auch sagen, hm, erZÄHlender Text, und da würde ich sagen GeSCHICHte.
6	(BL)	Aha, du hast schon das Textmuster gleich genannt, erZÄHlender Text.
7	(Jonnah)	Ich will noch, Mich Michel, lies den Anfang noch mal von der Geschichte?
8	(Michel)	... Von dem ersten oder zweiten Teil?
9	(Jonnah)	Ersten
10	(Michel)	Den zweiten kennt ihr ja noch nicht.
11	(Jonnah)	Ersten Teil.
12	(Michel)	Okay.
13	(K)	den Anfang
14	(Michel)	Ohne Überschrift?
15	(Jonnah)	Doch mit.
16	(Michel)	Ok. Teil eins. Die Reise in die Gruselwelt. Es war einmal
17	(Jonnah)	Da hört man. Es WAR einmal. [K: Ja.] Dann weiß man, irgendwie,
18	(BL)	Ja, sag mehr? [mehrere K: Ja.]
19	(Jonnah)	Ein Märchen. Weil, wenn man [K: Ja, es stimmt] [mehrere K: Stimmt] Es war einmal.
20	(Michel)	Ja. [Jona: Es war einmal Dornröschen.]
21	(Jonnah)	Ja.
22	(BL)	Das ist der TYpische [Julian: Es war einmal ...] Märchenanfang. Jetzt die Frage: Ist das ein MÄRchen?
23	[Jona leise zu Jonnah: Ist es nur ein Spiel? Jonnah leise zu Jona: Ja.]	
24	(Michel)	Ähm (---) Laurenc?
25	(Laurenc)	Ich würde sagen, es ist kein RICHtiges Märchen, weil Minecraft ist ja auch ein Spiel, und da gibs halt die anderen Märchen, da gibts dazu nämlich kein Spiel.
26	(Michel)	Ist nämlich alles nur ein viereckig. (Tim gestikuliert viereckiges »Portal«)
27	(Laurenc)	Hmhm.
28	(Michel)	Alles. [(Tim) Alles (gestikuliert viereckiges »Portal«)]
29	(BL)	Okay. Also du (schaut zu Laurenc) sagst, das ist eigentlich ein SPIEL, und du (schaut zu Jonnah) sagst, der Anfang klingt aber nach MÄRchen.
30	(Jonnah)	Nein, ich mein, ähm, es hört sich AN wie ein Märchen.
31	(BL)	Hört sich an wie ein Märchen.
32	(Jonnah)	Und deswe und deswegen könnte man durcheinanderkommen. Weil Märchen, aber es ist kein richtiges MÄRchen.

Transkription eines Ausschnittes aus einer Autorenrunde zum Text »Die Reise in die Gruselwelt« (Anfang Klasse 3)

Die Lehrperson (BL) führt das Gespräch an dieser Stelle zurück zur Wirkung und zur Ergründung derselben, also zur zweiten Gesprächsphase.

Resonanzpädagogische Perspektivierung von Autorenrunden

Während für das Setting der Schreibzeit ausgewählte Beobachtungen zum Schreiben eigener Texte unter Aufnahme resonanzpädagogischer Überlegungen betrachtet wurden, kann in den folgenden Ausführungen zum Unterrichtsformat Autorenrunde auf eine theoriebildende Studie (Leßmann 2020) zurückgegriffen werden. Aus den vier Diskursfeldern, die dort zur theoretischen Erschließung von Autorenrunden herangezogen wurden (Leßmann 2020, S. 66 ff.), werden hier solche Aspekte herausgestellt, die eine resonanzpädagogische Sicht auf Autorenrunden nahelegen. Das Transkript dient dabei jeweils als Bezugspunkt der Darstellung.

Literale Praktiken – soziokulturelle Rahmung von Resonanzerfahrungen

Obgleich das Transkript nur einen kleinen Ausschnitt einer Autorenrunde zeigt und dabei weder Stimmen noch Gesten, Mimik oder Körperhaltungen abgebildet werden, mag deutlich werden, dass die Gespräche über eigene Texte von diversen Ritualisierungen, Interaktionsweisen und Kommunikationsmustern geprägt sind. Solche, vor allem die Sozialität des Settings betreffenden Routinen lassen sich aus praxistheoretischer bzw. praxeologischer Sicht als »soziale Praktiken« (Reckwitz 2003; Bourdieu 1987) bezeichnen. In Autorenrunden erscheinen sie als ein ganzes »Bündel von Aktivitäten« (Reckwitz 2003, S. 289), die miteinander verflochten sind: das Bilden eines Kreises, die Begrüßung, der Vortrag eines Kindes, die Zugewandtheit der anderen Kinder zu Michel, der Applaus, die Gespräche, die Strukturierung der Gesprächs nach einem vorgegebenen Muster oder die Organisation der Redebeiträge.

Zwar gehören Routine und Wiederholung zu den Wesensmerkmalen sozialer Praktiken, zugleich aber zeichnen sie sich durch Unberechenbarkeit und Spontaneität aus (Reckwitz 2003, S. 294), die oft zu überraschenden Momenten führen. Eine solche Überraschung etwa findet sich im Transkript in der Tatsache wieder, dass in der ersten Phase des Gesprächs, die doch eigentlich einer eher allgemeinen Beschreibung der Textwirkung zugedacht ist, die Kinder bereits Aspekte einbringen, die der ritualisierte Ablauf erst an späterer Stelle vorsieht, nämlich Äußerungen zur Textsorte. Überraschend mag zudem anmuten, dass die Wahl und die Reihenfolge der Redebeiträge zwar eigentlich von der Lehrkraft oder vom Autor übernommen werden, hier aber Schüler/innen eigenständig das Wort ergreifen und sich spontan einbringen.

Im Sinne praxistheoretischer Überlegungen ist mit solchen Überraschungen zu rechnen. Resonanzpädagogisch betrachtet, lässt sich fragen, ob diese Überraschungen nicht gerade durch Resonanzen ausgelöst werden, die sich durch Affizierungen (Rosa 2018, S. 404) aufgrund des Textes und des Gesprächs ergeben.

Die mit den Gesprächen in Autorenrunden verbundenen Vollzüge werden als »literale Praktiken« (Leßmann 2020, S. 133) spezifiziert. Das Agieren der Kinder wird insofern als literal bezeichnet, als es aufgrund der Textinhalte und des Austausches darüber in einen größeren – sozialen und kulturellen – Zusammenhang eingebunden ist. Gemäß der neueren Literalitätsforschung wird Literalität *als* soziale Praxis (Street 1984) verstanden. Literalität ist nicht etwa zu begrenzen auf »ein Set funktionaler Fähigkeiten, wie es moderne Bildungseinrichtungen größtenteils darstellen, sondern eher ein Set sozialer Praktiken, die stark mit Identität und gesellschaftlicher Stellung in Verbindung gebracht« (Street 2013, S. 152) werden. Aktivitäten in Autorenrunden – Sprechen, Zuhören, Ergründen, Abwägen, Beraten, Argumentieren – vollziehen sich in einem Rahmen, der die sozialen und kulturellen Voraussetzungen berührt bzw. zur Ausbildung derselben einen eigenen Beitrag leisten kann und insofern nicht nur als selbstwirksam, sondern auch sozial wirksam bezeichnet wird. Erfahrungen von Selbstwirksamkeit und sozialer Wirksamkeit werden hier als Grundlage von Resonanzerfahrungen betrachtet. Sie können sich dort entwickeln, wo der Sozialität der Gruppe Raum gewährt wird.

Das Initiieren literaler Praktiken im Unterricht wird als das Bereitstellen von Resonanzräumen betrachtet. Es entstehen Resonanzen auf drei Achsen (Rosa 2018): auf der horizontalen Achse zwischen den kommunizierenden und interagierenden Akteuren, auf der diagonalen Achse zwischen Text und Schreibergemeinschaft und auf der vertikalen Achse zwischen Akteuren und dem soziokulturellen Gefüge.

Gute Texte schreiben lernen – sprachlich-textuelle Betrachtungen

Eine zweite Sichtweise auf Autorenrunden rückt den Gegenstand des Lernens in den Fokus, nämlich das Schreiben qualitativ guter Texte (Leßmann 2020, S. 145 ff.). Vor dem Hintergrund des skizzierten praxistheoretischen Zugriffs stellt sich die Frage, inwieweit soziokulturelle Rahmungen – die hier als wesentlicher Bezugspunkt für Resonanzerfahrungen betrachtet werden – überhaupt für den Erwerb von Text- und Schreibkompetenzen durch Sprachdidaktik und Textlinguistik perspektiviert werden.

Soziokulturell begründete Herangehensweisen an Schreiblernprozesse werden in der deutschsprachigen Schreibforschung erst in jüngster Zeit zunehmend thematisiert (Abraham 2018; Feilke/Wieser 2018; Leßmann 2020; Reichardt/Kruse 2018), in der internationalen Schreibforschung finden sich Hinweise auf die Bedeutung sozialer Aspekte in Ausführungen zu Schreibprozessmodellen durch Hayes (Hayes/Flower 1980; Hayes 1996; Hayes 2012) und auf kulturell bedingte Rahmungen von Schreiblernprozessen bei Hayes/Olinghouse (2015).

Aus textlinguistischer Perspektive lässt sich mit dem Textmodell von Ehlich (2007) die Bedeutung von Sozialität und Kulturalität begründen. Texte werden dort als »zerdehnte Kommunikation« (2007, S. 493) betrachtet. Wie »Boten« (2007, S. 753) müssen sie die zeitliche und die räumliche Distanz zwischen Autor und Rezipient »verdauern« (2007, S. 751). Eine Botschaft wird kommuniziert, ohne dass Urheber und Rezipient in einen unmittelbaren Austausch darüber treten könnten. Ein qualitativ guter Text ist einer, der trotz der »Isolierung« (2007, S. 753) von Autor und Adressat, die

Botschaft so übermittelt, dass sie alleine aus dem Text heraus verstanden werden kann. Nussbaumer (1994, S. 52 ff.) unterscheidet Text-0, nämlich den Text, den der Autor in seinem Kopf hat, von Text-I, dem verschrifteten Text, der übermittelt wird, und von Text-II, jenem Text, der sich nun in den Köpfen der Adressaten bildet.

Autorenrunden, die ja ein didaktisches Setting für den Kompetenzerwerb sind, lösen den Prozess der Überdauerung eines Textes für eine Weile auf, indem hier der Text in der Gruppe auf seine Überdauerungsfähigkeit hin überprüft wird. Der Text wird gleichsam probehalber den Adressaten überführt, diese aber treten mit dem Autor genau darüber in den Austausch, ob sich ein kohärenter Text in ihren Köpfen bilden konnte. Es geht hier sozusagen um einen Abgleich zwischen Text-0 und Text-II auf der Grundlage des in der Autorenrunde vorgestellten Textes-I, das auch als gemeinsames »Neu-Sehen« des Textes bezeichnet werden kann (Leßmann 2020, S. 209).

Sozialität ist in Autorenrunden im Hinblick auf die Bildung von Schreibkompetenzen das höchste Gut. Denn indem der Autor durch die Rückmeldungen erfährt, an welcher Stelle sich keine oder nur eine vage Textvorstellung bilden kann, entwickeln sich Fähigkeiten, die Perspektive der Adressaten einzunehmen. Die Fähigkeit, die Perspektive wechseln zu können, ist für das Verfassen eines Textes, der vom Rezipienten als kohärent wahrgenommen werden soll, elementar. Sie bildet einen Ankerpunkt in der Ausbildung von Textwissen und Schreibkompetenzen.

Wie lehrreich die Rückmeldungen aus der Adressatenperspektive sind, zeigt Jonnah (17, 19), der – gemeinsam mit anderen Kindern – dem Autor zurückspiegelt, dass der erste Satz des Textes die Vorstellung eines Märchens auslöst. Michel hatte die Formulierung »Es war einmal« intuitiv verwendet, vielleicht, weil sie ihm vertraut war und er auf keine Alternativen zurückgreifen konnte. Diese kulturell übermittelte Einstiegsformel bewirkte in den Rezipienten eine Textvorstellung (Text-II), die nicht mit der Textvorstellung im Kopf des Autors (Text-0) übereinstimmte. Im weiteren Gesprächsverlauf (22–32) argumentieren die Kinder, dass dieser Text kein Märchen sein kann. Die Basis für dieses Gespräch liegt in der Sozialität des Settings. Die Interaktion, die sich zwischen Jonnah und dem Autor Michel abspielt, wenn Jonnah bittet, den Anfang noch einmal vorzulesen (7), gibt dem Gespräch diese Wendung. Am Ende des transkribierten Ausschnitts steht die Erkenntnis, dass sich der Text am Anfang zwar anhört wie ein Märchen (30), aber »kein richtiges Märchen« (32) ist. Michels Text (Text-I) könnte also einer zerdehnten Rezeption noch nicht standhalten. Der Diskurs um diese Formulierung aber vertieft das Textwissen der Kinder. In der letzten Phase der Autorenrunde formulieren sie gemeinsam eine Alternative für den ersten Satz. Damit werden zugleich neue Muster bereitgestellt.

Autorenrunden können resonanzpädagogisch als ein Raum betrachtet werden, in dem sich Resonanzachsen im Austausch über Wirkung und Machart von Texten etablieren und sich soziokulturell bedingte mit sprachlich-textuell bedingten Transformationsprozessen verbinden. Gespräche über eigene Texte stiften Resonanzen und fordern sie zugleich ein. In doppelseitigen Transformationsprozessen in Autorenrunden lassen sich »Ursache und Wirkung nicht unterscheiden« (Rosa 2018, S. 396).

Verstehen durch gemeinsame Verständigung – hermeneutische Überlegungen

Aus hermeneutischer Perspektive wird das erkenntnisstiftende Agieren in Autorenrunden ebenfalls wesentlich auf die Sozialität des Geschehens zurückgeführt. Darüber ergeben sich weitere Anknüpfungspunkte für eine resonanztheoretische Betrachtung von Autorenrunden (Leßmann 2020, S. 292 ff.).

In der klassischen Hermeneutik wird Verstehen nach Gadamer als ein dialogisch-zirkulärer Prozess betrachtet. Mit der Metapher des »hermeneutischen Zirkels« bzw. des »Zirkels des Verstehens« (Gadamer 1993, 57 ff.) werden Prozesse des Verstehens als spiralförmige dynamische Bewegungen zwischen Einzelnem und Ganzem beschrieben. Auslöser für Prozesse des Verstehens bildet das Angesprochensein, das Gadamer als oberste hermeneutische Bedingung betrachtet (1993, S. 64). Nur wer von einer Sache oder Situation angesprochen oder ergriffen ist, stellt sein Vorwissen bzw. sein »Vorurteil« im Sinne von Vormeinung und Voreingenommensein zur Verfügung, um es zu klären und weiterzuentwickeln. Ziel des Verstehens ist die »gemeinsame Sache« (1990, S. 366), die sich in der Verständigung vollzieht und von Gadamer auch als »Horizontverschmelzung« bezeichnet wird.

Der Textvortrag von Michel führte in der Autorenrunde durchaus zu einem Angesprochen- bzw. Ergriffensein der Rezipienten. Das lässt sich nicht nur daran ablesen, dass die Kinder ihre Beiträge spontan und schnell einwerfen, sondern auch daran, dass die Kinder sich auf die durch Michel hergestellte Textwelt bzw. »Fantasiewelt« (1) einlassen. Sie lassen sich zudem auf die metakognitive Ebene ein, indem sie sich die Frage aneignen, ob es sich bei diesem Text um ein Märchen handelt oder nicht (7–32). Sie greifen auf ihr individuelles Vorwissen zurück und bringen es in den gemeinsamen Klärungsprozess ein. Das wird bei Laurens (25) deutlich, wenn er seine Überlegungen zur Unterscheidung von Märchen und Computerspielen dem gemeinsamen Verstehensprozess zur Verfügung stellt, und bei Michel, der die Überlegungen teilt und als Autor (26) Laurens zustimmt. Am Ende steht die gemeinsam entwickelte Sache bzw. die Verständigung darüber, dass es sich hier nicht um ein »richtiges Märchen« (32) handelt. Auf der Grundlage des individuellen Vorwissens der Einzelnen bildet sich ein gemeinsamer Horizont.

Nach Erkenntnistheorien von Polanyi (2010/1966; 1985) können Verstehensprozesse, bei denen Einzelheiten im Lichte des Ganzen und das Ganze im Zusammenspiel von Einzelnem betrachtet bzw. »einbegriffen« (1985, S. 53) wird, auch als implizites Verstehen (2010/1966) bezeichnet werden. In Autorenrunden bildet sich implizites Verstehen konkret im inneren wie äußeren Abgleich von einzelnen Formulierungen aus Texten mit den vielen Formulierungen aus zuvor gehörten Texten. In der Transkription wurde der gemeinsam vollzogene Abgleich zum Textanfang zudem zur Grundlage einer Explikation von Textwissen.

Die Kinder greifen auch in ihrer Argumentation auf bereits implizit gebildete Muster zurück. Das wird deutlich, wenn Jonnah (12) sich zum Textanfang äußert: »Da hört man. Es WAR einmal. Dann weiß man, irgendwie, ein Märchen.«

Das Modell des Dialogischen Lernens (Ruf/Gallin 2014) unterscheidet »lokale« und »globale« Normen (2014, S. 206). Von den Kindern gewählte »singuläre« (2014, S. 204) Formulierungen, die als lokale Normen gelten, sind die Grundlage für einen Dialog, in dem über die singulären Erprobungen »reguläre« (2014, S. 204) Vorstellungen von Texten, wie zum Beispiel textsortentypische Formulierungen, ausgelotet werden. In diesem Fall hat Michel eine für Märchen reguläre Formulierung, also eine globale Norm, intuitiv auf eine andere Textsorte übertragen und mit seiner singulären Erprobung dieser einen Formulierung Irritationen in den Zuhörenden hervorgerufen. Gerade diese Irritation eröffnet einen Dialog, durch den die Teilnehmenden verstehen lernen, warum die Formulierung »Es war einmal« in diesem Text die Kohärenzbildung erschwert. Der Transkriptionsausschnitt zeigt auch an anderen Stellen, wie Kinder Singuläres und Reguläres ausloten, etwa wenn Thore überlegt, dass Computerspiele als Fantasie gelten, weil es das nicht auf der Welt gibt (1, 3), oder wenn Laurens auf seine Weise ergründet, dass Michels Text kein »richtiges« Märchen sein kann, weil es zu Märchen keine Computerspiele gibt.

Für eine resonanztheoretische Deutung der Verstehens- und Verständigungsprozesse in Autorenrunden ist hier zu allererst ein Bezug zu Gadamers Überlegungen herzustellen. Das Angesprochen- und Ergriffensein, das dem Affiziertsein (Rosa 2018, S. 404) gleicht, bildet die Grundbewegung der Resonanz (Rosa 2018, S. 396). Wenn Gadamer sagt »Verständigung im Gespräch ist […] eine Verwandlung ins Gemeinsame hin, in der man nicht bleibt, was man war« (Gadamer 1990, S. 384), artikuliert er jene Gedanken, die in der aktuellen Resonanztheorie als »Anverwandlung« beschrieben werden. In den Theorien Polanyis ist in Bezug auf Erkennen von »Einverleiben« oder »Ein-Begreifen« (Polanyi 1985, S. 53) die Rede. Ähnlich wie in der Resonanzpädagogik wird die Leiblichkeit des Lernens (Rosa/Endres 2016, S. 20) – wie es ja auch in praxistheoretischen Überlegungen der Fall ist (Reckwitz 2003, S. 290; Bourdieu 1987, S. 122) – herausgestellt. Anknüpfungspunkte für resonanztheoretische Überlegungen finden darüber hinaus im Konzept des Dialogischen Lernens, in dem mit »Anverwandlung« (Ruf 2008, S. 262 ff.) ebenfalls hermeneutische Prozesse des Verstehens und Verständigens beschrieben werden.

Kinder als soziale Akteure – kindheitsforschende Sichtweisen

Eine vierte Sichtweise richtet das Augenmerk auf das Agieren der Lernenden als Kinder (Leßmann 2020, S. 361 ff.). Mit einer sozialwissenschaftlich ausgerichteten Kindheitsforschung (James et al. 2008; Heinzel 2005; Eckermann/Heinzel 2015) werden Kinder in Autorenrunden als soziale Akteure betrachtet, die sich durch Interaktion und Kommunikation aktiv an der Konstruktion gesellschaftlicher Wirklichkeit beteiligen (Leßmann 2020, S. 371 ff.). Nicht ein von der Lehrperson vorgegebener Unterrichtsstoff bildet den Ausgangspunkt des Unterrichtsgeschehens, sondern die kulturellen Praktiken der Kinder werden zur Basis eines Unterrichts, in dem sich Persönlichkeit und Fachlichkeit (s. S. 47 Sprachlich-textuelle Betrachtungen) miteinander verbinden.

Kinderkulturelle Praktiken erhalten zuallererst durch die Texte der Kinder ihren Raum im Unterricht. Computerspiele, die etwa für Michels Text Ideengeber sind, gehören zum Alltag von Grundschulkindern und bestimmen oft maßgeblich ihr Leben. Ihre Welt und ihre Kindheit erhalten aufgrund eigener Texte die Aufmerksamkeit der Lehrperson, die den Themen der Kinder sonst möglicherweise gar nicht begegnen würde. Und sie erfahren die Aufmerksamkeit der anderen Kinder, die ja größtenteils an denselben kinderkulturellen Praktiken teilhaben. So erklärt es sich, dass sich in Autorenrunden – wie etwa jener zu Michels Text – gerade solche Kinder aktiv einbringen, die sonst eher still oder auch störend agieren. Da hier aber ihre Themen – Portale und digital initiierte Fantasiewelten – vorkommen, erfahren sich sowohl die vortragenden als auch die beratenden Kinder in Autorenrunden als »bedeutungsproduzierende Subjekte« (Eckermann/Heinzel 2015, S. 25).

Die Themen der Kinder sind Ausdruck der gesellschaftlichen Wirklichkeit, in der diese Kinder sprachlich, sozial und kulturell agieren. Gerade, weil ihre Texte und ihre Wirklichkeit Basis des fachlichen Lernens sind, lernen die Kinder motiviert und erwerben Fähigkeiten, sich zu artikulieren und sich zu positionieren. Sie erfahren, dass ihre Stimme einen wichtigen Beitrag leistet. Indem die Kinder sich als aktiv Teilhabende in Autorenrunden erleben, kann sich eine eigene »literale Identität« (Leßmann 2020, S. 431 ff., 2018) bilden, deren wichtigstes Kennzeichen der Vollzug gesellschaftlicher Partizipation innerhalb und außerhalb von Schule ist.

Auch die für Autorenrunden typische Kreissituation bildet dafür einen Beitrag. Der Kreis symbolisiert »Verbundenheit mit Ausrichtung der Versammelten nach innen sowie ihrer Abgrenzung nach außen« (Heinzel 2005, S. 44). Er bildet eine Art »Zwischenraum zwischen Kindheit und Schule« (ebd., S. 41). Standen im ersten Teil der Autorenrunde zu Michels Text die kinderkulturellen Praktiken im Mittelpunkt des Gesprächs, so gleitet dieses durch die Beiträge zur Textsorte fast unmerklich in den fachlichen Diskurs der schulisch-literalen Praktiken. Auch Jonnahs Bitte, den ersten Satz nochmal zu lesen (7), ist Ausdruck der schulischen Autorenrundenpraktiken – und zwar solcher, die sich im Zusammenhang mit dem Roten Faden in der Klasse entwickelt hatten. Die Motivation und Intensität des Gesprächs lassen also im fachlichen Diskurs in keiner Weise nach. Es ist fast so, als ob sich dieses Gespräch auch außerhalb der Schule hätte zutragen können. Insofern ist es ein Zwischenraum, der von dem Aufeinanderbeziehen kinderkultureller und schulisch-literaler Praktiken lebt.

Ein weiterer Aspekt, der zur Bildung literaler Identität beiträgt, wird in der wertschätzenden Adressierung (Ricken 2014) der Kinder als »Autor« bzw. »Autorin« oder als »Hörende« und »Ratgebende« gesehen (Leßmann 2020, S. 365 ff.). Eine solche Ansprache bewirkt ein anderes Selbstverständnis, als wenn Kinder als Schüler und Schülerinnen angesprochen werden, die möglicherweise lediglich Aufgaben zu erledigen haben, die durch ein Buch oder durch die Lehrperson festgelegt werden. Ein Abarbeiten vorgegebener Aufgaben, zu denen die Kinder keinen Bezug empfinden, führt dazu, dass Kinder sich lediglich als Ausführende eines Jobs (Breidenstein/Jergus 2005) erleben, dessen sie sich am liebsten schnell entledigen möchten. Es ist der Transkription zu entnehmen, dass diese Kinder sich selbst als ernsthafte Gesprächspartner verstehen, die Verantwortung für den Texte und das gemeinsame Geschehen übernehmen – und sich dementsprechend auch untereinander als »Autoren« oder »Mitdenkende« der Autorengemeinschaft wahrnehmen und ansprechen.

Die Lehrkraft, die die Gruppe als Autorengemeinschaft adressiert, agiert im Kreis auf Augenhöhe der Kinder. Sie ist zugleich Vertreterin der Sprachgemeinschaft (Ruf/Gallin 2014, S. 207; Nussbaumer 1994, S. 53). Indem sie Impulse setzt – durch den Leitfaden, aber auch indem sie die Gedanken der Kinder aufnimmt (22, 29) –, sorgt sie für eine Vermittlung des sprachlichen und kulturellen Erbes der gemeinsamen Sprach- und Kulturgemeinschaft.

Im Hinblick auf eine resonanzpädagogische Perspektivierung von Autorenrunden öffnet der vorgenommene kindheitsforschende Blick auf Autorenrunden eine Reihe von Anknüpfungsmöglichkeiten. Sowohl im Schreiben als auch im gemeinsamen Gespräch über die eigenen Texte werden die Kinder in die Lage versetzt, »eine eigene unverwechselbare, wahrnehmbare Stimme auszubilden« (Rosa/Endres 2016, S. 22). Hier schließt sich der Kreis zu den Ausführungen zum Schreiben (s. S. 38 Die wöchentliche Schreibzeit). Im Schreiben vergewissern sich die Kinder ihrer selbst, in der Autorenrunde treten sie damit nach außen in die Gruppe. Die innere Vorwegnahme des potenziellen Gesprächs über den Text in der Autorenrunde lässt ihre Stimme innerlich bereits beim Schreiben entfalten und Verantwortung für sich und den Text wachsen. Andersherum motiviert die stärkende Erfahrung des Vortrags in der Autorenrunde Kinder, in weiteren Texten ihrer Stimme noch mehr Gehör zu verschaffen. Individualität und Sozialität des Lernens greifen ineinander.

Weil es die Themen und Praktiken der Kinder selbst sind, die sie in die Gruppe einbringen, entsteht in der Gruppe ein »Knistern« (Rosa/Endres 2016, S. 18), das aus dem »wechselseitigen geistigen Berühren und Berührtwerden« (Rosa/Endres 2016, S. 16) resultiert. Wer Autorenrunden im Unterricht erlebt, wird Zeuge von »vibrierende[n] Resonanzdrähte[n] zu Klassenkameraden« (Rosa 2018, S. 414). Diese Vibrationen entstehen nicht nur – wie es in der Resonanzpädagogik heißt –, weil Kinder »einem Stoff intrinsisches Interesse entgegenbringen« (Rosa 2018, S. 412), sondern vor allem, weil sie selbst der »Stoff« sind, mit dem gearbeitet wird.

Deutschunterricht als Möglichkeitsraum für die Bildung literaler Identität

Das Schreiben eigener Texte und die Gespräche über eigene Texte in Autorenrunden bieten umfassende Möglichkeitsräume (Bauer 2019, S. 113 ff.) bzw. einen »Konstitutionsgrund« (Rosa 2018, S. 394) für Transformationsprozesse, in denen Kinder mit der Welt in Beziehung treten (Rosa/Endres 2016, S. 16) und sich die Welt so erschließen

(Rosa 2018, S. 412), dass sie zu einem Teil von ihr werden. Was resonanzpädagogisch als Prozess der Anverwandlung bezeichnet wird, stellt sich im Kontext literaler Praktiken für den Deutschunterricht als Bildung literaler Identität dar (Leßmann 2020, S. 437 ff.).

Mit den vier theoriegeleiteten Reflexionen der Unterrichtspraxis von Autorenrunden werden auch resonanzpädagogisch Horizonte perspektiviert, in denen sich Anverwandlung vollziehen bzw. literale Identität bilden kann. Literale Identität ermöglicht eine über die Schule hinausreichende gesellschaftliche Partizipation (Leßmann 2020, S. 440 ff.).

Die praxisorientierte Perspektive zeigt, dass durch den Vollzug literaler Praktiken Erfahrungen von Selbstwirksamkeit und sozialer Wirksamkeit initiiert werden können. Die sprachlich-textuelle Reflexion verweist darauf, dass Resonanzen gerade dann entstehen können, wenn die Fachlichkeit eines Gegenstandes nicht ohne Anbindung an dessen soziokulturelle Rahmungen betrachtet wird. Hermeneutische Überlegungen betonen, dass Erkennen nicht ohne gemeinsame Verständigung zu denken ist. Sie legen ferner nahe, Wege impliziten Verstehens aufzunehmen, zu initiieren und zu nähren. Mit einer kindheitsforschenden Sicht wird hervorgehoben, dass sich Resonanzen gerade dann entwickeln können, wenn sich die subjektiven Erfahrungen und Perspektiven, kurzum die Stimmen der Einzelnen in der Sozialität der Gruppe entfalten können.

Die resonanztheoretischen Überlegungen, die hier exemplarisch an den literalen Praktiken des Schreibens eigener Texte und des Sprechens über eigene Texte in Autorenrunden dargestellt wurden, sind möglicherweise übertragbar auf andere literale Praktiken des Deutschunterrichts und verstehen sich als Beitrag zum resonanztheoretischen Diskurs über den Deutschunterricht.

Literatur

Abraham, U. (2018): Kultur können alle Menschen. Zur kulturwissenschaftlichen Fundierung unterschiedlicher ästhetischer Praxen im Deutschunterricht. In: Mayer, J./Geist, B./Krapf, A. (Hrsg.): Variete der Vielfalt. Ästhetisches Lernen in Sprache, Spiel, Bewegung, Kunst. 1. Auflage. Baltmannsweiler: Schneider Hohengehren, S. 23–39.

Bauer, J. (2019): Wie wir werden, wer wir sind. Die Entstehung des menschlichen Selbst durch Resonanz. München: Blessing.

Bourdieu, P. (1987): Sozialer Sinn. Kritik der theoretischen Vernunft. Unter Mitarbeit von Übersetzt von Günter Seib. Frankfurt am Main: Suhrkamp.

Breidenstein, G./Jergus, K. (2005): Schule als »Job«? Beobachtungen aus der 8. Klasse. In: Breidenstein, G./Prengel, A. (Hrsg.): Schulforschung und Kindheitsforschung – ein Gegensatz? Wiesbaden: VS Verl. für Sozialwissenschaften (Studien zur Schul- und Bildungsforschung), S. 177–200.

Eckermann, T./Heinzel, F. (2015): Kinder als Akteure und Adressaten? Praxistheoretische Überlegungen zur Konstitution von Akteuren und (Schüler-) Subjekten. In: *Zeitschrift für Soziologie der Erziehung und Sozialisation* 35 (1), S. 23–38. Online verfügbar unter http://www.beltz.de/fachmedien/erziehungs_und_sozialwissenschaften/zeitschriften/zeitschrift_fuer_soziologie_der_erziehung_und_sozialisation/article/Journal.html?tx_beltz_journal[article]=29803&cHash=0c2321cb775497d3c432d809a93c78c5, zuletzt geprüft am 02.11.2015.

Ehlich, K. (Hg.) (2007): Sprache und sprachliches Handeln. Band 3: Diskurs – Narration – Text – Schrift. Berlin: De Gruyter.

Feilke, H./Wieser, D. (2018): Zur Einführung: Kulturen des Deutschunterrichts – Kulturelles Lernen im Deutschunterricht. In: Feilke, H./Wieser, D. (Hrsg.): Kulturen des Deutschunterrichts – Kulturelles Lernen im Deutschunterricht. Stuttgart: Fillibach bei Klett, S. 9–21.

Gadamer, H. G: (1990): Gesammelte Werke. Bd. I: Hermeneutik I. Wahrheit und Methode. (1. Aufl. 1960). 6. Aufl. Tübingen: Mohr.

Gadamer, H. G: (1993): Vom Zirkel des Verstehens. In: Gadamer (Hg.) – Gesammelte Werke. (1. Aufl. 1959), S. 57–65.

Hayes, J. R. (2012): Modeling and Remodeling Writing. In: *Written Communication* 29 (3), S. 369–388.

Hayes, J. R. (1996): A new framework for understanding cognition and affect in writing. In: Levy, C. M./Ransdell, S. (Hrsg.): Perspectives on writing. New Jersey: Lawrence Erlbaum Associates, S. 6–44.

Hayes, J. R./Flower, L. S. (1980): Identifying the Organisation of Writing Processes. In: Gregg, L. W./ Steinberg, E. R. (Hg.): Cognitive processes in writing. Hillsdale: Lawrence Erlbaum Associates, S. 3–30.

Hayes, J. R./Olinghouse, N. G. (2015): Can Cognitive Writing Models Inform the Design of the Common Core State Standards? In: *The Elementary School Journal* 115 (4), S. 480–497.

Heinzel, F.(2005): Kindheit irritiert Schule – Über Passungsversuche in einem Spannungsfeld. In: Breidenstein, G./Prengel, A. (Hrsg.): Schulforschung und Kindheitsforschung – ein Gegensatz? Wiesbaden: VS Verl. für Sozialwissenschaften (Studien zur Schul- und Bildungsforschung), S. 37–54.

James, A./Jenks, C./Prout, A. (2008): Theorizing childhood. Reprinted. Cambridge: Polity Press.

Leßmann, B. (2016): Individuelle Lernwege im Schreiben und Rechtschreiben. Ein Handbuch für den Deutschunterricht. Teilband IIA: Klassen 3 bis 6. Entwicklung von Schreibkompetenz auf der Grundlage individuell bedeutsamer Texte. 2. Aufl. 3 Bände. Heinsberg: Dieck (IIA).

Leßmann, B. (2018): Gespräche über eigene Texte in Autorenrunden – Anbahnung literaler Identität innerhalb einer Schreibergemeinschaft. In: Bär, C./Uhl, B. (Hrsg.): Texte schreiben in der Grundschule. Zugänge zu kindlichen Perspektiven. Stuttgart: Fillibach bei Klett Sprachen, S. 139–162.

Leßmann, B. (2020): Autorenrunden. Kinder entwickeln literale Kompetenzen. Eine interdisziplinäre theoriebildende Studie zu Gesprächen über eigene Texte in der Grundschule. Dissertation. Münster: Waxmann.

Nussbaumer, M. (1994): Ein Blick und eine Sprache für die Sprache. Von der Rolle des Textwissens im Schreibunterricht. In: *Der Deutschunterricht* 46 (5), S. 48–71.

Polanyi, M. (1985): Implizites Wissen. [Übersetzung von »The tacit dimension« durch Horst Brühmann]. Frankfurt am Main: Suhrkamp (Suhrkamp-Taschenbuch Wissenschaft, 543).

Polanyi, M. (2010): The tacit dimension. (Erstveröffentlichung 1966). [Nachdr.]. Chicago, Ill.: Univ. of Chicago Press.

Reckwitz, A. (2003): Grundelemente einer Theorie sozialer Praktiken. Eine sozialtheoretische Perspektive. In: *Zeitschrift für Soziologie* 32 (4), S. 282–301.

Reichardt, A./Kruse, N. (2018): Von Kritikern und Ko-Autoren – Zur Sozialität des Schreibunterrichts oder: Wie Grundschulkinder gemeinsam an/mit ihren Texten arbeiten. In: Bär, C./Uhl, B. (Hrsg.): Texte schreiben in der Grundschule. Zugänge zu kindlichen Perspektiven. Stuttgart: Fillibach bei Klett Sprachen, S. 181–204.

Ricken, N. (2014): Adressierung und (Re-)Signifizierung. Anmerkungen zum Zusammenhang von sozialer Herkunft und schulischer Leistung aus praktischtheoretischer Perspektive. In: Kleiner, B./Rose,N./Butler, J.(Hrsg.): (Re-)Produktion von Ungleichheiten im Schulalltag. Judith Butlers Konzept der Subjektivation in der erziehungswissenschaftlichen Forschung ; [gleichnamige Tagung an der Universität Hamburg im Oktober 2012]. Opladen: Budrich, S. 119–133.

Rosa, H. (2018): Resonanz. Eine Soziologie der Weltbeziehung. 3. Auflage, wissenschaftliche Sonderausgabe. Berlin: Suhrkamp.

Rosa, H./Endres, W. (2016): Resonanzpädagogik. Wenn es im Klassenzimmer knistert. Unter Mitarbeit von Reinhard Kahl. 2. Auflage. Weinheim, Basel: Beltz.

Ruf, U. (2008): Das dialogische Lernmodell vor dem Hintergrund wissenschaftlicher Theorien und Befunde. In: Ruf, U./Keller,S./Winter,F. (Hrsg.): Besser lernen im Dialog. Dialogisches Lernen in der Unterrichtspraxis. Seelze-Velber: Kallmeyer, S. 233–270.

Ruf, U./Gallin, P. (2014): Dialogisches Lernen in Sprache und Mathematik. Band 1: Austausch unter Ungleichen. 5. Aufl. 2 Bände. Seelze-Velber: Kallmeyer (Dialogisches Lernen in Sprache und Mathematik, 1).

Spitta, G. (2015): Für das Schreiben begeistern. Mit Schreibkonferenzen systematisch die Textkompetenz fördern. Berlin: Cornelsen (Lehrerbücherei Grundschule).

Street, B. (1984): Literacy in theory and practice. Cambridge (Cambridge studies in oral and literate culture, 9).

Street, B. (2013): New Literacy Studies. In: Rosebrock, C./Bertschi-Kaufmann, A. (Hrsg.): Literalität erfassen. Bildungspolitisch, kulturell, individuell. Weinheim u.a.: Beltz Juventa (Lesesozialisation und Medien), S. 149–165.

Vollständiger Schülertext und Filmausschnitte aus der Autorenrunde (auch zum transkibierten Textausschnitt):
https://www.beate-lessmann.de/filme/filme-plus/autorenrunde-im-detail-gruselwelt.html

Katrin Geneuss

»Ich weiß jetzt, dass ich mehr kann, als nur auf dem Stuhl zu sitzen und dem Lehrer zuzuhören!«

Erzeugung von Resonanzen in Live-Rollenspielen

Einleitung

Schon als Schülerin wünschte ich mir relevanten Unterricht. Ich wünschte mir etwas, das meinem täglichen Schulbesuch Sinn gab, über Noten und Pflichterfüllung hinaus. Wie froh war ich, als der Rektor meiner Schule forderte, dass zu Beginn jeder Schulstunde der übergeordnete Sinn der Stunde nicht nur den Schüler/innen zu erklären, sondern sogar an die Tafel zu schreiben sei. Ganz konzise: Warum sind wir heute hier und wohin wollen wir? Zu diesem Zeitpunkt stand ich bereits als Lehrerin im Klassenzimmer, und zwar in einem schwedischen. Hattie (2009) war in aller Munde und Lernen sollte visualisiert werden.

In meinen acht (Lehr-)Jahren in Schweden lernte ich vor allem eines: Schüler/innen als selbstverantwortliche junge Menschen zu sehen und Wege der Resonanz zu bereiten, die ihre intrinsische Motivation wecken sollten, die dann zu einer engagierten Auseinandersetzung mit den im Unterricht behandelten Weltausschnitten führte. In diesem Beitrag stelle ich einen solchen Weg vor, der mich die letzten Jahre derart intensiv beschäftigte, dass ich ihn zum Gegenstand meiner Dissertation machte: Das Live-Rollenspiel (Geneuss 2019).

Die Sinnhaftigkeit des Unterrichtsgeschehens kann nicht nur von außen an die Schüler/innen herangetragen und um sie herum erzeugt werden, sondern muss von jedem einzelnen erkannt werden (Frankl 2006). Wieso aber sollte ein 11-Jähriger die Welt des Mittelalters in sein eigenes Weltbild aufnehmen, wenn doch – abgesehen von der bevorstehenden Notengebung – erst einmal gar keine Notwendigkeit dafür besteht? Wieso sollten Synonyme den Wortschatz erweitern, wenn doch – abgesehen von der Aufgabe im Lehrbuch – das zur Verfügung stehende Repertoire vollends für eine effiziente Kommunikation auszureichen scheint? Auch Fragen nach dem Sinn des Schulbesuches schließen sich an: Ist diese soziale Dimension wirklich notwendig, wenn doch Freunde zu Hause und virtuell warten? Und wohin führt die Auseinandersetzung mit den Erwachsenen, wenn die kollektive Übung die gemeinsame Ziellinie vorgibt? Nicht selten haben Schüler/innen das Gefühl, die Lehrkraft unterrichte an ihnen vorbei. Diese wiederum fragt sich, wie sie die Schüler/innen in einer reizüberfluteten Lebensrealität eigentlich noch erreichen und ihrem Schulbesuch eine Sinnhaftigkeit verleihen kann. Mit Rosa (2019) argumentierend lässt sich folgern, dass in dem Moment, in dem in dem Schüler oder der Schülerin Resonanzen erzeugt werden, eben diese Sinnhaftigkeit gegeben sein könnte.

Zieht man Resonanz als übergeordnetes Lehrprinzip heran, öffnet dies den Raum für den Austausch über individuelle Wahrnehmungen. In einem Live-Rollenspiel, in dem jede Schülerin und jeder Schüler einen Charakter interpretiert und gleichzeitig das Spiel der anderen beobachtet und gestaltet hat, entstehen vielfältige, mitunter divergierende Wahrnehmungen. Diese bilden dann die Grundlage für die gemeinsame Deutung und Interpretation, was nicht heißen muss, dass nach abgeschlossenem Aushandeln der unterschiedlichen Lesarten nicht auch verschiedene Interpretationen nebeneinander stehen bleiben können. Da die Wahrnehmung jedes Einzelnen für diesen Deutungs- und Interpretationsprozess wichtig ist, erfährt sich jeder in eigener Selbstwirksamkeit.

Dennoch sei vorweggenommen: eine All-round-Methode, die alle erreicht, gibt es nicht. Auch bei der nachfolgend vorgestellten Lernform wird es Schüler/innen geben, die sich mehr, und andere, die sich weniger davon mitreißen lassen. Jedoch ist es möglich, das Klassenkollektiv über einen Umweg zu Resonanzbeziehungen zum Thema, zu den Peers und zur Lehrkraft zu führen: Wenn die Schüler/innen in einem Live-Rollenspiel einen »Charakter« interpretieren, für den eine bestimmte soziale Bindung oder ein bestimmtes Thema sehr wichtig ist, nimmt der oder die Spielende Resonanzen wahr, die über das Sich-Hineinversetzen erworben wurden.

Ein Live-Rollenspiel, auch Edu(cational) Larp (*Educational Live-Action-Role-Playing*) genannt, ist ein längeres zusammenhängendes Rollenspiel ohne vorgegebenen Text und ohne Publikum. Die Interaktion wird größtenteils improvisiert und bewegt sich im Rahmen eines vorgegebenen Szenarios. Im Diskurs um Live-Rollenspiele wird nicht von einer zugeteilten Rolle, sondern von »Charakter« gesprochen. Damit wird signalisiert, dass die Figuren spontan und ungeplant handeln können. Auch geht ihre Beschreibung meistens über soziale Rollen hinaus (Kamm/Becker 2016). Letzteres ist in dem knappen zeitlichen Rahmen, der einem Live-Rollenspiel im Regelunterricht zusteht, nicht immer möglich. Jedoch wird den Schüler/innen stets die Möglichkeit gegeben, ihre Charaktere im Rahmen von Hausaufgaben auszufeilen. Edu-Larp wird in Deutschland vornehmlich im außerschulischen Kontext eingesetzt und kann als Planspiel beschrieben werden, in welchem neben der strategischen, vor allem die emotionale Dimension im Vordergrund steht.

Der aktiven Auseinandersetzung mit Thema und Mitspieler/innen kann sich der Einzelne nicht entziehen, denn in einem Live-Rollenspiel übernehmen alle Verantwortung für ihren Charakter, für das gemeinsame Gestalten der Geschichte, und auch Verantwortung für die eigenen Spielerlebnisse sowie die anderer. Die Schüler/innen selber haben sowohl die Kontrolle über die von ihnen gestalteten in-game Beziehungen, als auch über den Ausdruck ihrer Kreativität und über die Gestaltung des Narrativs. Für die Charaktere ist es notwendig, sich in der gespielten, aber ganz konkreten

Situation zurecht zu finden. Deshalb setzen sie sich mit Themen und mit Mitspieler/innen auseinander, zu denen sie sonst keinen Zugang haben, sodass eine Sinnhaftigkeit des Handelns entsteht, die sich für das Spieler-Ich durch die Rollenübernahme ergibt.

Ein weiteres Merkmal von Live-Rollenspielen legt Resonanzerzeugung nahe: kognitive Fähigkeiten werden »mit affektiven, emotionalen, sozialen und imaginativen Erfahrungen« verbunden (siehe Bismarck/Beisbart in diesem Band). Dadurch können die Schüler/innen das Thema auf vielfältige Weise erleben: Sie spielen gemeinsam und erleben auch die Lehrkraft in einer anderen Rolle; sie fühlen Bedrohungen oder Glückserlebnisse, indem sie sich in den von ihnen zu gestaltenden Charakter hineinversetzen; die Spiele, wie das im Folgenden vorgestellte »*Angeklagt*«, sprechen durch den Einbezug von Musik, Essen und Trinken, Kostümierung sowie Geräuschkulissen viele Sinne an; durch die Offenheit des Skripts ist die Gestaltung der Geschichte eine ko-kreative Erfahrung, welche das Vorstellungsvermögen der Schüler/innen stark fordert. Eine weitere Ebene ist die physische: Das Spiel basiert auf Interaktion, die über Freundschaftsgrenzen hinausgeht und den nonverbalen Ausdruck erfordert.

In diesem Kapitel werde ich erst allgemein eine Art der Live-Rollenspiele, die ich STARS nenne, vorstellen, um dann das Spiel »*Angeklagt*« in seinen einzelnen Phasen zu skizzieren. Das neue Akronym STARS für *Student Activating Roleplaying Game* wurde von mir (Geneuss 2019) erdacht, um Abstand zum freieren Rollenspiel Edu-Larp zu signalisieren. In Abgrenzung zu verwandten Formaten wie *Simulation Globale* (z. B. Maak 2011), *Process Drama* (Heathcote/Bolton 1995) oder dem *Szenischen Spiel* (Scheller 1998) wurde der Begriff STARS geprägt. Die schrittweise Darstellung ist wichtig, da das Spielkonzept mit den herkömmlichen Begrifflichkeiten von Rolle, Charakter und Improvisation nur ansatzweise beschrieben werden kann. Danach folgt ein Bericht über Umsetzungen des Spiels in Münchener Klassenzimmern, und abschließend stelle ich einige Überlegungen an, wie und weshalb die STARS-Live-Rollenspiele als Beispiel für resonanzorientierten Unterricht stehen könnten.

Rollenspiele STARS

STARS (das Akronym steht für *Student Activating Roleplaying Games*, siehe Geneuss 2019) ist eine Erweiterung der offeneren Lern- und Spielform Edu-Larp. Sie sind didaktisierte dreiteilige Rollenspiele, deren erster Teil die gemeinsame 45-minütige Vorbereitung ist. Hier werden unterschiedliche Improvisationsübungen durchgeführt, sowie das Szenario mit Ort, Zeit und Grund des Handelns vorgestellt. Außerdem werden in der Vorbereitungsphase die Charaktere zugeteilt und von den Teilnehmer/innen durch Namen oder Altersangaben ergänzt. Wichtig ist auch die Erläuterung von Lernzielen, damit das bevorstehende Spiel in den Kontext herkömmlichen Lernens eingeordnet werden kann. In der Spielphase, die in zwei aufeinanderfolgenden Schulstunden durchgeführt wird, werden simultan spielend Handlungen geschaffen. Im Rahmen des Szenarios improvisieren alle Anwesenden die verbale und non-verbale Interaktion. Der Spielleitung liegt ein grobes Skript vor, von dem ausgehend sie Impulse an die Spielenden gibt. Das können Veränderungen der Örtlichkeiten sein (z. B. »Jetzt betreten wir gemeinsam den Gerichtsraum«) oder bestimmte Ereignisse (z. B. »Nun wird das Urteil gefeiert«) sein, worauf die Teilnehmenden ihrer Rolle entsprechend reagieren. Da es kein Publikum gibt und alle Anwesenden simultan als Charaktere handeln, können sich die Beteiligten im Schutz der Rolle ausprobieren.

In der 45-minütigen Nachbereitungsphase werden zuerst die Spielerfahrungen der einzelnen Teilnehmenden mit der Gruppe geteilt. Nachdem sich das Rollen-Ich vom Spieler-Ich (Scheller 1998, S. 32 ff.) symbolisch verabschiedet hat, findet der Transfer einzelner Aspekte der gespielten Handlung auf die Lebensrealität statt. Zusätzlich sollten die Lernziele aus der Vorbereitung diskutiert und überprüft werden, aber auch andere Aspekte, die unerwartet auftauchen, besprochen werden. Schematisch kann der Verlauf eines STARS wie folgt dargestellt werden:

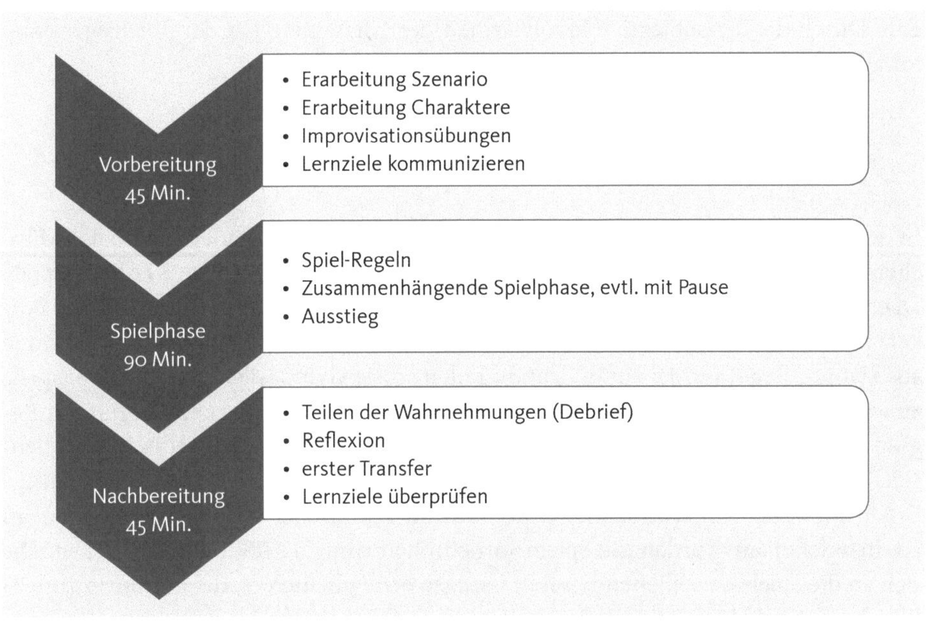

Abb. 1: Verlauf eines Live Rollenspiels STARS

STARS hat durch klare Strukturierung und Lehrplanbezug den Anspruch, im Unterrichtsalltag von der Lehrkraft operationalisierbar zu sein (Geneuss 2019). Die Maxime bei dem Design eines STARS ist es, dass die Schüler/innen sich in einer fiktiven Welt erproben können und verbale wie nonverbale Interaktion physisch und emotional miteinander ausgestalten.

Mit vier Schulstunden ist der zeitliche Aufwand relativ gering, andererseits ist die zusammenhängende Spielphase mit einer Doppelstunde wiederum recht lang und ermöglicht dadurch eine intensive Einfühlung in die Rollen. Auf aufwändige Kostümierung wird ebenso verzichtet wie auf detaillierte Kulissengestaltung. Die Lehrkraft übernimmt eine Rolle, die sich organisch mit den Aufgaben der Spielleitung vereinen lässt (z. B. Botin, Journalistin, Botschafterin). Die fachgebundenen Lernziele für ein STAR werden den Bildungsstandards und dem Lehrplan entnommen. Auch wird bei der Konzeption darauf geachtet, dass die Schüler und Schülerinnen in unterschiedlichen Konstellationen soziale, sprachliche und performative Kompetenzen üben können (z. B. Geneuss/Hilgers 2019).

Durch Sich-Hinein-Versetzen in den Charakter können im Spiel Resonanzbeziehungen unter den Charakteren, aber auch zwischen Charakter und dem (fiktiven) Ausschnitt von Welt entstehen. In der Nachbereitung der Spiele werden subjektive Spielerlebnisse geteilt, womit mehrere unterschiedliche Wahrnehmungen nebeneinander stehen bleiben und Ambiguitätstoleranz geübt werden kann. Damit wird erreicht, dass individuelle Spielerfahrungen von der Gruppe wahrgenommen werden und als Ausgangspunkt dienen, Kognitivierungs- und Abstraktionsprozesse anzustoßen. Durch die die subjektive Involviertheit der Charaktere hat der Spielgegenstand für alle eine reale Bedeutung erlangt.

STARS im Deutschunterricht

In den Schuljahren 2017/18 und 2018/19 wurden an über 10 Schulen in und um München im Rahmen des Deutschunterrichts ein Dutzend verschiedene STARS gespielt. Drittmittelfinanzierung ermöglichte es dem Projektteam bestehend aus Fachdidaktiker/innen, Studierenden und Schauspieler/innen, von Lehrkräften genannte Themen aus Haupt-, Real-, Förder- und Grundschulen sowie Gymnasien in Live-Rollenspiele zu »übersetzen« und diese in verschiedenen Jahrgangsstufen durchzuführen. Zu Beginn entstanden die Spielkonzepte in Kooperation mit dem schwedischen Rollenspiel-Anbieter *LajvVerkstaden* (www.lajvverkstaden.se, 20.12.2019), der langjährige Erfahrung in der Konzeption und Durchführung schulischer Live-Rollenspiele hat, im zweiten Schuljahr wurden die Spiele vornehmlich vom STARS-Team entwickelt. Die sich an die Spiele anschließenden Befragungen ermöglichten es, die Lernform zunehmend auf die Bedürfnisse der Schüler/innen und Lehrkräfte im deutschen Schulsystem zuzuschneiden.

Die Lehrkräfte der jeweiligen Klassen waren stets bei den Durchführungen der Spiele dabei und übernahmen auch immer eine Rolle. Prinzipiell sind die Spiele so konzipiert, dass sie von einer Lehrkraft durchgeführt werden können. In unseren Umsetzungen wählten wir jedoch stets ein Team von mindestens zwei Erwachsenen im Klassenzimmer, da die Lernform sich ja gewissermaßen noch in einer Testphase befand. In mehreren Klassen wurden zwei STARS durchgeführt, an einem Gymnasium in zwei sechsten Klassen über das Schuljahr verteilt fünf. Das jeweilige Thema des Spiels wurde mit der Lehrkraft abgesprochen, und zeitlich so gelegt, dass es eine Unterrichtseinheit entweder startete oder abrundete. Alle Phasen der STARS sind von Benotungen frei zu halten, da sich sonst die Schüler/innen nicht frei ausprobieren können und zum Beispiel das Scheitern des Charakters nicht mehr zulassen würden. Bezüge zu herkömmlichem Lernen sind dennoch vielfältig möglich.

Resonanzen erzeugen im Live-Rollenspiel »Angeklagt«

Die Deutschlehrkräfte einer sechsten Gymnasial-Klasse berichteten, dass sie den Jugendroman »Oskar und das Geheimnis der verschwundenen Kinder« von Claudia Frieser (2007) lesen würden. Mit einem abschließenden Live-Rollenspiel sollten die Schüler/innen die Thematik nicht nur kognitiv erfassen, sondern auch einen emotionalen Zugang zu der Welt des Mittelalters und der großen Frage von Recht und Gerechtigkeit erhalten. Die Lehrkräfte hatten in anderen Jahrgängen erlebt, dass der Roman zwar das Interesse der Kinder weckte, der Zugang jedoch verschlossen blieb und kaum Bedeutsamkeit für die Schüler/innen erlangte. Für die Konzeption des Spiels wurde keine der im Roman dargestellten Figuren übernommen, da die während des Leseprozesses entstandenen inneren Bilder nicht den Improvisationsprozess hemmen sollten. Einzelne Aspekte, die kennzeichnend für das Leben im Mittelalter sind und im Roman thematisiert sind, wurden jedoch abgebildet: Hexerei, der Gegensatz von Armut und Reichtum sowie die Willkür des Rechtssystems. Um die Distanzierung zum Roman zu verdeutlichen, wurde als Ort des Geschehens München gewählt und nicht Nürnberg wie im Roman. In Zusammenarbeit mit *LajvVerkstaden* (Schweden) und Gabriele Ruppert wurde das Rollenspiel »Angeklagt« konzipiert.

Skript

Der Auftakt der 45-minütigen Vorbereitung ist ein Gespräch zwischen einer Magd und einem Boten (sofern eine zweite Lehrkraft zur Verfügung steht, ansonsten Monolog des Boten). Er berichtet überglücklich, dass er neben einem Pferdeapfel eine Goldmünze gefunden habe. Daraufhin erschrickt die Magd, weil sie sich sicher ist, dass man ihn des Diebstahls verdächtigen werde. Daraufhin ist er verunsichert. Er weist darauf hin, dass sie ob ihrer Kenntnisse in Kräuterkunde bereits im Jahr zuvor (1401) schon der Hexerei bezichtigt wurde. Nun wirken beide verängstigt und sprechen leise über die drakonischen Strafen, die sowohl für Diebstahl als auch für Hexerei verhängt werden, und gehen hastig auseinander, weil der Bote einen Brief zu einer Gerichtsvorladung abliefern muss.

Damit ist das Szenario abgesteckt und die Schüler/innen werden informiert, dass sie nun als wohlhabende Familien Teil jener Gerichtsverhandlung sein werden, deren Vorladung der Bote just ablieferte: Per Brief lädt Richter Hoffmann (Spielleitung) drei wohlhabende Familien ein, Anklagen gegen drei weitere Familien wegen unterschiedlicher Vergehen vorzubringen. Diese drei angeklagten Familien werden jedoch nicht vorgeladen, weil sie ohnehin bettelarm und somit wenig vertrauenswürdig sind. Die drei geladenen Großfamilien mit bis zu acht Familienmitgliedern sind Familie Salzer (handelt mit Salz), Familie Krug (im Besitz der Brauerei) und Familie Wolf (Fleischerei und Schlachtbetrieb): Familie Salzer klagt Familie Steinauer der Hexerei an, weil die Steinauers fortwährend Kräuter sammeln und selten Erkältungen haben. Familie Krug klagt Familie Sauer wegen Kindesentführung an, weil eines der Krug'schen Kinder entführt wurde – mittlerweile aber wieder zu Hause ist. Schließlich klagt die Familie Schwarz die abwesende Familie Wolf an, schlimme Beleidigungen ausgesprochen zu haben, unter anderem das Wort »Hund«.

Eine der anderen drei Familien tritt jeweils als Zeuge auf und bestätigt die Aussagen der Anklagenden. Im Überblick sieht das Familien-Anklage-Geflecht folgendermaßen aus:

Die Anklage auf Hexerei durch Familie Salzer	gegen Familie Steinauer	Zeugen Familie Krug
Die Anklage auf Entführung durch Familie Krug	gegen Familie Sauer	Zeugen Familie Wolf
Die Anklage auf Beleidigung durch Familie Wolf	gegen Familie Schwarz	Zeugen Familie Salzer

Als jeweiliges Familienmitglied der reichen Familien erhält jede/r Schüler/in ein Namensschild und trägt einen selbst erdachten Vornamen ein:

Abb. 2: Namensschilder der anklagenden Handelsfamilien Salzer, Wolf und Krug (Design E. Strömberg)

In der Vorbereitungsphase entscheiden die Schüler/innen gemeinsam, welches Familienmitglied er oder sie wählt (Sohn, Großvater, Tante). Dann überlegen sie, welche Argumente sie für eine stichhaltige Anklage hervorbringen können. Dabei werden sie aufgefordert, sich in die Welt des Mittelalters hineinzuversetzen und zeitgenössisches Gedankengut wie Aberglaube einzubringen. Als Hausaufgabe entwickeln alle ihre Rolle weiter, indem sie eine kleine Rollenbiographie schreiben und sich ein Kostümteil aussuchen, das zu ihrer Rolle passt. Bereitgestellt werden Tücher und Hüte, aber wenn die Schüler/innen möchten, dürfen sie sich auch etwas Eigenes mitbringen. Sofern die Schüler/innen noch nicht mit dem groben Verlauf der Rechtssprechung im Mittelalter vertraut sind, wird dies kurz erklärt (Schild 2010).

Die 90-minütige Spielphase beginnt mit dem Anlegen der Kostümteile und einer kurzen Vorstellungsrunde der Charaktere. Daraufhin werden die Regeln für das Live-Rollenspiel erläutert: Jederzeit darf die Spielleitung diskret befragt werden, wenn man sich mit der Rolle unwohl fühlt oder eine Frage hat; zudem ist ein respektvoller und bestätigender Umgang miteinander nötig, um ein resonantes Spielgeschehen entstehen zu lassen; schließlich sind alle Handlungen dem Charakter zuzuschreiben, und nicht dem Spieler-Ich. Außerdem darf jede/r Spieler/in durch zweimaliges Klatschen signalisieren, wenn ihm oder ihr das Spiel zu intensiv wird, woraufhin es unterbrochen oder verlangsamt wird. Diese Unterbrechung kann auch die Spielleitung vornehmen, um die Spieler/innen aus der Rolle heraus in das Spieler-Ich zurückzuführen. Einleitend wird vor dem Spiel auch auf mittelalterliche Wörter und Redewendungen hingewiesen, die durch Plakate im Raum visualisiert werden, wie: »werter Herr«, »Hundsfott«, oder »Gehabet Euch wohl«. In einem Rundgang werden diese besprochen und Fragen geklärt. Die Schüler/innen werden angeregt, Redewendungen und Worte aktiv einzubauen und zuvor in Partnerarbeit zu erproben.

Der erste Teil des Rollenspiels findet in einem Gerichtssaal statt und ist der Versuch, die Hohe Gerichtsbarkeit davon zu überzeugen, sich der Fälle anzunehmen. In den oben beschriebenen Konstellationen fragt der Richter Hoffmann nach den Beweggründen für die Anklage. Er ruft auch Zeugen auf, die das Beobachtete dann unter Anweisung der Kläger pantomimisch nachspielen sollen. Die Szene endet mit einem feierlichen Umtrunk, weil es allen drei Familien gelungen ist, Richter Hoffmann zu überzeugen, die anderen Familien anzuklagen und die Schöffen das Urteil fällen zu lassen. Während dieser Feier spielt Musik und es werden Kleinigkeiten zum Essen und Trinken gereicht.

Nach dem Fest wird durch zweimaliges Klatschen der Spielleitung signalisiert, dass nun eine Off-game-Instruktion stattfindet. Die Schüler/innen werden gebeten, ihre Kostümierung und ihre Rollennamen abzulegen. In den gleichen Familiengruppen bekommen sie nun ein Namensschild, das sie als Mitglied jener Familie ausweist, die sie eben zur Anklage gebracht haben: Familie Sauer, Familie Steinauer und Familie Schwarz. Je Familie erhalten sie eine Beschreibung des Tatvorgangs aus ihrer Sicht, weshalb sie also zum Beispiel beleidigt haben. Außerdem erhalten sie Schmuckstücke und andere wertvolle Gegenstände, die sie von zu Hause mitnehmen konnten.

Abb. 3: Namensschilder der angeklagten Familien Sauer, Steinauer und Schwarz (Design E. Strömberg)

Alle drei angeklagten Familien sitzen nun im Kerker und warten auf das Urteil der Schöffen. Priester Gottfried (Spielleitung) befragt nun die einzelnen Familien, weshalb sie im Kerker sitzen und ob sie sich schuldig fühlen. In dieser Phase erschließt sich auch für die anderen Familien, weshalb die anderen Angeklagten so gehandelt haben, wie sie es taten. Dabei stellt sich heraus, dass die reiche Bürgerfamilie zum Beispiel zuerst die arme Familie mit dem Wort »Atze« (diebische Person) beleidigt hat. Auch hat die Familie Steinauer, die nun wegen Hexerei angeklagt ist, das ganze Dorf mit Heilkräutern versorgt und schon viele Kinder und Alte vor schlimmen Krankheiten bewahrt. Gottfried verspricht, mit den Schöffen zu sprechen, und verlässt den Kerker.

In seiner Abwesenheit bewacht ein schläfriger Gefängniswärter (Spielleitung, anderes Kostüm) den Kerker. Die Gefangenen können ihm Fragen stellen oder versuchen, sein Mittagessen zu stehlen. Als der Priester wiederkommt, stellt er den Familien eine Wiederaufnahme der Anklage in Aussicht. Hierfür muss Familie Steinauer fünf Personen finden, die für ihre Unschuld bürgen. Allerdings riskieren die Zeugen selbst eine Anklage. Familie Schwarz muss Zeugen dafür finden, dass sie von der Familie Wolf provoziert wurde. Und Familie Sauer muss eine hohe Summe für die Wiederaufnahme der Anklage zahlen, weit mehr, als sie momentan besitzen. Erneut verlässt der Priester den Kerker und lässt die Angeklagten unter sich verhandeln. Hierbei können der Schmuck und die mitgebrachten Gegenstände eingesetzt werden.

Die Verhandlungen werden dadurch unterbrochen, dass ein Brief im Kerker gefunden wird. Ein »ehrenwerter Bandit«, wie er sich selber nennt, bietet an, einen Fluchtweg aus dem Kerker zu zeigen, woraufhin sich die Angeklagten ihm und seiner Bande von Unfreien anschließen können. Der Gefängniswärter bittet alle Angeklagten, sich zu entscheiden, ob sie das Urteil der Schöffen abwarten wollen, oder ob sie sich dem Banditen anschließen möchten. Die beiden Gruppen platzieren sich gemeinsam im Raum, und jeder oder jede Angeklagte darf aus einem Lederbeutel einen (zufälligen) Zukunftszettel ziehen. Die meisten Angeklagten, die auf das Urteil warten, ereilt ein willkürliches, hartes Gerichtsurteil, während diejenigen, die sich dem Banditen anschließen, schwer krank werden, oder aber einem Bandenkrieg zum Opfer fallen.

Durch doppeltes Klatschen treten die Spieler/innen kurz aus ihren Charakteren heraus und legen noch einmal die Kostümierung als reiche Kaufmannsfamilien an. Sie stellen sich im Kreis auf und sagen aus ihrer Rolle heraus, ob sie die Anklage so noch einmal erheben würden – jetzt, wo sie die Beweggründe der ärmeren Familien kennen und wissen, welche Konsequenzen die Anklage hat.

Mit diesem kurzen Ausstieg endet die Spielphase und in der Regel auch die Doppelstunde. Sollte ein ganzer Schultag für das Spiel zur Verfügung stehen, empfiehlt sich an dieser Stelle eine lange Pause, damit die Schüler/innen Distanz zum Geschehen einnehmen können. Die Nachbereitungsphase, die auf 45 Minuten angelegt ist, beginnt wie die Vorbereitung mit einem Gespräch zwischen Magd und Bote. Sie unterhalten sich über den Prozess und die große Ungerechtigkeit, dass die Kaufmannsfamilien die Fälle zur Anklage gebracht haben. Sie träumen von Gleichheit vor dem Gesetz und dem Tag, an dem die Schuld erst bewiesen sein muss, bevor jemand verurteilt werden darf. Daraufhin bedenkt die Klasse im Stuhlkreis ihre Anklagen. Dabei gibt die Lehrkraft die Stichwörter Perspektivenwechsel – Ungerechtigkeit – Mittelalter in die Runde, und jeder und jede sagt zu mindestens einem der Begriffe etwas. Darauf schließt sich eine Diskussion an, wie der Prozess gerechter hätte verlaufen können und welches die wesentlichen Unterschiede zwischen damals und heute sind.

Danach bekommen die Schüler/innen ein Arbeitsblatt vorgelegt, in welchem sie schriftlich als ihr angeklagter Charakter reflektieren, was ihnen widerfahren ist. Diese schriftliche Reflexion hilft, Distanz zum Spielgeschehen aufzubauen und sich noch einmal intensiv mit den Gefühlen des Charakters auseinander zu setzen. Ob die Schüler/innen der Lehrkraft Einsicht in diesen Text gewähren wollen, bleibt ihnen überlassen. Sie dürfen auf dem oberen Rand ankreuzen, ob das Geschriebene a) mit der Lehrkraft b) mit der Lehrkraft und dem STARS-Team oder c) mit niemandem geteilt werden soll. Damit sollen die Schüler/innen – in Weiterführung der Spielsituation – selber die Kontrolle und auch die Verantwortung für ihren Charakter und dessen Text behalten.

Als abschließende Aktivität werden vier Poster an die Wand gehängt und die Schüler/innen darüber informiert, dass sie nun nicht mehr als Charakter, sondern als reales Ich agieren. Ausgehend von der Anklage wegen Beleidigung stehen vier Aussagen auf den Postern:

1. Ich habe in letzter Zeit jemanden beleidigt.

2. Ich wurde in letzter Zeit beleidigt.

3. Ich schreite ein, wenn ich etwas Ungerechtes sehe.

4. Ich gehe respektvoll mit all meinen Mitmenschen um.

Abb. 4: Poster

Während alle Schüler/innen mit dem Rücken zu den Postern eine Evaluation des Rollenspiels ausfüllen, klebt jeweils eine oder einer einen Klebepunkt auf jene Poster, deren Aussage er oder sie zustimmt. Anschließend diskutieren alle die unterschiedliche Verteilung der Punkte. Einerseits sehen die Schüler/innen, dass sie auf keinem der Plakate als einzelner Punkt vertreten sind. Andererseits wird deutlich, dass durch vermehrte Punkte auf den Postern 3 und 4 die Punkte auf den Postern 1 und 2 zurückgehen können.

Erfahrungen mit STARS

Die Einzigartigkeit der Spielverläufe erfordert von der Spielleitung schnelles Reaktionsvermögen und die Fähigkeit zu entscheiden, inwiefern von den Schüler/innen gegebene Impulse in den Spielverlauf eingeflochten werden können. Diese Unplanbarkeit führt dazu, dass spontan entstehende, ungeplante Szenen intensive Resonanz hervorrufen können. In einer Durchführung beispielsweise versuchten die Kerkerinsassen, den Gefängniswächter zu überwältigen. Als dieser eingeschlafen war, versuchten sie zuerst, ihn wach zu kitzeln und zu necken. Als dies nicht gelang, nahmen sie die Halsketten und fesselten ihn damit. Der Wächter ließ dies geschehen. Die Insassen entkamen (über eine mit Klebeband auf den Boden geklebte Linie, die die Gefängnismauer symbolisierte) und versteckten sich im Klassenzimmer hinter Stühlen und Tischen. Da nun dem Skript nicht mehr gefolgt werden konnte, entschied sich die Spielleitung, als Priester Gottfried das Gefängnis zu betreten und zu sehen, dass es bis auf den Wächter leer war. Da sprach er laut zu sich selber, dass es bestimmt der ehrenwerte Bandit gewesen sei, der die Angeklagten gerettet habe, und dass diese sich nun in den umliegenden Wäldern befinden. Er erwähnte die Kälte und den Hunger, der nun über sie kommen würde, und das harte Leben am Rande der Gesellschaft. Es gab kein Zurück in den Kerker, und nun würde jede/r Einzelne erfahren, welches Schicksal ihn oder sie erwarte. So konnte mit der Überlegung, ob die Anklage so noch einmal erhoben werden sollte, fortgefahren werden, auch wenn die Willkür des Gerichtes in den Zukunftszetteln nicht zum Ausdruck kam, da keiner der Verurteilten auf das Urteil der Schöffen gewartet hatte. Dieser Aspekt wurde in der Reflexion aufgegriffen, indem jeder sein Schicksal sehen durfte, das ihn oder sie im Falle eines Urteilspruches ereilt hätte. Gleichzeitig wurden die Schüler/innen gelobt für das eigenmächtige Handeln, woraufhin diese ihren Stolz darüber ausdrückten, dass sie ohne sich abzusprechen kollektiv gehandelt hatten.

Diese Szene, in der die Schüler/innen als der wohlhabende Charakter die Frage beantworteten, ob sie die Anklage noch einmal so erheben würden, wird individuell divergierend gelöst. Bei den verschiedenen Durchläufen sagte circa die Hälfte der Kinder, dass sie versuchen würden, den Fall nicht erneut zur Anklage zu bringen, weil sie es als sehr ungerecht empfänden, dass die ohnehin schon armen Familien so schwer bestraft würden, entweder durch ein Leben als Ausgestoßene oder durch harte und willkürliche Schöffenurteile. Auch wurde argumentiert, dass sie ja erst im zweiten Teil des Spiels den ganzen Tathergang und die Beweggründe für das Handeln der armen Familien kennten, was dazu führte, dass sie von einer erneuten Anklage Abstand nehmen würden. Die andere Hälfte der Kinder argumentierte aus ihrer Rolle als reiches Handelsfamilienmitglied, dass zum Beispiel Hexerei nach wie vor ein schwerwiegendes Verbrechen sei und unbedingt zur Anklage gebracht werden müsse, bis »keine einzige schwarze Katze mehr von links die Wege dieser Stadt kreuzt.« Diese unterschiedlichen Positionierungen führten in der Reflexionsphase zu interessanten Diskussionen, in welchen Ambiguitätstoleranz und Perspektivenwechsel geübt werden konnten. Die Tagebucheinträge in der Nachbereitung sind wichtig, um das als Charakter Erlebte zu verarbeiten. Da das Spielgeschehen simultan stattfindet und die Spielleitung nur einen Teil der Interaktion miterlebt, kann es sein, dass einzelne Teilnehmer/innen intensive, vielleicht auch negative Spielerfahrungen hatten. So äußerte sich das Kind einer armen Bauernfamilie im Tagebuch: »Ich kann nur schlecht schreiben, weil ich nie in die Schule gehen durfte. Ich habe es heimlich gelernt aus dem Buch, das ich aus der Kirche gestohlen habe. Liebes Tagebuch, ich möchte dir erzählen, dass es fürchterlich war im Kerker. Nie habe ich Essen bekommen, und die Erwachsenen wollten mich verkaufen.« Durch den Tagebucheintrag ist es möglich, die Gefühle des Charakters noch einmal intensiv wahrzunehmen. Dies ist wichtig, um in der anschließenden Reflexion als Spielende/r deutlich zu erkennen, welche die eigenen Gefühle und Gedanken sind und welche die des Spieler-Ichs. Die Spielenden der oben beschriebenen Durchführung äußerten zum Beispiel ihre große Freude daran, die Lehrkraft, die den Gefängniswächter gespielt hatte, zu fesseln, auch wenn dieser Spielmoment für die Charaktere von großer Angst geprägt war.

An dieser Stelle sollte erwähnt werden, dass während des Spiels Charakter-Ich und Spieler-Ich nicht immer trennscharf behandelt werden können (siehe auch Warm 1981, Scheller 1998). Zum Beispiel kann die Aufteilung in arme und reiche Familien durchaus dazu führen, dass sich einzelne Kinder bezüglich ihres sozio-ökonomischen Hintergrundes angesprochen fühlen. Solche Überlappungen sind nicht gänzlich zu vermeiden, weshalb es wichtig ist, mit den Schüler/innen im Vorfeld zu üben, dass keine Handlungen oder Charakterzüge der Charaktere auf sie übertragen werden.

In der abschließenden Transferphase nahmen die Schüler/innen einzeln und unbeobachtet Stellung dazu, ob sie in letzter Zeit jemanden beleidigt hatten oder selber beleidigt wurden, ob sie bei Konflikten einschreiten und ob sie respektvoll miteinander umgehen. Je nach Klassendynamik wurden aktuelle Konflikte angesprochen, welche die Spielleitung jedoch unmittelbar unterbrach und darum bat, lediglich die Stellungnahmen in Form von geklebten Punkten zu betrachten. Dabei fiel den Schüler/innen auf, dass sich durch erhöhten respektvollen Umgang die Beleidigungen reduzieren würden. Ebenso wurde angemerkt, dass man dazu neigt, andere zu beleidigen, wenn man selber beleidigt wurde. In einem Fall erläuterte eine Schülerin das vermeintliche Paradox, jemanden beleidigt zu haben und doch respektvoll mit ihren Mitmenschen umzugehen: Eigentlich respektiere sie ihre Freunde und Familie, aber gerade unter ihren Geschwistern sei es Teil des alltäglichen Miteinanders, sich mit Kraftausdrücken zu messen und dadurch zu beleidigen. Für sie selber entstand hier kein Widerspruch, da sie ihre Geschwister trotzdem respektiere, was sowohl Zustimmung als auch Widerspruch hervorrief.

Wirkungen von Live-Rollenspielen

Empirische Untersuchungen (Bowman/Standiford, 2015) sowie Expert/innenbefragungen deuten darauf hin, dass die Wirkungen von Live-Rollenspielen vor allem in der Erhöhung von Motivation wie auch in der Entwicklung von Interaktionskompetenzen und der Stärkung des Selbstbewusstseins liegen (Geneuss 2019). Doch um konkret für das oben beschriebene Spiel »Angeklagt« zu erfahren, welche Wirkungen die Schüler/innen bei sich beobachteten, wurde im Anschluss an jede Durchführung ein doppelseitiger Fragebogen ausgeteilt, in welchem die Kinder auf offene Fragen antworten konnten, wie ihnen das Spiel gefallen hatte, was sie als Lernertrag mitnehmen, auf welche Eigenleistung sie stolz waren, wie sie das Miteinander im Spiel empfunden haben und welcher Spielmoment ihnen nachhaltig in Erinnerung bleiben würde. Weiterhin gab es die Möglichkeit, zusätzliche Kommentare an die Spielleitung zu schreiben.

Die Antworten zeigen, dass der abrupte und unerwartete Rollenwechsel die Schüler/innen überrascht und beeindruckt. Bezüglich des Lernertrages sagen viele, mehr über das Rechtssystem im Mittelalter erfahren zu haben. Darüber hinaus haben sie verstanden, dass juristisches Recht nicht immer Gerechtigkeit bedeuten muss. Dies ist insofern interessant, da viele Lehrkräfte glaubten, das Spiel hätte gegenüber dem vorausgegangenen Unterricht, der diese Thematik bereits aufgegriffen hatte, wenig neue Erkenntnisse zu bieten. Die Erfahrung mit dem Live-Rollenspiel zeigt also, dass der gleiche Inhalt neu bewertet wird, wenn er auf andere Art und Weise erlebt und am eigenen Leib »erfahren« wird. Dass dieser Lernzuwachs schwer in Worte zu fassen ist, drückte auch ein Schüler aus der Pilotphase aus, der schrieb: »Ich weiß jetzt, dass ich mehr kann als still auf meinem Stuhl sitzen und zuhören« (Geneuss 2019, S. 192). Was genau dieses *Mehr-können* ist, wird nicht spezifiziert, aber es lässt sich aus diesem Kommentar eine Dimension von Handlungsmacht und Wirksamkeit ablesen, die im traditionellen Unterricht nicht erlebt wird. Um diese Selbstwirksamkeit erfahrbar zu machen, müssen die Erfahrungen der Schüler/innen unbedingt verbalisiert und dadurch einer Reflexion zugänglich gemacht werden. In den Klassen, in denen wir mehrere Rollenspiel-Einheiten im Laufe eines Schuljahres umsetzen konnten, führten wir am Schuljahresende längere Einzelgespräche mit den Kindern. Dabei fiel auf, dass viele angaben, mutiger geworden zu sein und sich jetzt »mehr trauen zu sagen, was ich will« (Geneuss 2019, S. 192). Selbstverständlich ist dabei ein natürlicher Reifungsfaktor nicht auszuschließen, aber dass das Rollenspiel durch Training verbaler, nonverbaler und paraverbaler Interaktion einen positiven Effekt auf das Selbstbewusstsein hat, haben schon frühere Ausführungen angedeutet (z. B. Warm 1981). Diese Wirkung entfaltet sich insbesondere dann, wenn Rollenspiele nicht nur einmal, sondern mehrmals eingesetzt werden (Stadler/Spörrle 2008).

Das Miteinander im Spiel wurde von allen Klassen als positiv bewertet. Dies überrascht insofern, als dass viele Lehrkräfte die Spiele ob der simultanen Spielsituationen als chaotisch und wenig lenkbar empfinden, während Schüler/innen ausdrücken, »noch nie so gut zusammengearbeitet« zu haben wie in diesem Rollenspiel. Auch wurde geschätzt, dass die Lehrkraft kleinere Rollen übernahm und so etwas von sich preisgab.

Ein Teilnehmer merkte in der Reflexionsrunde an, dass er sich im Rahmen des Spiels in der Schule zum ersten Mal ernst genommen gefühlt habe. Dieser Kommentar erhielt Zustimmung, und gemeinsam überlegten Spielleitung und Mitschüler/innen, worauf dies zurückzuführen sein könnte. Die Mitschüler/innen brachten folgende Ideen ein: Dass sie als erwachsene Rollen gesiezt wurden, dass ihre Handlungen und Argumente reale Konsequenzen auf den Spielverlauf hatten und dass es keine vorgegebene Lösung gab. Auch erwähnten sie, dass das gemeinsame, gleichberechtigte Spiel mit den Lehrkräften diese Wirkung hatte, und dass sich deshalb auch jeder angestrengt habe. Diese beschriebene Reflexionsrunde zeichnet den Prozess von Erkenntnisgewinn nach, den Bismarck/Beisbart in der Einleitung dieses Bandes beschreiben: Zuerst werden subjektiv erfahrene Wahrnehmungen kommuniziert, an die sich kognitive Vorgänge anschließen, wie in diesem Fall das Erkennen von Spieldesignmerkmalen (Sichtbarwerdung, Sprachduktus der Charaktere). Diese gemeinsame Reflexion führte zu Erkenntnisgewinn für die ganze Klasse und insbesondere für die Lehrkraft.

Resonanzerzeugung im Live-Rollenspiel STARS

Resonanz beschreibt Rosa (2019, S. 298) als »eine durch Af←fizierung und E→motion, intrinsisches Interesse und Selbstwirksamkeitserwartung gebildete Form der Weltbeziehung, in der sich Subjekt und Welt gegenseitig berühren und zugleich transformieren.« Die Besonderheit beim Live-Rollenspiel besteht darin, dass die Resonanzbeziehungen, die zweifellos erzeugt werden, vordergründig zwischen Charakter und Setting entstehen. Selbstverständlich ist das Spieler-Ich der/die Gestaltende und der/die Empfindende der Resonanzbeziehungen. Doch das intrinsische Interesse und die Erwartung von Selbstwirksamkeit entstehen zunächst nicht im Spieler-Ich, sondern über die Bedürfnisse des Charakters. In der Reflexion nach der Spielphase findet der Prozess des Trennens von Spieler-Ich und Charakter statt, womit auch die »eigene Stimme« (Rosa 2019, S. 298) des Spieler-Ichs sprechen kann. Zwar hat auch zuvor schon das Spieler-Ich gesprochen, die Wertungen jedoch waren die des Charakters. Wenn Rosa (2019, S. 298) also fordert, »dass beide Seiten mit eigener Stimme sprechen [mögen],« so ist dies während des Spiels nur bedingt der Fall: Während der Spielphase steuern die Wertungen des übernommenen Charakters die Handlungen und die Gestaltung der Stimme. Dennoch können reale Resonanzen in den Spielenden entstehen, wie zum Beispiel die viel zitierte Gänsehaut.

Dass die Resonanzbeziehung reziprok ist, kann daraus abgeleitet werden, dass sich das Setting durch das aktive Handeln der Spielenden verändert. Doch auch der sogenannte Weltausschnitt, der im Live-Rollenspiel durch ein bestimmtes Szenario repräsentiert wird, kann nur durch Referenzen auf die normale Welt entstehen. Es entstehen Überlagerungen und mehrschichtige Bezugssysteme, die während des Spiels zwangsläufig miteinander verschmelzen. Ob und in welchen Augenblicken eine Resonanzbeziehung aber tatsächlich eintritt, kann niemals vorausgesagt werden, weshalb von einer Unverfügbarkeit ausgegangen werden kann.

Im Anschluss an das Spiel werden in der Reflexionsphase die unterschiedlichen Bezugssysteme voneinander getrennt. In einer ersten emotionalen Nachbesprechung werden die Wahrnehmungen des Charakters dargelegt und mit der Gruppe geteilt. Diese Phase kann vertieft werden, indem beispielsweise eine Verschriftlichung der Charaktersicht stattfindet, wie dies in »*Angeklagt*« der Fall ist. Damit versetzen sich die Spielenden noch einmal ganz in die Charaktere hinein und übernehmen deren Perspektive. Um anschließend zu verdeutlichen, dass es in den folgenden Diskussionen um die Positionen der Spielenden und nicht der Charaktere geht, kann ein symbolischer Abschied inszeniert werden, zum Beispiel das Ablegen des Kostümteils oder des Namensschildes, verbunden mit einem »Auf Wiedersehen, Richter Hofmann«.

Wenn in der Nachbereitung die Ebenen getrennt werden, so ist besonderes Augenmerk auf jene Spielsituationen zu legen, in denen die Resonanzen widersprüchlich sind: Zum Beispiel kann in »*Angeklagt*« ein reicher Kaufmann stolz und überzeugt den Standpunkt vertreten, die Hexe jederzeit wieder vor Gericht zu bringen, da das Sammeln und Verabreichen von Kräutern übernatürliche Kräfte voraussetze. Das Spieler-Ich jedoch kann just in diesem Moment ob seiner eigenen Worte erschaudern, weil er/sie persönlich der Meinung ist, alternative Medizin sei sinnvoll und mit dem heutigen Wissen keinesfalls mit Magie in Verbindung zu bringen. In genau diesem Moment erlebt er, dass stringente Argumentation stets von dem Bezugssystem abhängt, auf das es sich bezieht. Die Kognitivierung dieses Spielmomentes findet in der Reflexionsphase statt. Bleibt die Nachbereitung aus, ist es möglich, dass das Live-Rollenspiel lediglich als intensives Erlebnis mit diffuser Resonanzwirkung in Erinnerung bleibt. Gelerntes kann weniger gezielt auf andere Situationen und Kontexte übertragen werden. Um ein STARS zu Lernzwecken einzusetzen, ist daher die Nachbesprechungs- und Reflexionsphase integraler Bestandteil des Verlaufs.

Hervorzuheben ist in der Nachbereitung auch, dass es keine vorgegebene Lösung gibt, sondern eine Lösung erst durch Aushandeln entsteht: Was in dem einen Spieler Resonanzen erzeugt, kann in der anderen Spielerin stumm bleiben. Was manchen als haarsträubend erscheint, belustigt andere eher. Somit werden ebenbürtige Haltungen ausgedrückt und das Wahrnehmen, Teilen und Tolerieren anderer Standpunkte und Empfindungen geübt. Wichtig ist außerdem, die Ebenen von realer und fiktiver Welt sauber zu trennen, sodass alle Spieler/innen nach Abschluss des Rollenspiels wissen, dass der simulierte Ausschnitt von Welt eine Vereinfachung ist, die lediglich mit bestimmten Aspekten auf ein real existierendes Referenzsystem verweist (Geneuss 2019).

So wurde im hier beschriebenen »*Angeklagt*« nicht wie im Mittelalter gesprochen, sondern es wurden einzelne Ausdrücke und Phrasen herangezogen, die in unsere zeitgenössische Sprache eingeflochten wurden. Auch kann nach dem Spiel nicht gefolgert werden, dass man wisse, wie es sei, im Kerker eingesperrt zu sein: Die evozierte Enge und Ausweglosigkeit wurden durch die Gestaltung des Raumes angedeutet, aber es kann sich lediglich um eine Annäherung an eine Gefängnis-Situation handeln. Dennoch, trotz Reduktion und Andeutung: Die Resonanzen sind real und haben reale Auswirkungen. Mitunter werden Bedenken geäußert, die Schüler/innen könnten sich zu intensiv mit dem von ihnen gespielten Charakter identifizieren und sich in der Immersion verlieren. Möglicherweise kann dies unter Umständen bei mehrtägigen Live-Rollenspielen (Larps oder Edu-Larps) der Fall sein. Bei STARS jedoch, die maximal über einen Zeitraum von 90 Minuten gespielt werden und außerdem im Klassenzimmer unter Anwesenheit der Lehrkraft stattfinden, ist dies eher unwahrscheinlich und wurde während des Projektzeitraums nicht beobachtet.

Zusammenfassung und Ausblick

Sämtliche Beteiligte an einem Live-Rollenspiel, also Schüler, Lehrkräfte und externe Spielleitungen, kommunizieren, dass die Schüler/innen durch das Spiel (inklusive Nachbereitungsphase) motiviert werden, sich weiter mit dem Stoff auseinanderzusetzen und aktiv im Schulraum einbringen. Diese Motivation hält an und manifestiert sich bei einigen Teilnehmer/innen auch in detaillierteren Klassenarbeiten oder in verstärktem Interesse am Stoff. So berichtete eine Lehrkraft, dass die eingereichten Texte einer Klassenarbeit ihrer sechsten Klasse »umfassender, engagierter und facettenreicher geworden seien« (Geneuss 2019, S. 251). Dies kann als ein Argument dienen, auch in einem leistungs- und prüfungsorientierten Schulsystem ein offenes, kreatives Lernformat wie ein STARS zuzulassen.

Darüber hinaus deuten die im Rahmen des Projekts erhobenen Daten darauf hin, dass das Selbstbewusstsein der Schüler/innen steigt. Sie erlangen ein Bewusstsein für die Reichweite performativer Kompetenzen (Hallet 2010) und lernen, diese in unterschiedlichen Situationen variabel einzusetzen.

Zusammenfassend zeichnen sich damit folgende Wirkungsbereiche von Live-Rollenspielen im STARS-Format ab:

1. Motivation
2. Selbstbewusstsein durch performative und Interaktionskompetenz
3. Entwicklung von Empathie und Multiperspektivität, wodurch Ambiguitätstoleranz geübt werden kann
4. Kontextuelle Einbettung des Themas in ein fiktives Narrativ
5. Sinnorientierung und handlungsrelevantes Agieren

Diese Faktoren, die diesen Wirkungen sowie der Resonanzerzeugung zuarbeiten, sind dabei erstens, dass die übernommene Rolle und die Charakterausgestaltung als Vehikel dienen, Zugang zu einem Thema zu finden, das den Schüler/innen als belanglos oder abstrakt erscheint. Die Rollenübernahme führt nicht nur zu einem kognitiven Zugang, sondern darüber hinaus zu subjektiver Involviertheit und in der Konsequenz zu einem emotionalen Erlebnis. Der soziale Kontext verbleibt im schulischen Raum, verschiebt sich aber durch die Anwesenheit einer externen Spielleitung und durch die Tatsache, dass die Lehrkraft ebenfalls eine Rolle übernimmt und aus dieser in einer neuen Konstellation und vielleicht auch auf einer neuen Beziehungsebene mit den Schüler/innen in Interaktion tritt.

Zweitens dienen die Rollen im Live-Rollenspiel als Alibi, sich außerhalb der Alltagsrollen zu verhalten und Handlungsspielräume ausschöpfend Sprechakte zu vollziehen, deren Konsequenzen unabsehbar sind. Damit wird im Spiel eine Perspektive übernommen, die weit entfernt von der eigenen ist. Dadurch kann eine Position vertreten werden, die als neu und fremd empfunden wird und die später unschwer in Kontrast zu der Position des Spieler-Ichs gesetzt werden kann. Denn selbst wenn gerade jüngere Teilnehmer/innen ihre eigenen Positionen gegenüber einem Rechtssystem noch nicht reflektiert haben, ist die Erfahrung, im Spiel ein unfaires System erlebt zu haben, ein guter Ausgangspunkt, die eigenen Haltungen, Werte und Positionierungen zu überdenken.

Ein dritter Faktor, der diese Dynamik in Gang setzt, ist das ganzheitliche Hineinfinden in die Rolle und das Narrativ, da alle Sinne angesprochen werden. Zusätzlich zur Affizierung werden die Schüler/innen auch sozial und physisch aktiviert (Geneuss 2019). Gerade in einer Schullandschaft, die vornehmlich die kognitive Dimension der Lernenden anspricht, erhöht diese Abwechslung die Intensität des Erlebnisses. Allerdings sollte der Einsatz auf vier bis fünf Rollenspiele pro Schuljahr beschränkt werden, um keinen Gewöhnungseffekt herzustellen, da sonst die Erzeugung von Resonanzen wieder sinken kann (Rosa 2019).

Der vierte und vielleicht wichtigste Faktor ist die Tatsache, dass das Spiel nur gelingen kann, wenn jede/r einzelne Teilnehmer/in Verantwortung übernimmt. Die Schüler/innen sind sich von Beginn an der Tatsache bewusst, dass die Verweigerungshaltung eines Einzelnen dazu führen kann, dass eine Szene gesprengt oder das Spiel abgebrochen werden muss. Unsere Spielerfahrungen zeigen, dass die Schüler/innen in hohem Maße Verantwortung für sich selbst als Spielende, aber auch für ihren Charakter und ihre Mitspielenden übernehmen. Aus dem ihnen entgegengebrachten Vertrauen leitet sich respektvolles Handeln ab, und die Erwartungshaltung der Lehrkraft, dass die Schüler/innen diese komplexe Spielform bewältigen werden, mündet in einem positiven Kreislauf. Kein Spieldurchlauf musste bisher wegen unverantwortlichen Handelns abgebrochen werden.

Durch Live-Rollenspiele vom Format eines STARS kann den Lernenden – aber auch den Lehrenden – im Rahmen der Schule die Gelegenheit geben werden, Zugänge zu sich selbst wie auch zu neuen Themen und Lernformen zu finden, in die emotionale, soziale, physische und kognitive Dimension einbezogen sind. Manchmal ist der kürzeste Weg zur lernwirksamen Resonanz nicht eine gerade Linie zwischen zwei Punkten, sondern nimmt den Umweg über einen im Live-Rollenspiel gestalteten Charakter.

Literatur

Bowman, S. L./Standiford, A. (2015). Educational Larp in the Middle School Classroom. A Mixed Method Case Study. International Journal of Role-Playing, 5, 4–25. Verfügbar unter http://ijrp.subcultures.nl/wp-content/uploads/2016/12/IJRP-5-Bowman-and-Standiford.pdf

Frankl, V. (2006). Der Mensch vor der Frage nach dem Sinn. Eine Auswahl aus dem Gesamtwerk. 19. Auflage. München: Piper.

Frieser, C. (2007). Oskar und das Geheimnis der verschwundenen Kinder. dtv junior.

Geneuss, K. (2019). »Die waren ja mittendrin!« Ganzheitliches Lernen im Rollenspiel EduLARP. Grundlagen – Wirkungen – Einsatz im Deutschunterricht. Elektronische Hochschulschriften: LMU München. Verfügbar unter: https://edoc.ub.uni-muenchen.de/24863

Geneuss, K./Hilgers, J. (2019, im Druck). Unterrichtsbeispiel: STAR-Rollenspiel Weltraumrundreise zur Förderung der Language Awareness. InfoDaF 2019-0058.

Goffman, E. (1994). Wir alle spielen Theater. In H. Keupp (Hrsg.), Der Mensch als soziales Wesen. Sozialpsychologisches Denken im 20. Jahrhundert (S. 284–294). Frankfurt am Main: Suhrkamp.

Hallet, W. (2010). Performative Kompetenz und Fremdsprachenunterricht. In Scenario. Journal for Drama and Theatre in Foreign and Second Language Education, 1, 5–18.

Hattie, J. (2009). Visible learning: a synthesis of meta-analyses relating to achievement. London: Routledge.

Heathcote, D. & Bolton, G. (1995). Drama for Learning. Portsmouth NH: Heinemann.

Kamm, B./Becker, J. (2016). Live-Action Role-Play or the Performance of Realities. In T. Kaneda, H. Kanegae, Y. Toyoda/P. Rizzi (Hrsg.), Society (S. 35–51). Singapore: Springer.

Maak, D. (2011): »Geschützt im Mantel eines Anderen – die globale Simulation im Fremdsprachenunterricht« In: InfoDaF, Jg. 38, Nr.5, 551–565.

Ments, M. (1991). Rollenspiel: effektiv: ein Leitfaden für Lehrer, Erzieher, Ausbilder und Gruppenleiter. 2. Aufl. München: Ehrenwirth.

Rosa, H. (2019). Resonanz: Eine Soziologie der Weltbeziehung. Suhrkamp: Berlin.

Scheller, I. (1998). Szenisches Spiel. Handbuch für die pädagogische Praxis. Berlin: Cornelsen.

Schild, Wolfgang (2010): Folter, Pranger, Scheiterhaufen: Rechtsprechung im Mittelalter. Bassermann.

Stadler, C./Spörrle, M. (2008). Das Rollenspiel. Zeitschrift für Psychodrama und Soziometrie, 7(2), 165–188.

Warm, U. (1981). Rollenspiel in der Schule. Theoretische Analysen, kommunikationseffektive Praxis. Tübingen: Niemeyer.

Sabine Anselm/Anke Werani

Kommunikation und Resonanz – Über die Macht der Worte im Klassenzimmer

Digitalität und Deutschunterricht

»Smartphones stehlen Lernzeit« (Jiménez 2018) – die Diskussion, ob ein grundsätzliches Handyverbot an Schulen gelten soll, flammt in rhythmischen Abständen auf und macht deutlich, dass es (noch) keine abschließende Antwort aus (neuro)didaktischer und pädagogisch-psychologischer Sicht auf die Frage gibt, wie unter den Bedingungen des digitalen Wandels im Unterricht insbesondere kommunikative Kompetenzen zu fördern sind. Zum einen verändert sich Kommunikation und diese Entwicklung hält auch in die Klassenzimmer Einzug. *POPC* lautet die Formel für die digitale Revolution im Bereich der Kommunikation: *permanently online, permanently connected.* Zum anderen hat die mediatisierte Geschwindigkeit weitreichende Folgen für die menschliche Psyche und soziale Beziehungen. Big Data und die Gruppe ersetzen Intuition und Selbstwirksamkeit, permanente Erreichbarkeit und latente Konversationsfäden verändern räumliche Nähe und Gespräche. Vorderer et.al. (2015) sehen in der mobilen Online-Kommunikation sogar einen Grund für das Unglück moderner Menschen, weil sie ständig mit noch besseren Lösungen und großartigen Erlebnissen konfrontiert. Abgesehen vom seelischen Gleichgewicht scheint auch die Gesellschaft durch diesen neuen Strukturwandel von öffentlicher Kommunikation aus den Fugen zu geraten. Hartmut Rosa (2005) charakterisiert dies als *Beschleunigungsgeschehen*: Das Tempo zwischen den Möglichkeiten des sozialen Lebens und dem der gesellschaftlichen Erfordernisse stimmt nicht mehr. Institutionen wie Schulen und Universitäten, die in der Vergangenheit Normen bereitgestellt sowie Werte diskutiert und so die öffentliche Meinungs- und Willensbildung wie das Handeln von Individuen, Gemeinschaften und Gesellschaften entscheidend beeinflusst haben, sehen sich im Zuge der Kommunikationsrevolution einem vorher so nicht gekannten Legitimationsdruck zur Authentizität und (vermeintlicher) Aktualität ausgesetzt. Soziale Netzwerkseiten im Internet und Instant-Messaging-Dienste sind zu allgegenwärtigen Quellen geworden, die die Grenzen zwischen Information und Manipulation verwischen und Folgen für alle Lebensbereiche haben.

Die Schnelligkeit und die (prinzipiell unbegrenzte) Reichweite der neuen Kommunikationsmittel führen dazu, dass punktuelle und nicht vorhersehbare Ereignisse an (geografisch oder sozial) weit entfernten Orten sofortiges Reagieren erfordern, Prozesse der Reflexion überspringen und unsere Wahrnehmung verändern können. Technische Medien begleiten also den gesellschaftlichen Wandel nicht nur, sondern verändern diesen qualitativ und beschleunigen ihn. Dies stellt auch Bildungseinrichtungen vor neue Herausforderungen. Sie sehen sich als Institutionen gesellschaftlicher Integration in Frage gestellt. Diskutiert wird häufig, welchen Beitrag Schulen als Orte analoger und digitaler Kommunikation dazu leisten können, dass sich integrative Kräfte in Gemeinschaften und Gesellschaften im Zeitalter kompletter Durchdringung mit technisch-medialer Kommunikation und Online-Mobilität herausbilden lassen. Dazu sind Überlegungen im Bildungsbereich nötig, die die Selbstverständigung über Ziele, Identitäten, Werte und Normen thematisieren und Kommunikationsmöglichkeiten reflektieren, um zu verhindern, dass Umgangsformen, die in der Anonymität sozialer Netzwerke entstehen, auch offline das Miteinander dominieren und öffentliche Kommunikation so polarisieren, dass eine Konsensfindung unmöglich wird.

Medienkompetenz wird so zu einem Schlüsselbegriff der Bildungspolitik (Anselm et al. 2018). Und bereits seit der kommunikativen Wende in den 1970er Jahren zählt die Vermittlung kommunikativer Kompetenzen zu den grundlegenden Aufgaben der Schule und das mit zweifacher Relevanz: einerseits ist Kommunikation gleichermaßen *Unterrichtsmedium* und *-mittel*, d.h. es wird gefragt, *wodurch* und *wie* Inhalte erarbeitet werden; andererseits ist Kommunikation *Unterrichtsgegenstand*. Darum müssen Lehrende verstehen, *was* bei kommunikativen Prozessen geschieht, und auf dieser Grundlage das eigene Kommunikationsverhalten im Sinne einer metakommunikativen Kompetenz reflektieren können. Dahinter steht die eigentlich lerntheoretisch banale Annahme, dass nur diejenigen etwas vermitteln können, die es auch selbst beherrschen (Anselm 2011, S. 40). Lehrpersonen sollten also in mehrfacher Hinsicht kommunikativ kompetent sein, da mit dem Sprechen und Verstehen gemeinsame Kommunikationsräume entstehen. Die Art und Weise zu sprechen und zuzuhören gilt zudem als Indiz für professionelle Kompetenz (Günther 2012). Neben paraverbalen und nonverbalen Aspekten ist hierbei der verbale Anteil zentral. Denn Sprache ist das Medium, durch das etwas gelernt bzw. gelehrt oder auch verstanden werden kann. Dies stellt in jeder Form dialogischer Lehr-Lernsituationen eine Herausforderung in der Kommunikation der Unterrichtenden in einem umfassenden Sinne dar. Zudem sind Lehrende – gerade und besonders im Blick auf die individuelle Sprachförderung – in ihrer Rolle als Vorbilder wichtige Modelle für die Lernenden und Sprechen ist ein wichtiges Mittel der gegenseitigen Affizierung, die Welt wahrzunehmen einerseits und eine Beziehung zu den anderen aufzubauen andererseits. Im Kontext der vorliegenden Herangehensweise soll im Folgenden reflektiert werden, welchen Einfluss die Wechselwirkung von Resonanz und Kommunikation in Lehr-Lernkontexten hat bzw. wie sich der spezifische Zusammenhang zwischen Resonanz und Kommunikation ausgehend vom Resonanzbegriff nach Hartmut Rosa beschreiben lässt.

Kommunikation, Resonanz und Deutschunterricht

Zunächst ist festzustellen, dass Resonanz ein schillernder und vielschichtiger Begriff ist. Eine Definition nimmt Rosa (2016, S. 298) vor, die für die vorliegenden Überlegungen im Unterricht als Referenzpunkt dienen soll:

> *»Resonanz ist eine durch Af←fizierung und E→motion, intrinsisches Interesse und Selbstwirksamkeitserwartung gebildete Form der Weltbeziehung, in der sich Subjekt und Welt gegenseitig berühren und zugleich transformieren […]. Resonanz ist keine Echo-, sondern eine Antwortbeziehung; sie setzt voraus, dass beide Seiten mit eigener Stimme sprechen […]. Resonanzbeziehungen setzen voraus, dass Subjekt und Welt hinreichend ›geschlossen‹ bzw. konsistent sind, um mit je eigener Stimme zu sprechen, und offen genug, um sich affizieren oder erreichen zu lassen. […] Resonanz ist kein emotionaler Zustand, sondern ein Beziehungsmodus. […].«*

Es geht in dieser Beschreibung um die Schilderung von Formen der Weltbeziehung und es wird in zweifacher Weise deutlich, dass fehlende Resonanz zu Entfremdung führt und Beziehung für ganzheitliches Menschsein grundlegend ist: Einerseits im Sinne einer Weltwahrnehmung mit allen Sinnen, d.h. nach Rosa emotional und kognitiv, die Kontakt herstellen zur Welt und zu anderen. Andererseits ist die Wirkung dieser erwarteten Resonanz im Umgang mit anderen als horizontale Resonanzachse und mit der Welt als diagonale Resonanzachse von zentraler Bedeutung. In Bezug auf Unterrichtssituationen erscheint der Resonanzbegriff mit der Betonung der Weltbeziehung, in welcher sich Subjekt und Welt gegenseitig berühren und transformieren, zunächst als Kompass, sich einem Bildungsideal zuzuwenden, das ein nichtentfremdetes In-der-Welt-Sein thematisiert. Unterricht wird im Sinne einer *diagonalen und vertikalen Resonanzachse* (Rosa 2019, S. 24) weniger als funktionale Dienstleistung zur Kompetenzsteigerung gesehen, sondern vielmehr als Beziehungsarbeit, die auf Resonanzgeschehen basiert und es ermöglicht, mit eigener Stimme zu sprechen. Dabei ist Resonanz kein Echo-Effekt, sondern ein Antwortgeschehen, das einer gewissen Differenzerfahrung von Welt und Subjekt auf der einen bzw. der Stimmen anderer auf der anderen Seite bedarf (Beljan 2017, S. 23 u. 36). Denn Individuen befinden sich in *sprechenden* Weltbeziehungen, d.h. die gegenseitige Wahrnehmung und Verständigung über Weltbeziehungen ist eine wichtige Grundlage des Zusammenlebens. Den Resonanzbegriff auf Unterrichtssituationen zu übertragen bedeutet damit konkret auch, die *horizontale Resonanzachse* (Rosa 2019, S. 24), also die Beziehung zwischen den Subjekten, in den Blick zu nehmen. Dabei sind Kommunikations- und Reflexionsfähigkeit zentral, denn für den Erwerb umfassender Kompetenzen, verstanden als kognitive Fähigkeiten mit affektiven, sozialen und imaginativen Erfahrungen, sind vermittelnde sprech-sprachliche Prozesse unerlässlich. Alles Lernen ist sprachlich vermittelt und das ist entscheidend in Lehr-Lernkontexten. Sprechen als Tätigkeit ist in der Sozialität verankert und entsteht aus ihr heraus (Werani 2018). Darum gewinnt Kommunikationsfähigkeit im Zeitalter der *Entfremdung* (Rosa 2019, S. 17) als fundamentale Grundlage des sozialen Miteinanders immens an Bedeutung, zumal der Einfluss der Medien Sozialverhalten und kommunikative Gewohnheiten des gesellschaftlichen Lebens revolutioniert hat. Es können drei grundlegende Veränderungen in Kommunikationsprozessen beobachtet werden (im Folgenden Werani 2019):

1. Mündliche kommunikative Prozesse verschieben sich durch soziale Medien stärker in die Schriftlichkeit; es resultiert daraus eine Form von *Oraliteralität*, die mündliche Prozesse direkt in schriftliche übersetzt und hiermit gewissermaßen eine neue Form schafft. Es finden sich beispielsweise in oraliteralen Texten weniger Anredeformen, mehr Abweichungen in den Bereichen von Orthographie und Interpunktion sowie eher konzeptionell mündliche Formulierungen.
2. Die Face-to-face-Kommunikation wird zu einer Face-to-Screen-Kommunikation, womit eine *Entkörperung* einhergeht. Diese Ablösung vom Körper bringt beispielsweise mit sich, dass Idealisierungen und Spiele mit der Identität möglich sind, die das kommunikative Geschehen verändern.
3. Die Möglichkeit der *zeitlichen Versetzung* löst das Individuum aus der Gleichzeitigkeit heraus, die in Face-to-face-Situationen gegeben ist, und lässt in sozialen Medien sowohl zeitliche Verzögerungen im Rede-Antwortverhalten als auch das simultane Teilnehmen an unterschiedlichen Formen der Kommunikation zu.

Angesichts dieser Entwicklungen ist es also in schulischen Lehr-Lernkontexten umso wichtiger, sinnstiftende Beziehungsräume zu schaffen und ein Bewusstsein dafür zu erlangen, dass Resonanz im Sinne einer Affizierung des anderen zentral ist. Das bedeutet, kommunikative Kompetenzen sind im Zeitalter von sozialen Medien und Digitalisierung selbstbestimmt und verantwortungsbewusst zu gestalten. Nach wie vor ist Kommunikation im Klassenzimmer ein grundlegendes didaktisches Unterrichtsmittel für gelingende Lehr-Lernprozesse. Dabei ist das Miteinander-Sprechen in doppelter Weise zu reflektieren, als Unterrichtsmedium und als Unterrichtsmittel. Und es ist zu berücksichtigen, dass Individuen, auch wenn sie die sprachliche Tätigkeit an jemanden anderen richten, auch sich selbst adressieren (Werani 2011). Der kommunikative Prozess umfasst somit sowohl inter- als auch intrapsychische Prozesse. Bezogen auf den Resonanzbegriff affizieren sich Individuen mit Kommunikation nicht nur gegenseitig, sondern immer auch in Bezug auf sich selbst.

Zur Formung von Kommunikationsräumen

Die Wirkmacht der Sprache bzw. des Sprechens in Kommunikationsprozessen wird deutlich, wenn die Zusammenhänge zwischen Sprechen, Denken, Persönlichkeit und der Ausbildung von Haltungen zur Welt bewusst gemacht werden: Durch die gemeinsame Aushandlung von Inhalten entsteht ein Kommunikationsraum. Die Beziehungsebene bildet das Fundament, auf dem sich jede Kommunikationssituation entspinnt und im individuellen Sprechen realisiert. Der sprachliche Ausdruck ist dabei nicht vom körpersprachlichen und stimmlichen zu trennen. Denn die sprachliche Tätigkeit konstituiert die Kommunikation als Tätigkeit zwischen Individuen und bildet Kognitionen und Emotionen aus. Dabei formen die beteiligten Individuen innerhalb jeder Interaktion einen je spezifischen Kommunikationsraum. Darin kann sich nach Rosa (2017, S. 315) Resonanz ereignen. Sie ist unverfügbar, lässt sich weder erzwingen, noch vorhersagen und ist nicht intensivierbar. Das Resonanzgeschehen kann nicht optimiert werden, um so Erleben zu steigern oder vorherzubestimmen. Allerdings kann im Sinne Watzlawicks et al. (1990) gesprochen auch nicht *nicht* kommuniziert werden, d.h. ein gemeinsamer Kommunikationsraum formt sich immer zwischen den Individuen als wechselwirkender Vermittlungsprozess und Beziehungsraum. Kommunikation ist eben ein gemeinsamer Aushandlungsprozess, eine gemeinsame aktive sprachliche Tätigkeit.

Durch den Resonanzgedanken wird vor allem deutlich, dass für die Gestaltung dieses Kommunikationsraumes nicht ein Einzelner verantwortlich ist, sondern es mindestens zwei Beteiligte gibt. Das Gelingen von kommunikativen Prozessen ist damit ebenso wenig vorhersagbar wie das Entstehen von Resonanz. Am gegenseitigen Verstehen wird dies besonders deutlich, da Verstehensprozesse nicht von Anfang an gelingen, sondern sich in jeweiligen Kommunikationsräumen vollziehen bzw. in diesen geformt werden. Zentral ist hierbei die gegenseitige Bezogenheit. Natürlich gibt es begünstigende Faktoren, die die Wahrscheinlichkeit erhöhen, dass kommunikative Prozesse gelingen, doch eine Garantie für den kommunikativen Erfolg gibt es nicht. Das bedeutet: Die Befähigung zu kommunikativer Kompetenz begünstigt das Gelingen wechselseitiger Verstehensprozesse. Dazu gehört die Auseinandersetzung mit dem eigenen Sprechstil, der neben verbalen auch paraverbale (stimmliche) und nonverbale Aspekte umfasst. Da der Sprechstil als Ausdruck des Habitus verstanden wird, ist er zudem eng mit Persönlichkeitsaspekten verwoben, sodass die Betrachtung des eigenen Sprechstils nicht nur einer Reflexion der sprachlichen Prozesse bedarf, sondern immer auch Persönlichkeitsaspekte berücksichtigt werden müssen.

Das bedeutet im Blick auf unterrichtliche Kommunikation, dass nicht nur für die Lehrenden, sondern auch für die Lernenden die Erfahrung von Selbstwirksamkeit in Form von Resonanz möglich werden soll. Hierbei ist Kommunikation im Kommunikationsraum sowohl Ereignis – eine Kommunikation, die zu einem bestimmten Zeitpunkt zwischen bestimmten Individuen stattfindet – als auch Prozess, im Sinne wechselseitiger Aushandlungsprozesse. Es ist also eine gemeinsame Tätigkeit, die zentral ist, damit ein gemeinsamer Kommunikationsraum entsteht (Anselm/Werani 2017):

1. Unter *Kommunikation als Ereignis* werden alle Aspekte sprachlicher Tätigkeit gefasst, die an der Formung eines Kommunikationsraumes beteiligt sind. Sie lassen sich durch folgende Grundfragen erschließen:
   Beteiligte: Wer ist an der Kommunikation beteiligt?
   Szenario (Zeitpunkt – Ort/Raum): Wann und wo findet die Kommunikation statt?

Motiv: Wozu wird kommuniziert?
Thema: Worüber wird kommuniziert?
Medium: Womit wird kommuniziert?
Sprechstil: Wie wird die sprachliche Tätigkeit geäußert?

2. Die Beschreibung von Kommunikation als Prozess stellt den Kommunikationsraum in einen weiteren Kontext, um wechselwirkende Prozesse innerhalb des Kommunikationsraumes genauer zu analysieren. Für Lehr-Lernkontexte sind folgende drei Dimensionen zentral:
Bereitschaft zur Kooperation: Es geht um das Motiv der jeweiligen Kommunikation und damit um die Frage, wozu kommuniziert wird. Abgebildet wird so der Kommunikationsrahmen.
Beziehungsqualität: Im Fokus steht die grundlegende Frage, wie sich die Lernatmosphäre zwischen Lehrenden und Lernenden gestaltet. Beschrieben wird die Basis der Kommunikation.
Lernkultur: Für die Qualität kommunikativer Prozesse im Unterricht bedarf es einer Feedback-Kultur als Voraussetzung sinnstiftender Lernprozesse. So wird resonantes Gelingen von Kommunikation ermöglicht.

Um einen reflexiven Zugang zur eigenen kommunikativen Kompetenz zu bekommen, als Voraussetzung einer gelingenden Kommunikation, ist es grundlegend, sich über die verschiedenen Aspekte klar zu werden, die den Kommunikationsraum gestalten. Als dafür geeignete Herangehensweise mittels eines zyklisch wiederholbaren Dreischritts von Analyse (A), Reflexion (R) und Training selbstregulativer Prozesse (T) lässt sich – auch als konkretes Angebot (Anselm/Werani 2017, S. 215) – das Prinzip Kommunikations*ART* verstehen:

- Die *Analyse* kommunikativer Prozesse und Besonderheiten des personalen Sprechstils führt zu einer Sensibilisierung der Wahrnehmung sowie zu einer differenzierteren Beschreibungsfähigkeit. Analysen können durch Videoaufnahmen und weitere Medien als Unterstützungsangebote vertieft werden. Für analytische Zwecke ist es dabei hilfreich, die (eigentlich untrennbar ineinander wirkenden) Beobachtungen auf verbaler, paraverbaler und nonverbaler Ebene zu trennen.
- Die *Reflexion* ermöglicht Differenzierung zwischen Beschreibung und Bewertung kommunikativer Prozesse. Dies geschieht durch das Einbeziehen von Kommunikationstheorien sowie durch die Auseinandersetzung mit und den Vergleich von eigenen und auch fremden Analysen.
- Im *Training selbstregulativer Prozesse* werden unterschiedliche Handlungsmöglichkeiten aufgezeigt, die jeweils stimmig zur Persönlichkeit als kommunikative Repertoires verinnerlicht werden.

Das Prinzip Kommunikations*ART* erfasst also zum einen die Komplexität des Kommunikationsbegriffs und nimmt zum anderen eine Modellierung vor, die für weitere Analyse- und Reflexionsprozesse des personalen Sprechstils zugänglich ist. Auf diese

Weise lassen sich konkrete Ansatzpunkte für Trainingsmöglichkeiten selbstregulativer Prozesse erkennen. Das ermöglicht den professionellen Umgang mit Kommunikation in Lehr-Lernkontexten, was positive Einwirkungen auf die Gesellschaft und gesundheitsförderliche Aspekte für den Einzelnen hat. Denn fehlende Resonanzerfahrung bzw. repulsive Missachtung können in einer tödlichen Entfremdungsspirale enden (Beljan 2017, S. 181 ff.).

Bezogen auf Lehr-Lernkontexte ist die eigene Kommunikationsfähigkeit der Lehrenden eine notwendige Voraussetzung, um bei Schülerinnen und Schülern kommunikative Fähigkeiten fördern zu können. Dabei geht es nicht nur um die kommunikative Funktion von Sprache, sondern auch darum, die kognitiven und emotiven Funktionen der Sprache gleichermaßen zu entwickeln. Zum Beispiel ist die Ausbildung von Empathiefähigkeit und Perspektivübernahme eng mit der kommunikativ-sozialen Funktion der Sprache verwoben. Eine Schlüsselstelle für den Einfluss der sprachlichen Tätigkeit auf die Kognition nimmt hierbei das innere Sprechen ein (Werani 2011). Es richtet sich an den Sprechenden selbst, ist ein *Sprechen-für-mich*. Es stellt die reichhaltigste, häufigste und privateste Form des Sprechens dar und ist beispielsweise relevant für kognitiv-selbstregulative und reflexive Prozesse. Das innere Sprechen entsteht aus der Sozialität, d.h. es handelt sich zunächst um geteilte kommunikative Prozesse, die verinnerlicht werden. Insbesondere die Auseinandersetzung mit verschiedenen Kommunikationsstilen, unterschiedlichen Adressaten und vielfältigen Formen kommunikativer Kompetenzen führt zur Ausbildung des vielgestaltigen inneren Sprechens. Für den Lehr-Lernkontext sind diese Überlegungen deswegen relevant, da sich positive Effekte gut ausgebildeter (innerer) sprachlicher Fähigkeiten auf die Metakognition, Selbstgespräche, das Problemlösen, das Bewerten, die Autosuggestion sowie die Entwicklung der Identität auswirken (Werani 2011, 2019). Zudem ist diese intensive Auseinandersetzung mit sprachlicher Tätigkeit der Ansatz dafür zu reflektieren, wie Kommunikationsräume und damit verbunden Resonanzräume geformt werden.

Resonanzbasierter Deutschunterricht – Folgerungen und Konsequenzen

Lehrpersonen muss klar sein, dass sie in Lehr-Lernkontexten mit ihrer sprachlichen Tätigkeit als Modelle fungieren. Sie sind maßgeblich an der Ausbildung kognitiver Prozesse sowie an der Konstruktion des kommunikativen (Lern-)Raumes beteiligt, in dem es nicht nur um die Vermittlung von Kompetenzen, also von Wissen, Fähigkeiten und Fertigkeiten, geht, sondern auch um Identitätsbildungsprozesse, d.h. um die Begleitung der Persönlichkeitsentwicklung von Schülerinnen und Schülern. Im Blick auf diese Vorbildwirkung ist es wichtig sich bewusst zu machen, dass Tradierungen und Normsetzungen, die im schulischen Alltag vorgenommen werden, die weitere Weltsicht mitbestimmen. Im Unterricht werden beispielsweise positive Bewertungen vermittelt, die einer Person zugeschrieben werden und motivierend wirken. Wenn diese

Aussagen negativ ausfallen wie »Du bist faul«, »Du kannst Mathe nicht« etc., können sich diese Formulierungen auch als Überzeugungen ein Leben lang etablieren und unter Umständen fatale Folgen haben. Damit wird mehr als deutlich, wie wichtig es ist, sprachliche Tätigkeit als konstruktives Mittel zu betrachten, die das Selbstkonzept prägt. Sprache übt Macht aus und es ist offensichtlich, dass jede sprachliche Beurteilung, beispielsweise von Schülerinnen und Schülern, zu unterschiedlichen Interaktionsprozessen führt. Die Komplexität und Vielfalt mündlicher Kommunikation wirft im schulischen Kontext zudem die Frage auf, wie mit der inzwischen häufig vorgeschriebene Verwendung von Operatoren umgegangen werden soll, die nicht nur bei schriftlichen Leistungserhebungen, sondern auch wegen einer anzustrebenden Vergleichbarkeit der Leistungen in der mündlichen Kommunikation eingefordert werden. Dies gilt es ebenfalls zu reflektieren und es müssen ein Bewusstsein für Sprache und das Wissen um die Wirkung von Wortwahl und Framing ausgebildet werden. Jeder Begriff umfasst nämlich einen komplexen Deutungsrahmen (Frame), in dem neben der reinen Bedeutung eines Wortes eine ganze Reihe anderer Bedeutungen vorhanden sind, die aktiviert werden (Hofmann 2019). Diese Einsicht, dass Sprache keine objektiven Bedeutungen hat, sondern subjektive Weltwahrnehmung das Denken prägt und sich sprachlich unterschiedlich realisiert (Lakoff/Wehling 2016, S. 164–167), sollte eine Aufforderung zur Reflexion der eigenen Wortwahl darstellen. Denn Lehr-Lernkontexte sind komplex: Sprachliche Tätigkeit ist nicht nur verantwortlich für kommunikative und kognitive Prozesse, sondern ebenso beteiligt an der Ausbildung der Persönlichkeit. Bezogen auf das Phänomen Resonanz bedeutet diese Feststellung, dass je nach Wahl der sprachlichen Mittel unterschiedliche Affizierungen und Emotionen erzeugt werden und damit auch unterschiedliche Formen der Weltbeziehung entstehen. Es kann zudem angenommen werden, dass ein resonanter Beziehungsmodus stark von sprachlichen Aspekten beeinflusst wird.

Die Macht der Worte

Insbesondere den verbalen Äußerungen kommt zentrale Bedeutung zu, denn neben kommunikativen Prozessen des Informierens, Überzeugens und Lenkens ist die sprachliche Tätigkeit das Mittel des Denkens. Lehrende sind in diesem Sinne nicht nur sprachliches Vorbild und Modell, sondern beeinflussen mit ihrem Sprechen die Ausbildung höherer psychologischer Prozesse. Außerdem entsteht auch hier Resonanz durch Affizierung und Emotion. Positiv formuliert kann davon ausgegangen werden, dass sich eine optimistische, motivierende Grundhaltung der Lehrenden gegenüber den Lernenden verstetigt.

Werden auf verbaler Ebene die einzelnen Merkmale beleuchtet, so ist festzuhalten, dass über die Wortwahl semantische Konzepte aktiviert werden. So führt etwa die Aufforderung, nicht an einen grünen Elefanten zu denken, sogleich dazu sich zunächst einen grünen Elefanten vorzustellen. Der logische sprachliche Operator nicht, wird zwar verstanden, das Gehirn aktiviert jedoch automatisch zu den gehörten Wörtern entsprechende Assoziationen. Für den schulischen Alltag ist darum zu berücksichtigen, dass es wesentlich effektiver ist, Schülerinnen und Schüler darüber zu instruieren, was sie tun sollen, als darüber, was sie nicht tun sollen, d.h. hier haben positive Formulierungen einen großen Effekt auf die mentale Selbstregulation. So lässt sich etwa auch in der Art des Ansprechens von Schülerinnen und Schülern die innere Haltung und kommunikative Absicht der Lehrenden vermitteln. Dies soll das folgende Szenario in zwei möglichen Versionen verdeutlichen:

1. Der Deutschlehrer betritt die Klasse und beginnt den Unterricht mit den Worten: »Guten Morgen, liebe Schülerinnen und Schüler! Hoffentlich bekommt ihr nicht gleich die Lesekrise, wenn ich jetzt die neue Lektüre ankündige. Ich möchte euch nicht langweilen, aber es muss der Faust sein, den kann man bei den kanonischen Texten nicht ignorieren. Ist ja auch kein schlechtes Buch und ihr werdet euch schon durchschlagen. Ein Schaden wird es auf keinen Fall sein.«
2. Es wird deutlich, inwiefern Wörter in diesem Beispiel semantische Konzepte aktivieren: *Lesekrise – langweilen – muss sein – ignorieren – nicht schlecht – durchschlagen – kein Schaden.* Dadurch wird ein negatives Konzept im Blick auf die Faust-Lektüre aufgerufen. Auch wenn dieser Lehrer vermutlich lässig und verständnisvoll sein möchte, entsteht eine unbeabsichtigte Wirkung, deren Folgen sehr motivationshemmend sein können. Es ist darum zentral, sich über die eigene Redeabsicht und das eigene Motiv im Klaren zu sein und dementsprechend auf die Wahl der Worte zu achten. Deren Wirkung betrifft nämlich nicht nur die Kognition, sondern auch die Emotion.
3. Als Alternative könnte der Deutschlehrer etwa folgende Einführung der Lektürephase voranstellen: »Guten Morgen, liebe Schülerinnen und Schüler! Ich freue mich, heute die neue Lektüre anzukündigen und bitte um allgemeine Aufmerksamkeit. Ihr werdet Goethes »Faust« lesen, eines der wichtigsten Werke der deutschen Literatur. Ihr dürft gespannt sein, welche Aktualität dieses Drama in der heutigen Zeit hat und ihr werdet sicher überrascht sein, wie viel ihr zur Bearbeitung beitragen könnt.«

In diesem zweiten Herangehen an die im Unterricht zu lesende Lektüre wird erkennbar, dass diese Einführung durch eine positive und aktivierende Wortwahl *freuen – aufmerksam – spannend – überrascht – beitragen* eine ganz andere Wirkung entfaltet: Es entstehen Spannung und Interesse, die Neugier der Schüler wird aktiviert und zielt darauf zu erfahren, was hinter dieser Ankündigung steckt. Die Macht der Worte wird deutlich und zeigt, wie sich Resonanz und Kommunikation gegenseitig beeinflussen. Folgende Aspekte sind dabei wesentlich:

- Die lexikalische Anpassung dient der Verstehenssicherung und geschieht innerhalb wechselseitiger Aushandlungsprozesse.
- Enthält die Wortwahl Partikeln, Floskeln und Füllwörter, sollte dies reflektiert werden, da der Einfluss auf die Kommunikation ungünstig sein kann.

- Rhetorische Stilmittel bereichern den Klang und die Wahrnehmung der Worte.
- Sprachvarietäten können Einfluss auf Distanz und Nähe der Kommunikationspartner im Rahmen kommunikativer Situationen nehmen.

Die Syntax bringt Gedankengänge in logische Strukturen. Hierbei sind die Satzverbindungen zentral, um den roten Faden in kommunikativen Prozessen aufrecht zu erhalten und auch logische Zusammenhänge korrekt wiedergeben zu können. Im Einzelnen zeigen sich folgende Wirkungen:

- Parataktische Strukturen sind in der Regel leichter zu verstehen als hypotaktische.
- Das Sprechen sollte zur Verständlichkeit eine mündliche Konzeption haben.
- Aktivische Formulierungen bringen Bewegung in die Aussagen und damit bewirken sie Dynamik in der Wahrnehmung.
- Rhetorische Stilmittel bereichern auch auf syntaktischer Ebene die Ausbildung sprachlicher Kompetenz.

Die Argumentation betrifft die logische Gesamtstruktur des Sprechens. Auch hier zeigt sich, dass mittels Sprache kognitive Strukturen entwickelt werden:

- Je nach Ziel kann sowohl ein deduktiver als auch ein induktiver Argumentationsaufbau in Lehr-Lernkontexten günstig sein.
- Ein direkter Formulierungsstil wirkt steuernd und strukturierend.
- Konkrete Begründungen unterstützen die Hörerführung und erleichtern das Verstehen aufgrund des illustrativen Charakters.
- Die Instruktionsqualität ist bei indikativischen Formulierungen klarer, wirkt jedoch auch autoritärer.
- Argumentationsformen sollten variieren, um die Aussagen abwechslungsreich zu gestalten.

Es zeigt sich also, dass die Wahl der sprachlichen Mittel im Unterricht von zentraler Bedeutung ist und Grundlage dafür sein kann, dass Erfahrungen der Resonanz möglich sind. Sprachliche Prozesse wirken in unterschiedlicher Weise: auf das Zusammenspiel von Sprechen, Denken und Emotionen, auf das selbstbestimmte Lernen, bei der Bildung von Werten und bei der Persönlichkeitsentwicklung. Lehrerinnen und Lehrer haben einen entscheidenden Einfluss auf die gegenseitige Wahrnehmung, dessen sie sich bewusst sein sollten.

Die zentrale Rolle des Fragens

Auch die Formulierung von Fragen als zentralen Gelenkstücken, die unterrichtliche Arbeitsphasen miteinander verbinden, spielt eine zentrale Rolle in Lehr-Lernkontexten. Aus der Perspektive der Resonanzerfahrung ist festzuhalten, dass es sich nicht um Echobeziehungen, sondern um Antwortbeziehungen handelt, die in sinnstiftenden und gelingenden Lehr-Lernkontexten eine wesentliche Rolle einnehmen. Fragen stellen aus didaktischer Sicht betrachtet eine Handlung des Lehrenden mit zahlreichen Funktionen dar, die Grundlage für das kommunikative Gelingen und eine positiv erfahrene Weltwahrnehmung sind:

- Mit Fragen wird Interesse bekundet, es können Informationen eingeholt und es kann das Nachdenken angeregt werden. Nicht zuletzt wird durch Fragen das Niveau des Unterrichts mitbestimmt.
- Fragen können nachdrücklich oder eher beiläufig gestellt werden. Nachdrückliche Fragen oder auch direkte Fragen gehören zur Lenkungstechnik, damit ein Gespräch in eine ganz bestimmte Richtung geführt werden kann. Sie lassen eine schnell zielführende und eindeutige Antwort erwarten.
- Mit Fragen kann aber auch zur Reflexion angeregt werden, um dann auf einer neuen Reflexionsebene wiederum Informationsfragen zu stellen.

Je nachdem, wie Intensität und Intention der Frage ausfallen, wirken sich diese unterschiedlich auf die Konstruktion des Kommunikationsraums aus, d. h. sie sind mehr oder weniger mächtig. In allen Bereichen sind die *Motivationsfragen* wichtig, die zur Stärkung des Selbstwertes gestellt werden. Sie dienen dazu, Hemmungen abzubauen und eine positive Gesprächsatmosphäre zu schaffen. Beiläufig gestellte Fragen, die auch als *indirekte Fragen* bezeichnet werden, haben eine eher gewährende Form, d. h. die Frage ist als Impuls gedacht. Indirekte Fragen sind gewissermaßen verkleidete direkte Formen. Sie können ebenso zielorientiert sein wie direkte Fragen, sind jedoch in der Regel höflicher. Typische indirekte Frageformulierungen sind zum Beispiel: Würden Sie ...?, Hätten Sie ...?, oder Müsste ich ...? Und die im schulischen Bereich häufig diskutierten sogenannten *W-Fragen* eignen sich zwar zur knappen Wissensabfrage, regen jedoch nur in geringem Maße zum differenzierten Nachdenken an. Geht es um den Erwerb von Wissen (z. B. Wiedergabe von Fakten, Konzepten, Theorien), das Verständnis und die Durchdringung des Wissens (z. B. Wiedergabe mit eigenen Worten, ergänzt um eine Erklärung) und die Anwendung von Wissen (z. B. Lösung von Standardaufgaben), werden vor allem *Wissens- und Informationsfragen* zugeordnet, die es in verschiedenen Formen gibt und die alle das Ziel haben, präzise Informationen einzuholen. Des Weiteren ist an *Kontroll- und Klärungsfragen* zu denken, die den Verstehensprozess begünstigen, wie auch *Rückfragen* zur Verständnissicherung dienen. *Denkfragen* sind angebracht, wenn von gemeinsamem Wissen ausgegangen wird und zum Nachdenken angeregt werden soll.

Auch wenn deutlich wird, dass die verbale Ebene einen zentralen Stellenwert in Lehr-Lernkontexten einnimmt, ist stets zu bedenken, dass in gleicher Weise paraverbale und nonverbale Aspekte den Kommunikationsraum mitgestalten. Insbesondere Stimme und Körpersprache vermitteln in kommunikativen Situationen grundlegende Beziehungsaspekte wie beispielsweise Attraktivität, Dominanz und Status. Um im Sinne gelingender zwischenmenschlicher Interaktionen authentisch zu wirken, ist es darum wesentlich, einen kongruenten Ausdruck auf verbaler, para- und nonverbaler

Ebene zu erzielen. Diese wahrnehmungsbegleitenden Einstellungen können die Lehr- bzw. Lernprozesse motivational oder auch emotional durch Kongruenzen fördern und sollten nicht durch Inkongruenzen zwischen verbalen und nonverbalen Aussagen behindert werden.

Fazit

Die Beschäftigung mit der Frage, welchen Einfluss die Wechselwirkung von Resonanz und Kommunikation auf Lehr-Lernkontexte hat, zeigt deutlich, dass Schule ein Ort gesellschaftlicher Resonanzerzeugung sein kann und dazu einen wichtigen Kommunikationsraum bietet. Dies ist angesichts der die Kommunikation verändernden Medialisierung eine Chance und Herausforderung gleichermaßen: Im analogen Ort des Klassenzimmers können Reflexionsprozesse eingeübt werden, die im digitalen Raum außerhalb der Schulmauern von zentraler Bedeutung für Resonanzerfahrungen und gelingende Formen der Weltbeziehung sind. Ob dabei digitale Medien verwendet werden sollen oder nicht, ist jeweils konkret zu entscheiden, wobei neben fachlichen auch pädagogisch-psychologische und (neuro)didaktische Erwägungen einzubeziehen sind.

Eine programmatisch fundamentale Abwendung von gesellschaftlichen Prozessen, sei es, dass diese aus bewahrpädagogischen Intentionen resultieren oder sich dem Bemühen um effizientere Outcomeorientierung quasi in einer Laborsituation ohne störende Einflüsse von außen verdanken, erscheint wenig zielführend und ist unrealistisch. Vielmehr sind das Bewusstmachen und die Reflexion des eigenen (digitalen) Kommunikationsverhaltens notwendig, damit kommunikative Prozesse als wechselwirksame Aneignungsprozesse gestaltet werden können und gelingende Weltbeziehungen ermöglichen.

Literatur

Anselm, S. (2011): Kompetenzentwicklung in der Deutschlehrerbildung. Modellierung und Diskussion eines fachdidaktischen Analyseverfahrens zur empiriegestützten Wirkungsforschung. Frankfurt a.M.: Lang.

Anselm, S./Götzinger, B./Rödel, M. (2018): Medienkompetenzen und Medienbildung: Was kann das Schulfach Deutsch in der digitalen Welt leisten? In: Anselm, S./Beste, G./Plien, C. (Hrsg.): Medienbildung trifft Deutschunterricht. Mitteilungen des deutschen Germanistenverbandes 65. Jg./H. 3. Göttingen: Vandenhoeck & Ruprecht, S. 222–246.

Anselm, S./Werani, A. (2017): Kommunikation in Lehr-Lernkontexten. Analyse, Training, Reflexion personaler Sprechstile. Bad Heilbrunn: Klinkhardt.

Beljan, J. (2017): Schule als Resonanzraum und Entfremdungszone. Eine neue Perspektive auf Bildung. Weinheim, Basel: Beltz, Juventa.

Günther, H. (2012): Sprechen und Zuhören. Wie Lehrerinnen und Lehrer Sprachunterricht ökonomisch und effektiv planen und durchführen. Baltmannsweiler: Schneider Hohengehren.

Hofmann, U. (2019): Mit Sprache Politik machen. Netzwerk Ethik heute: https://ethik-heute.org/mitsprache-politik-machen/ (zuletzt abgerufen am 15.11.2019).

Jiménez, F. (2018): Smartphones aus dem Klassenzimmer zu verbannen, ist nicht klug. In: Die Welt vom 31.07.2018 (https://www.welt.de/wissenschaft/article141084460/Smart-phones-verbannen-ist-einfach-aber-nicht-klug.html; zuletzt abgerufen am 15.11.2019).

Lakoff, G./Wehling, E. (2016): Auf leisen Sohlen ins Gehirn: Politische Sprache und ihre heimliche Macht. Heidelberg: Carl-Auer Verlag.

Rosa, H. (2019): Resonanz als Schlüssel der Sozialtheorie. In: Wils, J. P. (Hrsg.): Resonanz. Im interdisziplinären Gespräch mit Hartmut Rosa. Baden-Baden: Nomos, S. 11–30.

Rosa, H. (2017): Für eine affirmative Revolution. Eine Antwort auf meine Kritiker_innen. In: Peters, C. H./Schulz, P. (Hrsg.): Resonanzen und Dissonanzen. Hartmut Rosas kritische Theorie in der Diskussion. Bielefeld: transcript, S. 311–329.

Rosa, H. (2016). Resonanz. Eine Soziologie der Weltbeziehung. Berlin.

Rosa, H. (2005): Beschleunigung. Die Veränderung der Zeitstrukturen in der Moderne. Frankfurt a.M.: Suhrkamp.

Vorderer, P. et al. (2015): Der mediatisierte Lebenswandel. Permanently online, permanently connected. In: Publizistik, Vol. 60, Nr. 3, S. 259–276.

Watzlawick, P./Bavelas, J. B./Jackson, D. (1990): Menschliche Kommunikation: Formen, Störungen, Paradoxien. 8., unveränd. Aufl. Bern, Stuttgart, Toronto: Huber.

Werani, A. (2019): Shifts in communication and ego-identity in the digital world. In: Heinecke, S./Osburg, T. (Hrsg.): Media Communication Trust in a Digital World. Heidelberg: Springer. S. 97–114.

Werani, A. (2018): Inner speech and its impact on teaching. In: Lantolf, J. P./Poehner, M. E./Swain, M. (Hrsg.): The Routledge Handbook of Sociocultural Theory and Second Language Development. New York: Routledge. S. 136–151.

Werani, A. (2011): Inneres Sprechen – Ergebnisse einer Indiziensuche. Berlin: Lehmanns Media.

Klaus Maiwald

»Textsortenwissen in metakognitiver Ausführung« – Deutschunterricht zwischen Fachlichkeit und kompetenzorientierter Lehr-Lern-Technologie

Gegenstand und Fragestellung

Vor mir liegen Staatsexamensarbeiten für das Lehramt an Grundschulen in Bayern aus dem Jahr 2019. Die Schreiber/innen haben Deutsch als so genanntes Unterrichtsfach studiert – das heißt, mit erheblichen sprach- und insbesondere literaturwissenschaftlichen Anteilen. Die Themen werden zentral und anonym gestellt, anonym bearbeitet und von zwei Gutachter/innen anonym bewertet. Folgendes Thema soll genauer betrachtet werden:

Im LehrplanPLUS werden in der Jahrgangsstufe 4 unter anderem folgende Kompetenzerwartungen genannt:

»Die Schülerinnen und Schüler übertragen denselben Stoff in andere Textsorten oder mediale Darstellungsformen (z. B. Fabeln in Comics, Filmszenen in Tagebucheinträge, Buchszenen in Hörspiele) und beschreiben dabei die Besonderheiten des jeweiligen Mediums.«

1. *Erörtern Sie auf der Grundlage eines angemessenen Medienbegriffs und einer aktuellen mediendidaktischen Konzeption, wie Sie diese Kompetenzen im Deutschunterricht gezielt fördern können!*
2. *Skizzieren Sie eine kurze Unterrichtssequenz, in der Sie Ihre Überlegungen am Beispiel eines gut begründeten medialen Transfers des Gedichts »Die Weihnachtsmaus« von James Krüss konkretisieren!*

Beigegeben war der Gedichttext:
Krüss, James (1996): Die Weihnachtsmaus. Köln: Boje 2017 (o. S.) (siehe folgende Seite)

Meine Überlegungen zum Deutschunterricht zwischen Fachlichkeit in einer resonanten Begegnung mit einem Inhalt einerseits und Lehr-Lern-Technologie andererseits entwickele ich folgend in drei konzentrischen Kreisen: Innen betrachte ich das zugrunde gelegte Lehrplanzitat, zunächst für sich und dann im näheren Lehrplankontext; im mittleren Kreis blicke ich auf die gestellte Examensaufgabe, abschließend und außen auf die Bearbeitungen in den Klausuren. Ausdrücklich zielt die Analyse nicht darauf, die Lehrplanmacher, den Themensteller und insbesondere die Examenskandidaten vorzuführen. (Zumal mir die betreffenden Personen unbekannt sind.) Es geht vielmehr darum, einen unheilvollen Zusammenhang zwischen einer (von mir so genannten) Lehr-Lern-Technologie und einer Entfachlichung von Didaktik und Unterricht aufzuzeigen, bei der Inhalte beliebig bis bedeutungslos werden. Vier diesem Unheil entgegenwirkende Postulate zur Lehrer/innen-Bildung schließen den Beitrag ab.

Die Weihnachtsmaus
(ein Weihnachtsgedicht)

1 Die Weihnachtsmaus ist sonderbar
(sogar für die Gelehrten),
denn einmal nur im ganzen Jahr
entdeckt man ihre Fährten.

2 Mit Fallen und mit Rattengift
kann man die Maus nicht fangen.
Sie ist, was diesen Punkt betrifft,
noch nie ins Garn gegangen.

3 Das ganze Jahr macht diese Maus
den Menschen keine Plage.
Doch plötzlich aus dem Loch heraus
kriecht sie am Weihnachtstage.

4 Zum Beispiel war vom Festgebäck,
das Mutter gut verborgen,
mit einem mal das Beste weg
am ersten Weihnachtsmorgen.

5 Da sagte jeder rundheraus:
»Ich hab´ es nicht genommen!
Es war bestimmt die Weihnachtsmaus,
die über Nacht gekommen.«

6 Ein andermal verschwand sogar
das Marzipan von Peter.
was seltsam und erstaunlich war,
denn niemand fand es später.

7 Der Christian rief rundheraus:
»Ich hab´ es nicht genommen!
Es war bestimmt die Weihnachtsmaus,
die über Nacht gekommen.«

8 Ein drittes Mal verschwand vom Baum,
an dem die Kugeln hingen,
ein Weihnachtsmann aus Eierschaum
nebst andren leck'ren Dingen.

9 Die Nelly sagte rundheraus:
»Ich hab´ es nicht genommen!
Es war bestimmt die Weihnachtsmaus,
die über Nacht gekommen!«

10 Und Ernst und Hans und der Papa,
die riefen: »Welche Plage!
Die böse Maus ist wieder da
und just am Feiertage!«

11 Nur Mutter sprach kein Klagewort.
Sie sagte unumwunden:
»Sind erst die Süßigkeiten fort,
ist auch die Maus verschwunden!«

12 Und wirklich wahr: Die Maus blieb weg,
sobald der Baum geleert war,
sobald das letzte Festgebäck
gegessen und verzehrt war.

13 Sagt jemand nun, bei ihm zu Haus,
– bei Fränzchen oder Lieschen –
da gäb es keine Weihnachtsmaus,
dann zweifle ich ein bißchen!

14 Doch sag ich nichts, was jemand kränkt!
Das könnte euch so passen!
Was man von Weihnachtsmäusen denkt,
bleibt jedem überlassen.

Der Lehrplanauszug

Die formulierte Kompetenzerwartung

Zunächst die gute Nachricht: Mit der hier gegebenen Kompetenzformulierung bricht der Lehrplan den printmedialen und hochkulturellen Habitus. Seit über 20 Jahren hat die Mediendidaktik Deutsch darauf bestanden (wegweisend Wermke 1997), dass »ein fiktionaler Stoff in unterschiedlichen medialen Formmöglichkeiten, also [...] als Buch, als Spielfilm, als Hörspiel« vorkommen kann (Maiwald 2010a, S. 139). Nun ist es so weit und die Rede davon, »denselben Stoff in andere Textsorten oder mediale Darstellungsformen« zu übertragen. Und das ganz konkret: »z. B. Fabeln in Comics, Filmszenen in Tagebucheinträge, Buchszenen in Hörspiele«. Auch soll die Übertragung nicht mehr die Hochwertigkeit schriftlicher Texte bzw. *der Literatur* und die Minderwertigkeit *der Medien* nachweisen, sondern schlicht »die Besonderheiten des jeweiligen Mediums« beschreibbar machen.

Probleme liegen einmal in diversen terminologischen Unschärfen, die etwa folgende Fragen aufwerfen:

- Was ist der Unterschied zwischen oder das Gleiche von »Textsorten« und »medialen Darstellungsformen«?
- Welche Textsorte oder mediale Darstellungsform ist ein »Tagebucheintrag« oder, noch rätselhafter, eine »Buchszene«?
- Warum wird (ausgerechnet) mit der Fabel eine stofflich und thematisch bereits gefüllte Textsorte als literarische Untergattung genannt?

Diese Unschärfen sollen uns hier nicht weiter (be-)kümmern. Denn von größerem Belang ist die Frage, *warum* die Lernenden die Übertragung in andere Textsorten oder Darstellungsformen vornehmen und »dabei die Besonderheiten des jeweiligen Mediums [beschreiben]« sollen. Fachlich begründen ließe sich dies mit mediendidaktischen Zielsetzungen der Medienkunde, Mediengestaltung oder des Medialitätsbewusstseins (z. B. Groeben 2002) oder aus einem literaturdidaktischen Kontext heraus, etwa mit Leseförderung oder Medienreflexion (z. B. Kepser/Abraham 2016).

Insbesondere, wenn es ausdrücklich um »Besonderheiten« von Medien geht, bliebe aber zu begründen, warum diese in der Eigenproduktion einer Medientransformation beschrieben werden sollen. Ein Hörspiel lässt sich auch (und vielleicht einfacher) ohne Gedichtvorlage herstellen; und die Besonderheiten eines Comics lassen sich auch rezeptiv erfassen sowie beschreiben. Der Lehrplan gibt solche Begründungen hier nicht, er konstatiert mit den Operatoren »übertragen« und »beschreiben« lediglich, dass bzw. was die Schüler/innen machen (sollen). Zu fragen wäre indes, in welcher sprachlich-textuellen Form die Beschreibung der Medienmerkmale erfolgen soll, ob man gleichzeitig die mediale Form übertragen und »dabei« Merkmale beschreiben kann und ob Merkmale der angezielten medialen Form nicht zu klären sind, *bevor* man eine Produktion derselben ins Werk setzt. Begrüßenswert ist, dass der Lehrplan Beispiele gibt. Damit aber schlittert die Kompetenzforderung noch tiefer nicht nur in die inhaltliche Indifferenz und Resonanzlosigkeit – ein Grundproblem der Kompetenzorientierung – sondern zumindest potenziell in die fachliche Unsinnigkeit. Die Kompetenzforderung lautet: Übertrage Stoff X aus dem Medium Y in das Medium Z und beschreibe dabei die Besonderheiten des Mediums Z! Hier wird deutlich: Es wird keinerlei Auseinandersetzung mit dem zu bearbeitenden Text gefordert, eine Kontaktaufnahme mit dem Gedicht erfolgt nicht. Man kann also – dies ist ein wesentlicher Punkt meiner Argumentation – die so formulierte Kompetenzerwartung auch in bzw. trotz fachlicher Unstimmigkeit bis Unsinnigkeit erfüllen! Davon später noch.

Der nähere Lehrplankontext

Für die weitere Bewertung der in Rede stehenden Kompetenzforderung ist es hilfreich, den näheren Lehrplankontext einzubeziehen. Die mediale Übertragung erscheint, wie zu erwarten, im Bereich »2. Lesen – mit Texten und weiteren Medien umgehen« (für das Folgende: https://www.lehrplanplus.bayern.de/fachlehrplan/grundschule/4/deutsch), und zwar als Teilkompetenz unter »2.4 Texte erschließen«. Diese Zuordnung ist didaktisch von Belang, zeigt sie doch an, dass die Übertragung in andere Darstellungsformen offensichtlich vor allem dem Verstehen und Deuten des Vorlagentextes dient. Bekräftigt wird dies durch eine ähnliche Kompetenzformulierung, ebenfalls unter »Texte erschließen«: Die Schüler/innen »setzen kinderliterarische Texte in andere künstlerische Ausdrucksformen um *und zeigen ihr Textverständnis* (z. B. indem sie schreiben, durch Musik, Rhythmus, Tanz oder szenische Darstellung)« (meine Hervorhebung). Rätselhaft bleibt, dass eine inhaltlich identische Kompetenzerwartung anders formuliert, ohne Produktionsvorgabe, mit anderem Beispiel in einem anderen Teilbereich (2.1 Über Leseerfahrungen verfügen) auftaucht: Die Schüler/innen »beschreiben Gemeinsamkeiten und Unterschiede von Texten in verschiedenen medialen Darstellungsformen (z. B. Märchen als Bilderbuch, als gedruckter Text, als Hörspiel, in Filmen)«. (Hier irritiert aus medienhistorischer Sicht auf das ältere Märchen auch die Erststellung des Bilderbuchs.)

Da es offenkundig um Texterschließung geht, ist der Themenstellung sinnvoller Weise ein Beispieltext beigegeben, anstatt diesen ins Belieben zu stellen. Schauen wir uns die Themenstellung nun etwas näher an:

Die Themenstellung

Das Thema umfasst zwei Teilaufgaben: einen Theorieteil, in dem »auf der Grundlage eines angemessenen Medienbegriffs und einer aktuellen mediendidaktischen Konzeption« Möglichkeiten der Förderung der genannten Lehrplankompetenzen zu »erörtern« sind; und einen Praxisteil, in dem die theoretischen Überlegungen »am Beispiel eines gut begründeten medialen Transfers des Gedichts ›Die Weihnachtsmaus‹ von James Krüss [zu] konkretisieren« sind.

Da am Ende Besonderheiten eines Mediums zu beschreiben sind, fordert die Theorie-Aufgabe zunächst und richtig eine Klärung des Medienbegriffs: Mit einem mündlichen Vortrag etwa bettete man den lyrischen Text vom printmedialen ins orale Paradigma zurück (Frederking et.al. 2018, S. 25 ff.); mit der Übertragung des gedruckten Gedichttextes in ein Hörspiel wiederum wechselte man, in der Terminologie von Harry Pross, von einem sekundären zu einem tertiären Medium (Frederking et.al. 2018, S. 17 f.). Bei der Übertragung sind – in Anlehnung an eine Typologie von S. J. Schmidt (2008, S. 355) – technische Medien bzw. Geräte involviert, aber die zu beschreibenden Besonderheiten betreffen eher Kommunikationsinstrumente/Zeichencodes und Medienangebote. Etwas unklar scheint, wem oder was der Medienbegriff »angemessen« sein soll. Womöglich soll dies einen allzu weiten Medienbegriff ebenso ausschließen wie einen allzu eng auf Medientechnik und -geräte bezogenen.

Für die geforderten »mediendidaktischen Konzeptionen« ließe sich etwa auf den medienintegrativen Fachunterricht nach Wermke (1997), intermedialen Literaturunterricht (etwa Bönnighausen/Rösch 2004, Maiwald 2019) oder symmedialen Deutschunterrichts nach Frederking (z. B. 2003) zurückgreifen. Medienkompetenzen wären wie erwähnt mit Groeben (2002) systematisierbar. Denkbar sind auch Anleihen aus dem Konzept literarischen Lernens von Spinner (2006), besonders in dessen Erweiterung um »Literatur in anderen medialen Formen« (Maiwald 2015); oder aus dem Paradigma des handelnden und produktiven Umgangs mit literarischen Texten (grundlegend Haas/Menzel/Spinner 1994).

Theoretische Begriffe und Konzepte sind nötig, um das didaktische Handeln zu fundieren und zu beschreiben. Wesentlich und wichtig scheint mir, dass für den vom Lehrplan vorgesehenen medialen Transfer im Praxisteil eine »gute Begründung« und der Bezug auf das gegebene Gedicht gefordert werden.

Meines Erachtens weist die Themenstellung indes zwei neuralgische Leerstellen auf: Sie fordert keine grundlegende fachdidaktische Reflexion der ja durchaus reflexionswürdigen Kompetenzformulierung aus dem Lehrplan. Insbesondere fordert sie keine gesonderte Sachanalyse des zu transformierenden Gedichts. Eine Auseinandersetzung mit Inhalt, Struktur, Sprache und Bedeutung des Gedichtes wird nicht gefordert. Falls der/die Themensteller/in eine solche als selbstverständlich erwartet hatte, wurde dies enttäuscht.

Die Bearbeitungen

Es wurden 21 Arbeiten von drei verschiedenen Universitäten von mir begutachtet. Relevant für den vorliegenden Argumentationszusammenhang ist erstens, wie die Bearbeitungen mit dem zu transformierenden Gedichttext umgegangen sind, und zweitens, welche alternativen medialen Darstellungsformen sie gewählt haben.

Der Umgang mit der Gedichtvorlage

Nur eine einzige Arbeit nimmt – allerdings unter der zumal nach einem Studium der Literaturwissenschaft mehr als fragwürdigen Parole »Metrik und Inhalt« – im Ansatz eine Sachanalyse vor. In weiteren sieben Arbeiten gibt es sporadische Aussagen zum Inhalt und zur Existenz bzw. Nichtexistenz der Maus. Nur vier Arbeiten stellen den Gag des Textes fest, dass die Maus nicht existiert; zwei Arbeiten gehen ausdrücklich von einer diebischen Maus aus, bei zwei weiteren ist das unklar und eine Arbeit stellt es ins subjektive Befinden des Lesers. Zwölf Arbeiten, über die Hälfte, nehmen hingegen keinerlei sachanalytischen Bezug auf »Die Weihnachtsmaus«. Das Thema hatte, wie gesagt, eine Sachanalyse nicht explizit eingefordert. Aber wie, so fragt man sich (und möchte man auch die angehenden Lehrer/innen fragen), soll denn eine »gut begründete« Übertragung in eine andere mediale Form stattfinden, wenn man vorher nicht einen fachlichen Blick auf das zu Übertragende geworfen und nicht in irgendeiner Form Kontakt damit aufgenommen hat?

Holen wir dies also nach: Der Sprecher des Gedichts beschreibt und berichtet von einem rätselhaften Tier. In den ersten drei Strophen geht es allgemein um die »Weihnachtsmaus«, die nur einmal im Jahr auftaucht und noch nie gefangen wurde. Es folgen drei Beispiele für das Tun der Maus (Strophen 4–9): Von Mutters »Festgebäck« ist »das Beste weg«, ein andermal verschwindet Peters Marzipan, dann leckere Dinge vom Weihnachtsbaum. Stets bringen Familienmitglieder dieselbe Erklärungsformel vor: »Ich hab´ es nicht genommen!/Es war bestimmt die Weihnachtsmaus/die über Nacht gekommen« (Strophen 5, 7, 9). Die Söhne und der Vater leiten daraus eine allgemeine Klage ab: »Plage!/Die böse Maus ist wieder da/und just am Feiertage!« (Strophe 10) Die Mutter stellt jedoch in Aussicht, dass mit den Feiertagen auch die Maus wieder verschwinden werde: »Und wirklich wahr: Die Maus blieb weg/sobald der Baum geleert war« (Strophe 11). In den letzten drei Strophen übernimmt wieder der Sprecher: »Und wirklich wahr: Die Maus blieb weg« (Strophe 12). Er zweifle, dass es anderswo keine »Weihnachtsmaus« gebe (Strophe 13), wolle das aber offen lassen, um niemanden zu kränken (Strophe 14). Das Gedicht besteht aus vierzeiligen, durchgehend kreuzgereimten Strophen mit abwechselnd vier- und dreihebigen Versen.

Die letzten beiden Verse, »Was man von Weihnachtsmäusen denkt/bleibt jedem überlassen«, lassen nicht offen, ob die Maus existiert, sondern wie heimliche Naschereien bzw. Ausreden darüber zu bewerten sind. Denn eine reale Maus existiert natürlich nicht. Zur Existenz der Maus »jede Meinung zu akzeptieren«, wie es eine Arbeit vorsah, ist pädagogisch brav, aber fachlich falsch. Warum sollte eine reale Maus pünktlich und nur zu Weihnachten erscheinen und danach wieder verschwinden? Warum gelingt es nicht – weder mit Fallen noch mit Gift – diese Maus zu fangen? Wie schafft es eine Maus in einen (bzw. in einem) Weihnachtsbaum? Die immer gleiche Formel, mit der das Verschwinden von Leckereien von sich gewiesen und auf die Maus geschoben wird, lässt ein eingespieltes Familienritual vermuten, mit dem an sich verbotene Naschereien getarnt und einvernehmlich geduldet werden. Das heitere Spiel wird von der gesamten Familie (»jeder«, Strophe 5) mitgespielt: von Mutter und Vater, den mutmaßlichen Söhnen Ernst, Hans, Christian, Peter sowie der mutmaßlichen Tochter Nelly. Trotz des Titels ist der Text also weniger ein Weihnachtsgedicht als ein heiteres Familiengedicht.

Ohne diese analytischen Überlegungen ist keine weitere Auseinandersetzung mit dem literarischen Text und insbesondere keine »gute Begründung« für die geforderte Medienübertragung möglich. In den Examensarbeiten hätte es diese Analyse natürlich deutlich kürzer getan: Das Gedicht handelt von einer Maus, die immer nur an Weihnachten auftaucht und Leckereien stiehlt. Die diebische Weihnachtsmaus wird von den Familienmitgliedern aber nur erfunden und vorgeschoben, um von den eigenen heimlichen Naschereien abzulenken; »Ich hab‘ es nicht genommen!/Es war bestimmt die Weihnachtsmaus«. Die 14 vierzeiligen Strophen weisen durchgehend Kreuzreim und abwechselnd vier- und dreihebige Verse auf. – Schon mit diesen wenigen Befunden wäre sehr viel erreicht gewesen.

Die gewählten medialen Darstellungsformen

In den 21 Arbeiten wurden folgende Medientransformationen angesteuert:

a)	Hörtext/Hörspiel	8×
b)	»Lesung«	1×
c)	Nachrichtenpolizeisprecher im Radio (über die »Diebstähle«)	1×
d)	Radiofeature (»über spezielles Erlebnis mit der Weihnachtsmaus«)	1×
e)	Rap	1×
f)	Bilder/stummer Film/ergänzt durch Hörspiel	1×
g)	Fotografierte Standbilder	1×
h)	Comic	1×
i)	szenisches Spiel	1×
j)	Verfilmung/»auditiv und audiovisuell«	2×
k)	»Infotainment«/Erklärvideo	1×
l)	»Bild, Text-Bild und Hörtextcollagen«	1×
m)	[keine spezifiziert]	1×

Die gute Nachricht: Die Überführung in einen hier am häufigsten gewählten Hörtext bietet sich tatsächlich an. Denn das titelgebende Tier existiert nicht und kann auch beim Hören unsichtbar bleiben; es gibt sechs direkte Figurenreden von verschiedenen Sprechern; insbesondere kann und muss das Scheinbare der empörten Klagen und Schuldzuweisungen über bzw. an die Maus zum Ausdruck kommen, dabei auch die wiederkehrende Formelhaftigkeit der eigenen Entschuldigung. Die durchgehende Regelhaftigkeit in Reim und Metrum kommt beim lauten Sprechen besser zum Ausdruck als beim leisen Lesen. Die schlechte Nachricht: Nur in zwei Fällen wurde der Wechsel in die Hörbarkeit wenigstens ansatzweise fachlich aus Inhalt, Form und Thema der Vorlage begründet. In extremen Schwundfällen ging es hingegen um die »Stärkung der Klassengemeinschaft« oder darum, dass Grundschulkinder Mäuse »süß finden«.

Sämtliche visuellen und audiovisuellen Varianten (f bis l) müssten (wenn man das Gedicht zur Kenntnis genommen und richtig gedeutet hätte) das Problem lösen, wie mit der nicht-existenten Titelfigur umzugehen ist. Das Gedicht besteht in den ersten und den letzten drei Strophen aus allgemeinen Ausführungen eines externen Sprechers, und auch die Familienszenen dazwischen stellen keine richtige, geschweige denn kontinuierliche Handlung dar. Einen Film aus dem Gedicht zu machen schiene daher problematisch. (Eher vorstellen könnte man sich dagegen gespielte Szenen mit einem Moderator.)

Die Vorlage überhaupt nicht wahrzunehmen führte mitunter eklatant in die Irre: Da es keine Diebstähle einer Maus gibt, ist ein Polizeibericht im Radio ebenso grundlos wie ein »Radiofeature«, in dem Menschen über ihr »spezielles Erlebnis mit der Weihnachtsmaus« sprechen (c und d). Die Überführung in einen Rap – unter Berufung auf die mehr als ambivalenten Produktionen der »Jungen Dichter und Denker« – eignet sich zur Not bei einem fast monologischen Text aus dem Munde eines präpotenten Zauberlehrlings, aber nicht zur Darstellung eines heiteren familiären Kommunikationsspiels. (Generell wäre zu fragen, ob Rap in den Kehlen von Schulkindern nicht all das einbüßt, was ihn prototypisch ausmacht, und ob man derlei kulturelle Verfälschungen erzeugen sollte.) Bei der Lösung »Infotainment« als Erklärvideo blieb unklar, was eigentlich erklärt werden und was dabei informierend und unterhaltend sein soll. Es erfolgte also auch kaum eine Auseinandersetzung mit dem Zielmedium.

Fazit: Die Prüflinge wählten mit dem Hörtext bzw. dem Auditiven mehrheitlich eine prinzipiell sinnvolle Option – und zeigten dabei auch Kenntnisse etwa über den Unterschied zwischen Hörbuch und Hörspiel. Generell blieben die Merkmale der diversen medialen Darstellungsformen wie Hörspiel, Film, Comic, Infotainment rudimentär. (Wobei man sich kompetenzorientiert auch fragen kann, wo und wann im (Lehrer-)Leben man so etwas auswendig parat haben muss.) Gravierender ist, dass der Vorlagentext ohne größere Beachtung blieb und die gewählten medialen Darstellungsoptionen so gut wie keine fachliche Begründung erfuhren. Dies führte neben dem an sich sinnvollen, aber unbegründeten Hörtext zu Optionen, die für diese Vorlage suboptimal bis abwegig sind. Das Verblüffende ist nun aber: (Irgend)eine mediale Übertragung und die »Merkmale« eines Zielmediums, wie es der Lehrplan fordert, können auch beschrieben werden, wenn das Zielmedium unbegründet und/oder unsinnig ist. »Wir machen einen Film!« kann so zur lehrplanerfüllenden Aktivitätsparole avancieren.

Was die Bearbeitungen indes – und ich meine: *anstatt* der fachlichen Modellierung des Unterrichtsgegenstands – reichlich anboten, ist Lehr-Lern-Technologie. Da ist jede Menge Rede von Kompetenzen und Teilkompetenzen; von deklarativem, prozeduralem und problemlösendem Wissen; von Selbstregulierung, Überwachung und metakognitiver Steuerung des Lernprozesses; von Reflexion und Feedback; vereinzelt sogar von Stützstrategien und »Scaffolding«. Diesen Diskurs – oder sollte man sagen: Jargon? – haben die Examenskandidaten salopp gesagt besser drauf als den fachlichen Zugriff auf den Gegenstand, oder gar so gut, dass ihnen dieser fachliche Zugriff überhaupt entbehrlich erscheint. So können Studierende auch, wenn etwa der Textsortenbegriff nicht geklärt und keinerlei Wissen zur Beispieltextsorte angeführt wird, bedeutungsschwer von »Textsortenwissen in metakognitiver Ausführung« sprechen. Und so lässt sich auch Arbeiten, in denen die Gedichtvorlage fehlgedeutet oder komplett ignoriert wurde, zugutehalten, dass etwa im Sinne einer kompetenzorientierten Sequenzplanung das Modellieren im Zusammenhang mit der Strategieanwendung gedacht wurde.

Fazit und Weiterführung

Natürlich sind 21 Arbeiten nicht repräsentativ; natürlich wurde das Auftreten lehr-lerntechnologischen Jargons darin nicht quantifiziert; natürlich ist meine Sicht standortgebunden. Aber der vorliegende ist kein Einzelfall, der Befund nicht impressionistisch. Wie unter einem Brennglas bündeln sich in unserem Beispiel verschiedene problematische Erscheinungen:

Im *kompetenzorientierten Lehrplan* wird vorgegeben, was Lernende tun (sollen), hier: das Medium übertragen und Merkmale beschreiben. Diese Kompetenzforderung aber ist terminologisch unsauber (»Textsorten oder mediale Darstellungsformen«, »Buchszenen«), in den Beispielen beliebig (»Fabeln in Comics, Filmszenen in Tagebucheinträge […] «), und schon deshalb unklar bis gar nicht begründet. Die didaktische Frage nach dem Weshalb und dem Wozu bleibt unbeantwortet. Wesentlich und fatal scheint mir, dass die Kompetenzforderung auch gegen den Gegenstand und in fachlicher Abwegigkeit einlösbar ist! Im Extrem ließe sich der Gedicht-»Stoff« in die »mediale Darstellungsform« eines pointilistischen Gemäldes »übertragen« und »dabei« (wie das geht, wäre noch zu überlegen) die »Besonderheiten des Mediums« pointilistische Malerei beschreiben. Unsinn? Ja! Kompetenzforderung erfüllt? Auch ja!

In der *Themenstellung* wird eine didaktisch gute Begründung gefordert, die kritische Kommentierung des Lehrplans aber nicht. Eine nicht explizit geforderte Sachanalyse des Vorlagentextes wird in den *Bearbeitungen* so gut wie komplett ausgespart, wäre aber doch stets erforderlich; die angesteuerten Medientransformationen bleiben daher fachlich weitestgehend unbegründet oder gehen ins Unklare bis in die Irre. Überformt, wenn nicht ersetzt werden Gegenstandsbezug und Fachlichkeit durch eine resonanzlose, unsensible Technologie kompetenz- und strategieorientierten Lehrens und Lernens, eine begriffliche Betriebsamkeit der Operationalisierung und Optimierung.

Doch, wo bleibt das Positive? Der hier zitierte Lehrplan enthält natürlich auch jede Menge klarer und sinnvoller Kompetenzerwartungen. Die Aufgabenstellung knüpft an eine Lehrplanformulierung an, zeigt damit, dass das universitäre Fachdidaktikstudium die Schule im Blick hat, und fordert eine deutschdidaktisch gute Begründung des Medientransfers. Die Kandidat/innen geben ihr Bestes und sind für fachliche Lücken und Abwege sicher ebenso wenig alleinverantwortlich wie für das eingeimpfte lehr-lern-technologische Begriffsgeklingel.

Auch ist mit der obigen Problemanzeige keine Fundamentalkritik an der Kompetenzorientierung verbunden. Nach sichtbaren und messbaren Ergebnissen von Lernprozessen zu fragen, ist nicht nur legitim, sondern notwendig. Ebenso ist es sinnvoll, situationsflexiblen Fähigkeiten und Fertigkeiten den Vorrang vor potenziell trägem bis totem Gegenstandswissen einzuräumen. Weiter ist es erforderlich, übergreifende Konstrukte wie »Medienkompetenz«, »Schreibkompetenzen« oder »Lesekompetenz« in greifbare Teilkompetenzen aufzuschlüsseln. Auch im Umgang mit ästhetischen Gegenständen gibt es viele Dinge objektiv zu wissen und zu können – zu denken wäre hier an die Rekonstruktion eines Textweltmodells, an die Erfassung einer Figurenkonstellation, an die Beschreibung einer Erzählsituation, an die Bestimmung formaler Texteigenschaften. In dem mit den Bildungsstandards der KMK unternommenen Versuch, für wichtige Stationen im schulischen Bildungsweg zu erreichende Kompetenzen anzugeben, muss man nicht nur den »standardisierten Schüler« (Spinner 2005) fürchten, man kann darin auch eine gesellschaftliche Selbstverpflichtung sehen, kein Kind auf dem Bildungsweg zurückzulassen. Funktionalen Kompetenzerwerb und personale Bildung muss man nicht zwingend antagonistisch, man kann sie auch komplementär begreifen (Köster 2014; Frederking/Bayrhuber 2017).

Gleichwohl stelle ich hiermit zur Diskussion, ob das Systematisieren von Kompetenzen in Dimensionen und Stufen, das Operationalisieren und Optimieren des Kompetenzerwerbs, das »Strategisieren« und Reflektieren des Lernens, das Objektivieren und Messen sichtbaren Outputs nicht in das Stadium eines zusehends um sich selbst und leer drehenden Furors getreten sind. Schon Jakob Ossners (2006, S. 44 ff.) Modell für den Deutschunterricht generierte mit sechs Inhaltsbereichen mal vier Wissensarten mal drei Entwicklungsstufen 72 Einzelkompetenzen. Für seine *Subjektorientierte Filmbildung in der Hauptschule* definierte Björn Maurer (2010, S. 334 ff.) sechs audiovisuelle Lernfelder mit ca. 170 und vier persönlichkeitsbildende Lernfelder mit noch einmal knapp 90 Einzelkompetenzen. Für das »Unterrichten in einer digitalisierten Welt« wurden kürzlich 19 verschiedene »medienbezogene Lehrkompetenzen« auf vier Ebenen (Planung und Entwicklung, Realisierung, Evaluation und Sharing) verordnet (Forschungsgruppe Lehrerbildung Digitaler Campus Bayern 2017, S. 72).

Derart gerastert und vergittert, verkommt Lehren und Lernen leicht zur Technokratie, in der jegliche resonante Beziehung zwischen Gegenständen und Lernenden mit unterschiedlichen Ausgangswahrnehmungen von vorneherein unterbunden ist. Im Falle des vorliegenden Gedichts gehörte zu einer resonanten Erfahrung einmal das sinnliche Nacherleben (hier sehr traditioneller) Weihnachtserfahrungen mit »Festgebäck« (Strophe 4), »Marzipan« (Strophe 6), »Baum« und »Weihnachtsmann« (Strophe 8). In einer kulturell heterogenen Welt wäre aber auch die Besonderheit eines solchen Szenarios festzustellen bzw. mit andersartigen Weihnachtserfahrungen abzugleichen. Vor allem aber wäre – in einer szenischen Lesung oder vielleicht auch in einem szenischen Spiel – das verbal- und körpersprachliche Gebaren der Familienmitglieder zum Ausdruck zu bringen. Diese haben sich ja darauf geeinigt, die eigenen Naschereien einer von ihnen erfundenen, nur sprachlich existierenden »Weihnachtsmaus« zuzuschieben und damit zu ermöglichen. In dem Spiel, das sie gemeinsam spielen, müsste man sie übertrieben scheinempört sprechen, ggf. auch dramatisch klagend gestikulieren und doch (wörtlich oder bildlich) mit den Augen zwinkern lassen. Didaktisch so begründet und ausgerichtet, haben dann auch mediale Transformationen einen Sinn.

Dass Menschen mit Sprache und Kommunikation Welt(en) konstruieren, wäre hier eine wesentliche resonante Bildungserfahrung. So kann Unterricht einem mechanistischen Modell entkommen und die Inhalte der Welt, die Eigenkräfte der Sprache und symbolischen Formen der Welterfahrung wirksam werden lassen. Dabei müssten Lehrer/innen von der Grundschule bis zum Gymnasium aber mehr sein als bloße Vollzugsbeamte des Kompetenzerwerbs. Ich schließe mit einem vierblättrigen Kleeblatt für deren universitäre Bildung:

1. *Angehenden Deutschlehrer/innen begegnet das Paradigma der Kompetenzorientierung nicht als naturwüchsige Gegebenheit, sonders als diskursive Formation.* Das heißt: Kompetenzorientierung ist nicht einfach da, wie die Niagarafälle, sondern sie wurde von Menschen gemacht, wie der Panamakanal, den man auch anders oder gar nicht hätte bauen können. Universitäre Fachdidaktik ist kein Vollzugsorgan (um nicht zu sagen: Erfüllungsgehilfin) politischer Setzungen, sondern eine Instanz deren kritisch-konstruktiver Reflexion und Implementierung.
2. *Angehende Deutschlehrer/innen erfahren, dass funktionaler Kompetenzerwerb ein Teil (und vielleicht eine Voraussetzung) personaler Bildung, damit aber nicht identisch ist.* Denn jenseits »regelgeleitete[r] und wissensbasierte[r] Operationen« gibt es auch das Nicht-Falsifizierbare, das Unverfügbare, Faszination oder Empathie (Köster 2014, S. 217 ff.). Angehende Deutschlehrer/innen sollten vom Miteinander von Kompetenzerwerb und Bildung nicht nur deklarativ etwas wissen, sondern dieses Miteinander auch prozedural erfahren haben: zum Beispiel beim Spielen von Rollen, beim Vortragen von Gedichten, in einem poetry slam, beim Horchen und Lauschen, im Schauen eines Films, beim literarischen Gespräch, kurz durch Resonanzerfahrungen.
3. *Angehende Deutschlehrer/innen entwickeln ein Bewusstsein dafür, dass Kompetenzen und Lehrpläne keine Denkrahmen sind, sondern einen solchen brauchen.* (Diese Pointe borge ich von Marcus Steinbrenner 2007.) Kompetenzvorgaben sind stets auf ihr Weshalb und ihr Wozu zu befragen und in eine übergreifende Vorstellung von Lernen und Bildung einzuordnen. So kann der Umgang mit literarischen Texten eher gegenstandsorientiert oder subjektorientiert sein (Maiwald 2015). Schulisches Schreiben lässt sich zwischen den Polen einer Schreibförderung und

einer Schreiberziehung (im Sinne von Abraham/Kupfer-Schreiner/Maiwald 2005) situieren. Das Untersuchen von Sprache kann eher funktional-deskriptiv oder formal-präskriptiv akzentuiert sein. Allgemeiner gesprochen kann es in der Schule um den Erwerb muttersprachlicher Kulturgüter (wie in den 1950ern), um kommunikative Handlungsfähigkeit und Mündigkeit (wie in den 1970ern), um die Entfaltung von Kreativität und Imagination (wie in den 1980ern und 90ern) oder eben verstärkt um den Erwerb von Kompetenzen wie seit dem Jahr 2000 gehen. Solange das Lehramt (noch) ein akademischer Bildungsberuf ist, sind Kompetenzen und Lehrpläne stets in ihren Bezügen zu solch übergreifenden Denkrahmen zu reflektieren. Der Ort dafür ist die universitäre Fachdidaktik.

4. *Lehramtsstudierende mit Deutsch werden keine Lehr-Lern-Technokraten, sondern Fachlehrerinnen und -lehrer.* Die Inhalte und Weltausschnitte, mit denen sie sich auseinandersetzen, haben eine eigene Würde, der Aufbau von Resonanzbeziehungen hat einen eigenen Stellenwert in Lehr-Lern-Prozessen. Die Aufgabe von Fachdidaktik besteht schon lange und mit gutem Grund nicht mehr darin, lediglich fachwissenschaftliche Inhalte methodisch für den »Einsatz« in der Schule aufzubereiten bzw. kleinzuarbeiten. Aber auch jenseits einer solch überkommenen »Abbilddidaktik« ist die fachliche Qualifizierung angehender Lehrkräfte von essentieller Bedeutung. Die sog. COACTIV-Studie (Baumert/Kunter 2011) zeigte, dass in der Klassenstufe 10 eingesetzte Mathematik-Lehrkräfte mit ausgeprägten fachbezogenen Kompetenzen größere Lernerfolge erzielten. Fachwissen und fachdidaktisches Wissen werden demnach in enger Abhängigkeit voneinander erworben und sind, mit signifikantem Abstand zu pädagogischem Wissen, entscheidend für den Unterrichtserfolg. Wie das Fachwissen und das fachdidaktische Wissen beschaffen sein sollen, ist zwar eine andere, zu diskutierende Frage; ebenso schließt eine fachdidaktische Perspektive lehr-lern-technologische Auswüchse nicht aus (Schilcher et al. 2018). Dennoch: Fachlichkeit ist auch und gerade in einem resonant gestalteten Unterricht nicht alles, aber ohne sie ist alles nichts. Man kann ein Märchen jederzeit »kreativ« weiterschreiben; aber fachlich sinnvoll ist das nur, wenn man parodistische Zwecke verfolgt. Man kann an informelles Filmwissen anknüpfen (wollen) (Schmidt/Winkler 2015, S. 80 ff.), sollte aber zunächst einen schlechten Film als solchen erkennen (Maiwald 2010b, S. 228 ff.). Man kann, wie gesehen, ein Gedicht in einen Polizeiradiobericht oder einen Film übertragen und in einer kompetenzorientierten Sequenzplanung Teilkompetenzen, Wissensarten, Stützstrategien und Selbstregulation spezifizieren, ohne dass damit etwas fachlich Sinnvolles gewonnen wäre. Und wenn gar nicht klar ist, was eine Textsorte ist bzw. welches Wissen man über eine Textsorte haben kann, dann rettet auch kein »Textsortenwissen in metakognitiver Ausführung«.

Literatur

Abraham, U./Kupfer-Schreiner, C./Maiwald, K. (Hrsg.) (2005): Schreibförderung und Schreiberziehung. Eine Einführung für Schule und Hochschule. Donauwörth: Auer.

Baumert, J./Kunter, M. (2011). Das mathematikspezifische Wissen von Lehrkräften, kognitive Aktivierung im Unterricht und Lernfortschritte von Schülerinnen und Schülern. In: Kunter, M./Baumert, J./Blum, W./Klusmann, U./Krauss, S./Neubrand, M. (Hrsg.): Professionelle Kompetenz von Lehrkräften. Ergebnisse des Programms COACTIV. Münster: Waxmann, S. 163–192.

Bönnighausen, M./Rösch, H. (2004): Einleitung. In: Bönnighausen, M./Rösch, H. (Hrsg.): Intermedialität im Deutschunterricht. Baltmannsweiler: Schneider (= Diskussionsforum Deutsch, 15), S. 2–6.

Forschungsgruppe Lehrerbildung Digitaler Campus Bayern (2017): Kernkompetenzen von Lehrkräften für das Unterrichten in einer digitalisierten Welt. In: merz, H. 4, S. 65–74.

Frederking, V. (2003): Lesen und Leseförderung im medialen Wandel. Symmedialer Deutschunterricht nach PISA. In: Frederking, V. (Hrsg.): Lesen und Symbolverstehen. München: Kopaed (= Jahrbuch Medien im Deutschunterricht 2002), S. 37–66.

Frederking, V./Krommer, A./Maiwald, K. (2018): Mediendidaktik Deutsch. Eine Einführung. 3., völlig neu bearbeitete und erweiterte Aufl. Berlin: Erich Schmidt (= Grundlagen der Germanistik, 44).

Frederking, V./Bayrhuber, H. (2017): Fachliche Bildung. Auf dem Weg zu einer fachdidaktischen Bildungstheorie. In: Bayrhuber, H./Abraham, U./Frederking, V./Jank, W./Rothgangel, M./Vollmer, H. (Hrsg.): Auf dem Weg zu einer Allgemeinen Fachdidaktik. Münster: Waxmann (= Allgemeine Fachdidaktik, 1), S. 205–247.

Groeben, N. (2002): Dimensionen der Medienkompetenz: Deskriptive und normative Aspekte. In: Groeben, N./Hurrelmann, B. (Hrsg.): Medienkompetenz. Voraussetzungen, Dimensionen, Funktionen. Weinheim/München: Juventa, S. 160–197.

Haas, G./ Menzel, W./Spinner, K. H. (1994): Handlungs- und produktionsorientierter Literaturunterricht. In: Praxis Deutsch, 21, H. 123, S. 17–25.

Kepser, M./Abraham; U: (2016): Literaturdidaktik Deutsch. Eine Einführung. 4., völlig neu bearbeitete und erweiterte Aufl. Berlin: Erich Schmidt (= Grundlagen der Germanistik, 42).

Köster, J. (2014): Was Bildungsstandards leisten können. In: Frederking, Volker/Krommer, Axel (Hrsg.): Taschenbuch des Deutschunterrichts. Bd. 3: Aktuelle Fragen der Deutschdidaktik. Baltmannsweiler: Schneider, S. 209–222.

Maiwald, K. (2010a): Literatur im Medienverbund unterrichten. In: Rösch, H. (Hrsg.): Literarische Bildung im kompetenzorientierten Deutschunterricht. Freiburg: Fillibach, S. 135–156.

Maiwald, K. (2010b): »Viel digital geschraubt« und »totgelabert«? Marco Kreuzpaintners *Krabat* (2008). In: Josting, P./Maiwald, K. (Hrsg.): Verfilmte Kinderliteratur. Gattungen, Produktion, Distribution, Rezeption und Modelle für den Deutschunterricht. München: kopaed (= kjl&m 10.extra), S. 225–235.

Maiwald, K. (2015): Literarisches Lernen als didaktischer Integrationsbegriff. Spinners »Elf Aspekte« als Struktur- und Denkrahmen für weiterführende Modellierung(en). In: Leseräume. Zeitschrift für Literalität in Schule und Forschung, H. 2, S. 85–95. Online-Publikation http://leseräume.de/

Maurer, B. (2010): Subjektorientierte Filmbildung in der Hauptschule. Theoretische Grundlegung und pädagogische Konzepte für die Unterrichtspraxis. München: Kopaed.

Ossner, J. (2006): Sprachdidaktik Deutsch. Paderborn: Schöningh.

Schilcher, A. et al. (Hrsg.) (2018): Schritt für Schritt zum guten Deutschunterricht. Praxisbuch für Studium und Referendariat: Strategien und Methoden für professionelle Deutschlehrkräfte. Seelze: Klett/Kallmeyer.

Schmidt, S. J. (2008): Medienkulturwissenschaft. In: Nünning, A./Nünning, V. (Hrsg.): Konzepte der Kulturwissenschaften. Theoretische Grundlagen – Ansätze – Perspektiven. Stuttgart: Metzler, S. 351–369.

Schmidt, F./Winkler, I. (2015): An informelles Filmwissen anknüpfen! Empirische Befunde zum Spielfilmverstehen von Schülerinnen und Schülern. In: Didaktik Deutsch, H. 38, S. 81–96. Online unter http://www.didaktik-deutsch.de/wp-content/uploads/2016/04/Schmidt_Winkler_Forschungsbeitrag_DD-38_online.pdf, 12.05.2019

Spinner, K. H. (2005): Der standardisierte Schüler. In: Didaktik Deutsch, H. 18, S. 4–14.

Spinner, K. H. (2006): Literarisches Lernen. In: Praxis Deutsch, 34, H. 200, S. 6–16.

Steinbrenner, M. (2007): Sprache denken. Eine Kritik an Jakob Ossners Kompetenzmodell. In: Didaktik Deutsch, H. 23, S. 5–14.

Wermke, J. (1997): Integrierte Medienerziehung im Fachunterricht. Schwerpunkt: Deutsch. München: Kopaed.

Michael Rödel

Weltzugänge durch Grammatik

Mit der Grammatik im schulischen Deutschunterricht ist es so eine Sache. Im gleichen Maße, wie sie als Unterrichtsgegenstand unverzichtbar zu sein scheint, wird sie in Diskussionen zur Disposition gestellt (einführender Überblick in Rödel 2014). Als problematisch gilt beispielsweise, dass Grammatik in der Schule zu früh zu akademisch besprochen wird, um dann in höheren Jahrgangsstufen, wenn sie akademisch besprochen werden könnte, kein Thema mehr zu sein (Pohl 2019; Christ 2019). Das folgende erste Kapitel dieses Beitrags umreißt diesen Zusammenhang am Beispiel zweier Schulbücher aus dem letzten Jahrzehnt. Wenn hier exemplarisch gezeigt wird, wie Grammatikunterricht konzipiert wurde und wird, dann sei betont, dass es dabei mitnichten um Schuldzuweisungen geht. Das Problem, in dem die genannten Diskussionen über den Grammatikunterricht wurzeln, ist nicht primär in der Darstellung der Schulbücher zu suchen. Sondern eben auch in den Grundlagen, die die Lehrpläne legen, in der Ausbildung der Lehrkräfte und damit natürlich letzten Endes bei uns, den Lehrenden, der Deutschdidaktik und der Sprachwissenschaft als Fach.

Ein resonanzbasierter Deutschunterricht bedeutet nach Beisbart/Bismarck (in diesem Band), »Stellung zu den [im Unterricht] angebotenen Weltausschnitten zu beziehen und ›mit eigener Stimme zu sprechen‹ «. Dieser Beitrag stellt die Frage, was die Auseinandersetzung mit Grammatik dazu beitragen kann. Unter Umständen eröffnet Resonanz (bei Beachtung der damit verbundenen begrifflichen Unschärfen) eine weitere Perspektive auf die Grammatik in der Schule.

Grammatikunterricht als Syntaxanalyse?

Will man wissen, wie die Auseinandersetzung mit Grammatik im schulischen Deutschunterricht in den letzten Jahren konzipiert wurde, dann können Lehrbücher einen guten Einblick gewähren: Gerade bei den als komplex geltenden Gegenständen des Grammatikunterrichts greifen Lehrerinnen und Lehrer gerne auf sie zurück. Zwei Beispiele aus Schulbüchern sollen zentrale Aspekte dieser Konzeption umreißen.

Im Deutschbuch 6 (für das Gymnasium) beginnt das Kapitel »Wir nehmen Sätze genauer unter die Lupe« mit zwölf Beispielsätzen und zwei dazugehörigen Aufgaben:

(1) Viele Menschen haben einen Traum.
(2) Sie träumen vom Fliegen.
(3) Drachenbauen ist ein Volkssport.
(4) Karl und Eva basteln ihrem Vater einen Drachen. [...]

1. Untersucht, aus welchen Satzgliedern diese Sätze bestehen.
   Führt dazu mit allen Sätzen die Umstellprobe durch. [...]
2. Ordnet die Satzglieder in eurem Heft in die folgende Tabelle ein. [...]
   (Deutschbuch 6 2004, S. 123)

Die folgende Tabelle umfasst dann die Spalten *Subjekt, Prädikat, Dativobjekt, Akkusativobjekt, Genitivobjekt, Präpositionalobjekt* und *Prädikativ.* Der Lehrerband (Deutschbuch 6 Lehrerband 2004, S. 112) dokumentiert in seiner Lösung, dass das Ziel ist, die Sätze als Ganzes syntaktisch zu analysieren.

Dass das durchaus sperrige und selbst für Studierende oft nur schwer greifbare Präpositionalobjekt Thema ist, ist keine Ausnahme. Das Kombi-Buch 6 (2004, S. 187 ff.) diskutiert Präpositionalobjekte und Adverbiale ausführlich. Dass auch hier grundsätzlich eine möglichst vollständige, erschöpfende Analyse angestrebt wird, zeigt sich daran, dass gleich neun Kategorien von Adverbialen vorgestellt werden. Ein damit einhergehendes Problem sei nur kurz angesprochen: Die Bemerkung »Ein Satz wäre auch ohne Adverbiale vollständig« (2004, S. 190) scheint gleich beim ersten Beispielsatz zu versagen; (5) wirkt ohne Lokaladverbiale nicht vollständig.

(5) Pompeji liegt in der Nähe des Vesuvs (ebd.)

Nach meinem Ermessen haben diese beiden Beispiele exemplarischen Charakter und es ist möglich, auf dieser Basis die folgenden Aussagen über den Grammatikunterricht der zurückliegenden Dekade zu entfalten:
1. Es existiert grundsätzlich der Anspruch, dass Schülerinnen und Schüler Sätze vollständig analysieren sollen.
2. Damit das überhaupt möglich ist, greifen die Lehrbuchautorinnen und -autoren auf konstruierte Beispielsätze wie (1) bis (4) zurück, die in der Sprachwirklichkeit der Schülerinnen und Schüler so kaum vorkommen.
3. Die mit dem Anspruch auf Vollständigkeit einhergehende Komplexität (die zum Beispiel am Verhalten der Lokaladverbiale in (5) abzulesen ist) kann nicht altersangemessen reduziert abgebildet werden, sodass es zu (für Schülerinnen und Schüler mitunter sichtbaren) sachlichen Widersprüchen kommt.

Die vorgestellten Beispiele stammen aus verhältnismäßig alten Schulbüchern, die den Unterricht bis heute geprägt haben. In der neuen Generation tritt der Anspruch, dass Schülerinnen und Schüler vollständige Satzanalysen durchführen, mitunter nicht mehr so dominant an die Oberfläche. Teilweise streben die Bücher komplette Satzanalysen an, verwenden dafür aber authentisches Satzmaterial: In Deutsch kompetent 7 (2019, S. 211) sind das zum Beispiel ausgewählte Sätze eines Textauszugs aus einem Krimi von Friederike Schmöe.

Aufschlussreich ist in diesem Zusammenhang das modernisierte »Verzeichnis grundlegender grammatischer Fachausdrücke«, das das Institut für Deutsche Sprache

(IDS) im September 2019 der KMK vorgelegt hat (IDS 2019). Es ist unter Beteiligung aller einschlägigen linguistischen und didaktischen Fach- sowie Lehrerverbände entstanden und bedeutet für den Grammatikunterricht zweifelsohne einen großen Schritt. So sind beispielsweise erstmals Wortgruppen erfasst, deren Bedeutung Ossner für den Grundschulbereich herausarbeitet (Pompe/Spinner/Ossner 2016). In diesem Verzeichnis zeigt sich aber auch, dass Vollständigkeit in der syntaktischen Analyse weiterhin als Zieldimension des Grammatikunterrichts verstanden wird. So ist zu erklären, dass im Bereich der Wortgruppen neben einschlägigen Termini wie *Nominalgruppe* oder *Präpositionalgruppe* die *Adjunktorgruppe* verzeichnet ist.

Effekte

Verläuft ein Unterricht, der eine vollständige Analyse von Sätzen anstrebt, erfolgreich, dann können die Schülerinnen und Schüler die Beispielaufgabe im Kompetenzbereich »Sprachgebrauch« der VERA-8-Tests lösen, die das IQB auf seiner Homepage präsentiert. Dort sind drei Sätze wie (6) gegeben, die die Probanden den zur Auswahl stehenden Kategorien *Apposition, Relativsatz, Konditionalsatz, Kausalsatz, Finalsatz* und *Infinitivsatz* zuordnen sollen.

(6) Weil er seine Bewerbungsunterlagen nicht rechtzeitig abgegeben hatte, konnte seine Bewerbung nicht mehr berücksichtigt werden. (IQB o. J.)

Damit prüft diese Aufgabe lediglich das, was Bismarck/Beisbart (in diesem Band) als abfragbares, begriffliches Wissen bezeichnen. Ist eine Aufgabe solcher Art der Zielpunkt des Grammatikunterrichts, bleibt dieser bei der »Errichtung eines Fachwortschatzes« (Klotz 2007, S. 13) stehen. Klotz (2007, S. 13) warnt eindringlich vor einem solchen »Benennungsunterricht«.

Nun ist jene Beispielaufgabe verhältnismäßig alt, sie stammt aus dem Jahr 2009, und man hat vermutlich gesehen, dass ein Grammatikunterricht dieser Prägung im Paradigma der Kompetenzorientierung eher eine Mogelpackung ist (dazu unten mehr). Bei den drei Jahre jüngeren Beispielen für VERA-3 finden sich daher andere Aufgaben; u. a. wird verlangt, Verben in einem Lückentext in der Vergangenheitsform einzusetzen (IQB o. J.). Nun geht es tatsächlich um eine (Sprach-)Kompetenz, nämlich Verbformen korrekt bilden zu können. Aber: Diese Kompetenz ist erst einmal entkoppelt von jeglicher grammatischer Reflexion. Mehr noch: Um diese Aufgabe lösen zu können, ist Grammatikunterricht vielleicht gar nicht notwendig.

Ein Kompetenzproblem als Resonanzproblem

Die Herausgeber dieses Sammelbands schreiben in ihrer Einführung, dem Begriff »Kompetenz« sei eigentlich der Anspruch eingeschrieben, Fähigkeiten zu vermitteln, mit denen in verschiedenen Situationen Herausforderungen bestanden werden können. Ein Grammatikunterricht, der lediglich Benennungswissen vermittelt, kann nur dazu beitragen, obige VERA-8-Aufgabe zu lösen. Damit ist für die Herausforderungen der Lebenswelt nicht viel gewonnen. Genau genommen ist es vermessen, davon zu sprechen, die Ergebnisse dieser Aufgabe würden Aussagen über schülerseitige Kompetenzen ermöglichen.

Wir – alle am System Deutschunterricht Beteiligten – stehen einem grundsätzlichen Dilemma gegenüber: Obwohl die Schülerinnen und Schüler in ihrem Leben ständig mit Grammatik konfrontiert sind, bleibt ihnen unklar, ob und warum sie das, was im Grammatikunterricht verhandelt wird, eigentlich betrifft. Interessanterweise könnte man das eben skizzierte Kompetenzproblem damit im Kern als »Resonanzproblem« bezeichnen:

- Im Grammatikunterricht wird oft an einem »Weltausschnitt« geprobt, der eigentlich gar keiner ist: Es handelt sich um konstruierte oder besonders einfache Sätze, mit denen man zum Beispiel eine syntaktische Analyse einüben kann. Diese Sätze kommen in der Sprachrealität kaum so vor. Gleichzeitig bewegen sich die Schülerinnen und Schüler aber ständig in dieser Sprachrealität, ohne dass der Unterricht diese abbilden würde.
- Als Schülerin oder Schüler kann ich die »echte« Welt mit den mir vermittelten Strategien gar nicht erfassen. Um einen syntaktisch interessanten Satz wie »Ein Leroy Sané ist Ivan Perišić nicht.« analysieren zu können, wären noch mehr Grundlagen notwendig, als die beispielhaft angeführten Lehrbücher in der 6. Klasse thematisieren – vom Umgang mit Nähesprache bzw. gesprochener Sprache ganz zu schweigen.
- Eine Rückübertragung ist demnach auch nicht möglich: Weil das vermittelte Grammatikwissen nicht mit meiner Sprachrealität in Verbindung steht, kann ich es nicht fruchtbar für mein eigenes Sprachhandeln machen.

»Resonante« Schulgrammatik?

Die Frage ist also, ob Grammatik in der Schule den Kriterien einer resonanzbasierten Deutschdidaktik überhaupt genügen kann. Die bisherigen Überlegungen legen nahe, dass das nur dann der Fall sein kann, wenn die Schülerinnen und Schüler den Unterrichtsgegenstand als »Weltgegenstand« erkennen können. Das ist die Voraussetzung dafür, dass ein gewisses »Resonanzpotential« vorhanden ist. Auf dem Weg dahin scheint der Anspruch, Sätze vollständig zu analysieren, eine wirkmächtige Barriere darzustellen. Dass die Beschäftigung mit Grammatik aber im Verdacht steht, grundsätzlich für die Sozialisation relevant zu sein, lässt sich an der Bedeutung bemessen, die ihr zuerkannt wird: Schließlich werde, wie Knopf (2013, S. 128) offenbar ganz überrascht feststellt, »an der Notwendigkeit schulischen Grammatikunterrichts« übereinstimmend festgehalten.

Der Grammatikunterricht hat, das hat obige Skizze hoffentlich zeigen können, ein Kompetenzproblem, das man zumindest teilweise auch als »Resonanzproblem« beschreiben kann. Daher will ich in diesem Teilkapitel eine im Kontext dieses Sammelbands ungewöhnliche Methode wählen und auf empirische Ergebnisse zurückgreifen, um zuerst zu klären, inwiefern eine Auseinandersetzung mit Grammatik das Sprachhandeln der Schülerinnen und Schüler aktiv betreffen kann. Ein Kandidat dafür ist der Erwerb des Satzgrenzenkommas (Primus 1993): Hier scheint es möglich, dass die grammatische Auseinandersetzung zur Entwicklung von Kompetenzen beiträgt. Überraschend mag es sein, einem solchen Lerninhalt ein darüber hinaus »Resonanzpotential« zuzusprechen. Auf den ersten Blick handelt es sich schließlich um den Erwerb einer Regel und damit nicht gerade das, was Resonanz im Sinne Rosas (Rosa 2019) verspricht. Doch der Weg, eine Strategie des Erwerbs zu diskutieren, führt zu der in der Überschrift gestellten Frage nach einer resonanten Schulgrammatik.

Beispiel Satzgrenzenkomma

Während das Komma bei Aufzählungen Lernenden kaum Probleme bereitet, ist das Satzgrenzenkomma die große Herausforderung. Viele komplizierte Einzelregeln können zu der basalen Regel (abgesehen von kleineren Ausnahmen) zusammengefasst werden, dass Sätze und satzwertige Einheiten voneinander abgetrennt werden (Primus 1993, S. 262). Markiert man in einem Text, wie hier in einer 8. Klasse anhand der ersten Seite von Wolfgang Herrndorfs *Tschick* geschehen, alle finiten Verben und zu-Infinitive, kann man Tendenzen ableiten, wo Kommata stehen. Zum Beispiel: Grundsätzlich müssen dann Kommata gesetzt werden, wenn ein Satz aus mehr als einem finiten Verb oder *zu*-Infinitiv besteht.

(7) Als Erstes ist da der Geruch von Blut und Kaffee. | Die Kaffeemaschine steht drüben auf dem Tisch, und das Blut ist in meinen Schuhen. | Um ehrlich zu sein, es ist nicht nur Blut. | Als der Ältere »vierzehn« gesagt hat, hab ich mir in die Hose gepisst. | Ich hab die ganze Zeit schräg auf dem Hocker gehangen und mich nicht gerührt. | Mir war schwindlig. | Ich hab versucht auszusehen, wie ich gedacht hab, dass Tschick wahrscheinlich aussieht, wenn einer »vierzehn« zu ihm sagt, und dann hab ich mir vor Angst in die Hose gepisst. | Maik Klingenberg, der Held. | Dabei weiß ich gar nicht, warum jetzt die Aufregung. | War doch die ganze Zeit klar, dass es so endet. | Tschick hat sich mit Sicherheit nicht in die Hose gepisst. | Wo ist Tschick überhaupt? | Auf der Autobahn hab ich ihn noch gesehen, wie er auf einem Bein ins Gebüsch gehüpft ist, aber ich schätze mal, sie haben ihn auch gekriegt. […]

Das direkte Aufeinandertreffen von zwei finiten Verben sowie das Auftreten von Relativpronomen und Subjunktionen *können* dann in einem zweiten Schritt Aufschluss darüber geben, wo die Kommata gesetzt werden müssen (zur Didaktisierung einer syntaxorientierten Strategie Bredel/Hlebec 2015 und Bredel 2015). Dass sich anhand dieses Ausschnitts keine völlig eindeutigen und widerspruchsfreien Regeln ergeben, kann der Sache bei der Besprechung mit älteren Schülerinnen und Schülern eher dienlich sein. Es lenkt den Blick einerseits auf eine gewisse, in engem Rahmen stattfindende Varianz und andererseits auf die Notwendigkeit, geeignete Strategien selbst zu entwickeln und zu formulieren.

Erst einmal steht zu vermuten, dass Schülerinnen und Schüler, die sich aktiv mit diesem Umstand vertraut gemacht und evtl. eigene Strategien formuliert haben, in ihrem eigenen Sprachhandeln davon profitieren können. Das wäre an ihrer Kompetenz abzulesen, Kommata nun sicherer (nicht) setzen zu können. Gleichzeitig wäre dieser Erkenntnisprozess auf dem Weg zwischen dem Streben nach Individualität (z. B. in der konkreten Ausformung der Strategien) und der Orientierung in der Welt (erfolgreiches, also für andere verständliches Sprachhandeln) zu verorten (Bismarck/Beisbart in diesem Band).

Ob das aber tatsächlich so ist, ist fraglich: Zentrale Studien zur Kommasetzung fasst Feilke (2018) nämlich als Beispiel für endogenistische Konzeptionen des Spracherwerbs zusammen – Konzeptionen also, die davon ausgehen, dass das Sprachverhalten gewissermaßen heranreift. Die Studien von Afflerbach (1997) und Müller (2007) lassen vermuten, dass sich die Kompetenz, kommarelevante Strukturen zu erkennen, implizit entwickelt. Feilke hebt das Ergebnis von Müller (2007) hervor, dass »die syntaktischen Merkmale, die für die linguistische Analyse der Kommasetzung ganz im Vordergrund stehen, offenbar für die Lerner keine relevante Größe im Erwerb sind« (Feilke 2018, S. 258).

Können Daten helfen?

Bredel/Schmellenthin (2015) schreiben in der Vorbemerkung zu ihrem Sammelband »Welche Grammatik braucht der Grammatikunterricht?«, dass bezüglich der »begrifflich zugänglichen, analytischen Grammatikkompetenzen« zunächst geklärt werden müsse, »ob und ggf. welche analytischen Grammatikkompetenzen einen Einfluss auf Produktions- und Rezeptionskompetenzen haben.« Dabei handele es sich »letztlich um eine empirische Frage« (Bredel/Schmellenthin 2015, Vorbemerkung).

Können Daten helfen, beim konkreten Beispiel Satzgrenzenkomma eine Entscheidung zu fällen, ob die grammatische (konkreter: syntaktische) Fundierung sinnvoll ist oder nicht? Die eben zitierten, hinsichtlich dieser Frage eher pessimistischen Studien werden durch einen Befund aus einer sehr sorgfältig erstellten Zulassungsarbeit von Hintermayr (2018) sogar noch gestützt. Aufgrund von Diktaten, die sie in je vier 9. und 11. Klassen an zwei bayerischen Gymnasien hat schreiben lassen, konnte sie u. a. den etablierten Forschungsstand bestätigen, dass die Kommasetzung eine Hauptfehlerquelle darstellt, hier insbesondere die Kommasetzung bei Infinitivgruppen. Auffällig war, dass die Leistungen in der 11. Klasse deutlich besser lagen als in der 9. Klasse. Zwar handelte es sich nicht um eine echte Longitudinalstudie, doch die große Grundgesamtheit von rund 100 Schülerinnen und Schülern je Jahrgangsstufe lässt vermuten, dass sich die Kompetenz, Kommata richtig zu setzen, zwischen 9. und 11. Jahrgangsstufe noch verbessert – und das, obwohl in diesen Jahrgangsstufen Kommaregeln kaum noch Thema sind. Dass zudem die Leistungen der Jungen in der 11. Klasse deutlich besser waren als in der 9. Klasse, während der Unterschied bei den insgesamt etwas leistungsstärkeren Mädchen nicht so groß war, könnte ein weiteres Indiz dafür sein, dass Reifungsprozesse bei dieser Kompetenzentwicklung eine wesentliche Rolle spielen.

Die oben in (7) vorgestellte Übung war Teil eines kleinen Versuchs in einer im Schuljahr 2015/16 von mir unterrichteten 8. Klasse (n=28) am Regiomontanus-Gymnasium in Haßfurt. Die erste Schulaufgabe, eine Inhaltsangabe im Umfang von ca. 130 Wörtern, offenbarte bei vielen Schülerinnen und Schülern große Schwächen in der Kommasetzung. Auf dem Weg zur zweiten Schulaufgabe erarbeiteten wir daher auf Basis syntaktischer Kriterien (vgl. oben) Strategien, die anzeigen, wie viele Kommata in einem Satz (an welchen Stellen) gesetzt werden müssen. Am Ende der Übungsphase stand die zweite Schulaufgabe, erneut eine Inhaltsangabe im gleichen Umfang. Die folgenden beiden Tabellen geben Aufschluss über die wichtigsten Ergebnisse:

	Test 1	*Test 2*
Anzahl Fehler Kommasetzung insgesamt	133	102
Fehler/SchülerIn (Durchschnitt)	4,75	3,64

Tab. 1: Gesamtergebnisse der beiden Schulaufgaben

	Gruppe (gesamt)	*Teil-Gruppe der kompetenten SuS**
Verbesserung um mehr als einen Fehler	13	3
weitgehend identisches Ergebnis (+/- 1 Fehler)	10	4
Verschlechterung um mehr als einen Fehler	5	3

*Tab. 2: Leistungsentwicklungen im Überblick; *) in dieser Gruppe wurden SuS mit maximal drei Fehlern im ersten Test ausgewertet*

Insgesamt zeigt sich also eine positive Leistungsentwicklung mithilfe der Entwicklung syntaktischer Strategien (ein in der Tendenz bei einem Test für eine Zulassungsarbeit entsprechendes Ergebnis ermittelte Hüttemann 2017). Interessant ist aber der Blick in die Gruppe derer, die schon in der ersten Schulaufgabe wenige Fehler in der Kommasetzung (0–3) gemacht haben:

SchülerIn-Code	*Test 1*	*Test 2*
04	1	1
05	3	1
07	3	1
10	1	2
13	1	5
17	1	6
24	1	6
25	0	0
26	2	0
28	3	3

Tab. 3: Leistungsentwicklung der Gruppe kompetenter SuS

Die Leistungsentwicklung der Schülerinnen bzw. Schüler mit den Codes 13, 17 und 24 fällt auf. Sie ist während der Phase der syntaktischen Fundierung deutlich negativ. Offenbar haben die Betroffenen, um auf den Buchtitel von Müller (2007) zu referieren, ihre Kommata gut »nach Gefühl« setzen können – die geübte Strategie hat sie nun wohl deutlich behindert. Aufgrund der Gesamtergebnisse (siehe Tab. 2) hatte ich das Experiment insgesamt dennoch als Erfolg gewertet. Aber war es das wirklich? Einige Überlegungen:

- Völlig unklar ist, ob die syntaktisch fundierten Strategien zur Verbesserung des Gesamtergebnisses beigetragen haben oder ob dessen Ursachen in der Aufmerksamkeit zu suchen sind, die der Kommasetzung nun gezollt wurde. Hier könnte man allerdings ebenso argumentieren, dass schon dieser Umstand (Aufmerksamkeit) die Erarbeitung syntaktisch fundierter Strategien rechtfertige.
- Die langfristige Kompetenzentwicklung konnte nicht erhoben werden. Auf Dauer könnten sich jene Schülerinnen und Schüler, die sich durch die Konfrontation mit einer neuen Strategie zuerst verschlechtert haben, noch verbessern – aber auch andere wieder verschlechtern.
- Eine belastbare Studie wäre nicht nur auf längere Sicht angelegt, sondern würde eine Vergleichsgruppe ohne Aufmerksamkeit auf Kommasetzung bzw. eine Vergleichsgruppe mit einer anderen Methode umfassen. Allerdings gibt es selbst dann keine Möglichkeit zu erheben, ob jene drei konkreten Schülerinnen bzw. Schüler mit den Codes 13,17 und 24, die sich massiv verschlechtert haben, in diesen Gruppen ande-

re Ergebnisse erzielt hätten. Das wäre nur zu simulieren, indem auf der Grundlage einer Vielzahl von Daten Testpersonen gefunden werden könnten, die jenen drei Fällen in möglichst vielen Eigenschaften entsprechen. Gerade angesichts der Unsicherheiten, welche Faktoren bei der Entwicklung von Kommakompetenz eine Rolle spielen, ist es allerdings unwahrscheinlich, dass mithilfe von Daten drei realistisch vergleichbare Fälle zu finden sind.

Entscheidende Argumente

Haben analytische Grammatikkompetenzen also nun einen Einfluss auf die Kompetenz, das Satzgrenzenkomma richtig zu setzen? Bredel/Schmellenthin (2015) haben gehofft, Antworten auf Fragen dieses Typs empirisch geben zu können. Damit sind aber Unsicherheiten verbunden. Unklar bleibt, ob es wirklich so stichfeste und alle Einflussfaktoren abdeckende Studien geben kann, die eine rundum gültige Antwort erlauben. Wahrscheinlicher ist es, dass verschiedene Konzepte bei verschiedenen Individuen auf je unterschiedliche Weise im Kompetenzerwerb interagieren, was empirisch nur ungeheuer schwierig zu erfassen wäre. Feilke (2018) betont, dass ein Verständnis des Erwerbs literaler Kompetenzen ohnehin nur möglich ist, wenn ein Modell die Aspekte unterschiedlicher theoretischer Konzeptionen (z. B. des expliziten wie impliziten Spracherwerbs) integrieren kann.

Die entscheidenden Argumente, ob Grammatikunterricht als Fundierung des Satzgrenzenkommas sinnvoll ist, werden daher nicht zuerst in empirischen Studien zu finden sein. Das Satzgrenzenkomma syntaktisch zu fundieren, erlaubt Schülerinnen und Schülern nämlich etwas anderes: Sie können – im Gegensatz zu vielen bei Müller (2007) vorgestellten Kommaverwendern – erklären, *warum* sie ein Komma setzen. Auch wenn noch keine entsprechende Studie vorliegt, so ist dann zumindest die Vermutung plausibel, dass damit dauerhaft eine höhere Sicherheit beim Kommasetzen einhergeht. Wichtiger ist aber ein anderer Punkt: Das Verständnis, *warum* ein Satzgrenzenkomma steht, schlägt den Schülerinnen und Schülern eine Schneise in die Welt und flankiert sowohl Produktion als auch Rezeption von Texten. Das ist die notwendige Voraussetzung dafür, dass es überhaupt zu Resonanz kommen kann – zum Beispiel beim Schüler, der erfreut berichtet, dass ihm beim Lesen die Kommata nun immer auffielen. Dann besteht die Möglichkeit, dass er diesen einen Sinn zuschreibt.

Ein Grammatikunterricht, der ein solches Verständnis anzielt, unterscheidet sich grundlegend von dem eingangs skizzierten Grammatikunterricht. Hier befinden wir uns nicht in einer Reagenzglassituation mit konstruierten Beispielsätzen, sondern in einem Ausschnitt aus der Welt, in der sich die Schülerinnen und Schüler bewegen. Sie entwickeln Strategien, die sie auch außerhalb der Lernsituation in der Schule als relevant wahrnehmen können. Grammatisches Analysewissen ist nicht das Ende des Unterrichts, sondern der Ausgangspunkt. Notwendig dafür sind im konkreten Fall die Beschäftigung mit dem Verbkomplex, insbesondere dem finiten Verb und *zu*-Infinitiven, je nach didaktischem Vorschlag auch mit Relativ- und Subjunktionalsätzen (die durch Relativpronomen und Subjunktionen und Verbletztstellung erkennbar werden).

Die entscheidenden Argumente liegen daher eher in der Sache selbst. Es geht darum, programmatisch zu klären, wie Schülerinnen und Schüler tatsächlich in Berührung mit den Phänomenen kommen können, die die Grammatik beschreibt. Das ist die erste Aufgabe der Deutschdidaktik. Erst wenn uns dieses – potentiell resonanzfähige – Programm klar vor Augen steht, können wir dessen Effekte sinnvoll testen. Beispielhaft gilt das für die Zusammenhänge von Grammatikunterricht und Schreibkompetenz. Dass Studien unisono zum Ergebnis kommen, es gebe diesen nicht, hat Myhill (2010, S. 144) ganz in diesem Sinne kommentiert: Das sei nicht überraschend, weil es kein theoretisches Programm für einen Grammatikunterricht gibt, der mit der Fähigkeit des Schreibens in Verbindung steht. Nur auf Basis eines solchen Programms sind Studien zu dieser Fragestellung überhaupt sinnvoll.

Jenseits des Punkts wächst das Gras immer grüner

Das Konzept einer resonanten (Deutsch-)Didaktik kann dabei helfen, den Blick auf die Problemzonen des Grammatikunterrichts zu schärfen. Dann wird noch augenfälliger, dass es ein Fehler ist, den Grammatikunterricht an der Terminologieliste auszurichten. Stattdessen sollten zunächst grammatische Phänomene Thema sein, die die Schülerinnen und Schüler in ihrem Sprachhandeln aktiv berühren können; die ihnen helfen können, ihre (Sprach-)Welt – oder einen Ausschnitt daraus – zu erschließen oder zu reflektieren. Dass dabei der »grundsätzliche Blick über den Zaun des Punkts« (Böttcher 2011, S. 124) eine entscheidende Rolle spielt, versteht sich von selbst: Die genannten Voraussetzungen sind ja gerade in textuellen und kommunikativen Zusammenhängen erfüllt.

Die folgenden Vorschläge sind daher programmatischer Natur. Sie genügen jenen Kriterien. Wie erfolgreich sie schließlich systematisch umzusetzen sind, kann erst in einem größeren Projekt erörtert werden.

Topologie/Felderstruktur

Die Einsicht, die Topologie sei eine wichtige syntaktische Größe für den Deutschunterricht der Schule, hat sich im letzten Jahrzehnt etabliert. Die schulbezogenen Ansätze haben sich auf einer linguistischen Basis entfaltet (z. B. Wöllstein 2015), die oben angesprochene Terminiliste des IDS (IDS 2019) stellt Grundbegriffe aus Linear- bzw. Felderstruktur zur Verfügung und es gibt Schulbücher, die mit dem »Klammermann« (Schönenberg 2011) oder ähnlichen Modellen arbeiten

Über die Operation des Umstellens realisieren schon junge Schülerinnen und Schüler topologische Charakteristika, allen voran die Eigenheit des Deutschen, die Satzglieder weitgehend frei verschieben zu können. Das ist aber zuerst einmal eine theoretische Einsicht. Begreifen lässt sich auf dem Fundament der Umstell-Operation mehr: Mit einem Fokus auf der ersten Position im Satz ist zu sehen, dass Informationen besonders hervorgehoben und dass Sätze enger miteinander verbunden werden können, wenn ein bestimmtes Satzglied vorne steht. Gleichzeitig lässt sich über das Umstellen die herausragende Stellung des finiten Verbs entdecken.

Damit Schülerinnen und Schüler das aber nicht als Analyse im Reagenzglas empfinden, ist es zentral, im Unterricht einen »echten« Weltausschnitt zu präsentieren, der diese Phänomene für sie tatsächlich sichtbar macht – und genau in diesem letzten Punkt liegt ein großer Teil der Herausforderung. Nur wenn sprachliche Phänomene für die Betrachter auffällig sind (oder: gemacht werden), können sie leicht zum Gegenstand der Reflexion werden (vgl. Rödel i. E.). Vielleicht handelt es sich dabei sogar um die große, aber kaum diskutierte methodische Kunst, mit der Grammatikunterricht erst sinnvoll gelingen kann. Ein möglicher Zugriff könnte der Vergleich sein, zum Beispiel zwischen verschiedenen Versionen des Vorspanns von »Kauen, kauen, kauen«, einem Text aus dem »Mausbuch« (von Lenthe 2000), der darüber Aufschluss gibt, wie Kaugummi produziert wird.

(8) Kauen, kauen, kauen…

(a) Stundenlang kann man auf so einem Klumpen Kaugummi herumkauen.	(b) Auf so einem Klumpen Kaugummi kann man stundenlang herumkauen.

Warum eigentlich? Woran liegts, dass Kaugummi seit Generationen bei Kindern und Erwachsenen so beliebt ist? Was die da wohl reintun, in der Kaugummifabrik? (von Lenthe 2000, S. 18)

Reflexive Einsichten sind nun auf zwei Stufen möglich: Zuerst durch den direkten Vergleich von Variante (a) und (b). Schülerinnen und Schüler können erste Vermutungen über Wirkungen aufstellen, diese dann miteinander diskutieren und schließlich zu einem eigenen Ergebnis kommen. Auf einer zweiten Stufe ist dann eine erneute Diskussion möglich, wenn sie mit der Originalversion des Texts konfrontiert werden (es handelt sich um Variante (a)). Eine »Musterlösung« für die »bessere« Variante gibt es nicht. Wichtig wäre, wenn sich im Deutschunterricht langsam eine Sensibilität dafür schärft, dass durch Umstellungen im Satz Bedeutungen anders nuanciert werden können. Bei entsprechender Textauswahl können solche Sensibilisierungen schon sehr früh angebahnt werden.

(8c) Kann man auf so einem Klumpen Kaugummi stundenlang herumkauen?

Im Zuge des Umstellens von Sätzen können Schülerinnen und Schüler zudem früh erkennen, dass das finite Verb (bzw. das Prädikat – zur Problematik des Begriffs Christ 2019) nicht mit den anderen Satzgliedern zu vergleichen ist. Während (8a) und (8b) sich nur in Nuancen unterscheiden, verändert die Umstellung zu (8c) die Satzart. Dieser Satz passt dann kaum noch in den obigen Textzusammenhang, weil es sich um eine Frage handelt. Während es für die hier herausgearbeiteten Ziele nicht notwendig ist, bestimmte Satzglieder benennen zu können, muss ein Bewusstsein für die besondere Funktion des (finiten) Verbs bestehen oder entstehen.

Textuelle Einsichten und Handlungen

Mit den Textprozeduren (Feilke 2014; Feilke 2017) hat sich in den letzten Jahren ein tatsächlich auf Sprache bzw. Sprachhandlungen orientiertes schreibdidaktisches Instrument Bahn gebrochen. Die leitende Frage bei der Erarbeitung von Prozeduren ist zunächst, was Autoren eigentlich machen – und wie sie das machen, was sie machen. Angesichts der hohen Relevanz, die Erklärungen als Textteile im Gesprochenen wie Geschriebenen haben, bietet (9), die Fortsetzung des in (8) eingeführten Texts aus dem »Mausbuch«, ein gewisses Potential.

(9) Also – zu allererst geben die da tatsächlich Gummi hinein. Früher war dieser Gummi ein Naturprodukt aus so genanntem Chicle, dem eingedickten Milchsaft des Sapotillbaums. Das ist ein mittelamerikanischer Apfelbaum. Wenn man seine Rinde einritzt und ein Gefäß darunter stellt, kann man eine milchig-weiße Flüssigkeit, das Chicle eben, auffangen.
Lange Zeit war Chicle der einzige Rohstoff für Kaugummi.
(von Lenthe 2000, S. 18)

(9a) Also – zu allererst geben die da tatsächlich Gummi hinein. Früher war dieser Gummi ein Naturprodukt aus so genanntem Chicle, dem eingedickten Milchsaft des Sapotillbaums. Lange Zeit war Chicle der einzige Rohstoff für Kaugummi. […]

Dass in (9), dem Originaltext, sehr gut erklärt ist, worum es sich beim Sapotillbaum (und seinem eingedickten Milchsaft) handelt, streicht auch hier der Vergleich heraus, und zwar dann, wenn man den Beleg der verfremdeten Version (9a) gegenüberstellt, in der genau diese Erklärung eliminiert ist. Im Sinne einer prozedurorientierten Didaktik ist nun zu fragen, wie diese Erklärung in den Text integriert ist. Ein mögliches Vehikel ist zum Beispiel die Markierung der von Sapotillbaum ausgehenden Isotopiekette (natürlich ohne Verwendung dieses Begriffs, z. B. durch die Aufgabenstellung »Markiere alle Satzteile in allen Sätzen, mit denen der Sapotillbaum gemeint ist.«).

(9b) […] aus so genanntem Chicle, dem eingedickten Milchsaft des **Sapotillbaums. Das** ist **ein mittelamerikanischer Apfelbaum**. Wenn man **seine** *Rinde* einritzt und ein Gefäß darunter stellt, kann man eine milchig-weiße Flüssigkeit, das Chicle eben, auffangen. […]

Diese Aufgabe ist gleichsam kognitiv wie prozedural orientiert, sie bietet Wege zu Einsichten ebenso an wie Wege zu Handlungen. Die in den Text eingeschobene Erklärung kann sichtbar machen, wie komplex die Generierung von Kohärenz grundsätzlich ist und dass Sätze in Texten sich immer wieder miteinander verflechten (müssen). Die Strategie, eine Erklärung über die Prädikativ-Konstruktion *das ist X* in einen Text zu knüpfen, funktioniert mündlich und schriftlich, wie in Beleg (10).

(10) [...] Nun ist die Frage, wie man die Nullstellen berechnen kann [...]. Dazu bietet sich das Newton-Verfahren an. *Das ist eine Formel*, mit der man iterativ (also durch mehrfaches Anwenden) eine Lösung annähern kann. [...] (https://www.johannes-bauer.com/compsci/fraktale/, abgerufen 21.8.19)

Die analytisch gewonnenen Einsichten verfügen über das Potential, sozusagen wieder zurück in die Welt transferiert zu werden; sie sind dann zu individuellen Handlungen geworden. Das geschieht, wenn ich eine solche Konstruktion verwende, um eine Erklärung in meinen (mündlichen oder schriftlichen) Text zu integrieren. Es wäre also sinnvoll, die obige Aufgabe nicht nur analytisch zu bearbeiten, sondern auch einen Handlungskontext zu offerieren, in dem mit den Erkenntnissen gespielt werden kann (z. B. bei der Vorstellung einer Formel, eines Instruments, einer Technik usw., die jeweils einer Erklärung bedürfen wie in (10) gesehen).

Pronominalisierung

Im Prinzip ist in der Beschäftigung mit der *das ist X*-Konstruktion schon angelegt, dass Pronomen eine wichtige Rolle bei der Konstitution von Texten spielen. Das folgende Beispiel können Schülerinnen und Schüler auf verschiedenen Altersstufen ganz unterschiedlich wahrnehmen; es kann damit Erkenntnisprozesse unterschiedlicher Qualität und Tiefe initiieren. Der »Löwenzahn«-Ausschnitt (11) zeichnet sich dadurch aus, dass zwei Akteure (Fritz Fuchs und Herr Paschulke) im Mittelpunkt stehen, auf die der Text wechselseitig immer wieder Bezug nimmt.

(11) Fritz Fuchs und Herr Paschulke möchten zusammen eine Fahrradtour um den See machen. Herr Paschulke holt Fritz ab: »Na, kann's losgehen?« »Noch nicht«, antwortet Fritz. »Haben Sie vielleicht ein Ventil? Meins ist nämlich kaputt und mit einem platten Reifen kann ich nicht fahren.«
Herr Paschulke hat kein Ventil. Aber er leiht Fritz sein Fahrrad. Fritz saust damit zum Fahrradladen. Dort angekommen, sieht Fritz viele andere Räder am Straßenrand stehen.
Er lehnt Paschulkes Rad daneben und kauft ein Ventil. Doch als er zurückkommt, traut er seinen Augen nicht: Alle Räder sind verschwunden. Oje! [...] (Klose 2009)

Dieser Textausschnitt eignet sich, um die Funktion der Pronominalisierung am Beispiel der Personalpronomina zu erkennen. Immer wieder muss auf zwei Männer, Herrn Paschulke und Fritz Fuchs, referiert werden, die nicht verwechselt werden sollen. Im mittleren Abschnitt kann eine Autorin bzw. ein Autor an gleich fünf Stellen entscheiden, ob der Name oder ein Pronomen zu setzen ist:

(11a) (Herr Paschulke/er) hat kein Ventil. Aber (Herr Paschulke/er) leiht (Fritz/ihm) sein Fahrrad. (Fritz/er) saust damit zum Fahrradladen. Dort angekommen, sieht (Fritz/er) viele andere Räder am Straßenrand stehen. …

Will man nun Schülerinnen und Schülern erkenntnisgewinnende Wahrnehmungen ermöglichen, bieten sich zwei methodische Strategien an, die als durchaus miteinander verwandt bezeichnet werden können (ausführlich dazu Rödel i. E.). Eine erste Strategie ist, sie jeweils vergleichend – wie in (8a) – entscheiden zu lassen, ob an der jeweiligen Stelle der Name oder das Pronomen gesetzt werden soll. Dabei können sie zum Beispiel registrieren, dass die Alternativen zwischen der Notwendigkeit, eine eindeutige Referenz herzustellen, und dem Wunsch, zu häufige Wiederholungen zu vermeiden, oszillieren. Auch hier kann eine nachgelagerte Konfrontation mit der Originalversion – die sich übrigens bei Fritz sehr häufig gegen eine Pronominalisierung entscheidet – ein erneuter Reflexionsanlass sein.

Eine zweite Strategie besteht in der Konfrontation mit einem besonders auffälligen Beleg. Hier könnte er gewonnen werden (im Prinzip wieder durch »Verfremdung«, Köller 1997, S. 29; Rödel i. E.), indem für alle Alternativen von (11a) das Pronomen gewählt wird:

(11b) Er hat kein Ventil. Aber er leiht ihm sein Fahrrad. Er saust damit zum Fahrradladen. Dort angekommen, sieht er viele andere Räder am Straßenrand stehen.

Beim ersten Lesen mag der Text in dieser Form verwirrend sein. Streng genommen aber desambiguiert der Kontext alle potentiellen Ambiguitäten. Da der im ersten Satz genannte Mann kein Ventil hat, der Satz aber auf die vorhergehende Frage von Fritz Fuchs folgt (vgl. 11), muss es sich um Herrn Paschulke handeln. Damit ergibt sich schließlich die Referenz der Pronomina im zweiten Satz. Das »Er« zu Beginn des dritten Satzes könnte den Knackpunkt darstellen: Es überrascht nämlich, dass es eine andere Referenz aufweist als das »er« im vorherigen Satz. Es kann damit nur Fritz Fuchs gemeint sein, weil Herr Paschulke nun gar kein Rad mehr hat.

Eine Diskussion auf dieser Basis kann zwar das Ergebnis haben, dass alle Bezüge eindeutig sind – es dürfte aber auch klar werden, dass das nur mit einem erheblichen kognitiven Aufwand festzustellen ist. Die Autorin erspart den Lesern diesen Aufwand, wenn sie sich für eindeutigere Alternativen entscheidet. Ein Argument dafür kann der Respekt vor den Leserinnen und Lesern sein, ebenso aber die Gewissheit, als Autorin nur so richtig verstanden werden zu können.

Grammatik als Weg zur (Sprach-)Welt

Diese Beispiele sollen nicht den Eindruck erwecken, als seien sie völlig neu, originell oder existierten in der Schulrealität bislang gar nicht. Sie stehen hier, weil sie sich in ihrer Programmatik grundsätzlich vom klassischen Grammatikunterricht unterscheiden. Dort war es das Ziel, grammatische Kategorien möglichst systematisch zu erfassen – im Prinzip knüpfen die linguistischen Einführungsseminare daran an. Dass dieser Versuch in der Schule fehlgeht, liegt einerseits daran, dass die Grammatik im Fach Deutsch mit anderen Inhalten konkurriert und daher selten so erschöpfend behandelt werden kann, dass ein echtes Verständnis entsteht. Und andererseits, wie einleitend angesprochen, sind die Inhalte für jene Jahrgangsstufen, auf denen sie Thema sind, oft zu komplex und akademisch. Dass ein solcher Zugriff auf die Grammatik später, in der Sekundarstufe II, durchaus gewinnbringend sein könnte, zeigen zum Beispiel Firstein/Betz (2019). Bislang stellen die Lehr- und Bildungspläne dafür aber schlicht zu wenige Ressourcen bereit.

Resonanzeffekte, wie sie Rosa in seinem Vortrag am Saarbrücker Germanistentag beschrieben hat (Rosa 2019), zeichnen sich durch ihre prinzipielle Unverfügbarkeit aus: Ob der Funke im Unterricht wirklich überspringt, lässt sich nicht berechnen. Sie sind aber überhaupt nur möglich, wenn den Schülerinnen und Schülern klar wird, dass die diskutierten Phänomene ihr eigenes Sprachhandeln betreffen. Die Beispiele dokumentieren daher einen anderen Zugriff auf Grammatik, der im schulischen Deutschunterricht noch nicht prominent ist. Es charakterisiert ihn, dass er erst einmal nur genau das Benennungs- und Konzeptwissen anstrebt, das notwendig ist, um bestimmte Eigenschaften der Sprachwirklichkeit zu erfassen. Ziel ist also nicht, möglichst viele Satzglieder bestimmen zu können. Ziel ist es, Einsichten in das Handeln mit Sprache gewinnen zu können durch konzeptuelles Wissen über das finite Verb, die Eigenschaften von Satzgliedern im Allgemeinen und die Operation des Umstellens. Grammatik ist auf diese Weise ein Weg, um sich die sprachliche Repräsentation der Welt zu erschließen. Grammatik versetzt Schülerinnen und Schüler in die Lage, »Stellung zu den [im Unterricht] angebotenen Weltausschnitten zu beziehen und ›mit eigener Stimme zu sprechen‹« (Beisbart/Bismarck in diesem Band).

Für einen problemorientierten Grammatikunterricht (Rödel 2014; Rödel i. E.) spricht in diesem Zusammenhang zweierlei: Erstens schafft er Aufmerksamkeit für sprachliche Phänomene, die sonst – gerade in der Muttersprache – unauffällig sind. Zweitens dokumentiert sein Weg der Konfrontation mit dem Phänomen dessen Relevanz. Dafür bieten sich der Lehrkraft bestimmte methodische Strategien an (insbesondere Rödel i. E.), nämlich die Konfrontation mit einem ›echten‹ oder durch Verfremdung hergestellten Problem (wie in 11b) oder der Vergleich zwischen verschiedenen sprachlichen Alternativen (wie in 8). Die Methodik des Vergleichs ist ohnehin basal, wenn es um sprachliche Erkenntnisprozesse geht: Will man mit Schülerinnen und Schülern über die (Un-)Angemessenheit des Begriffs *Klimawandel* diskutieren, dann gelingt das am besten, wenn der direkte Vergleich zu *Klimakrise* oder *Klimakatastrophe* gezogen werden kann.

Neben einigen anderen hat Klotz in dem oben zitierten Beitrag (Klotz 2007) eine Revision des schulgrammatischen Kanons gefordert. Das Konzept einer resonanzbasierten Deutschdidaktik schärft den Blick darauf, welcher Sinn Grammatik im Deutschunterricht zukommen kann. Aus diesem Blickwinkel ist jene Forderung nach einer Revision des schulgrammatischen Kanons noch einmal zu betonen. Die Entscheidung, welche Grammatik Resonanz anbahnen kann, ist dabei zunächst nur programmatisch zu fällen. Erst wenn Konzepte vorliegen, wie ein sprachliches Phänomen mit grammatischer Hilfe für individuelle Zugänge zu Rezeption und Produktion erschlossen werden kann, können die Effekte überhaupt gemessen werden. Dann können Lehrkräfte mit ihrer Expertise einschätzen, ob interessante Prozesse zwischen Lernenden und Gegenständen angestoßen werden. Trotzdem ist zu mutmaßen, dass der wünschenswerte Effekt zuallererst die Auseinandersetzung mit einem als relevant erachteten Phänomen ist. Die große Herausforderung für die empirische Forschung ist es, auf Basis der programmatischen Konzepte Indikatoren zu entwickeln, die Einflüsse auf das langfristige Sprachhandeln auch außerhalb von Reagenzglassituationen wirklich zuverlässig sichtbar machen können.

Literatur

Afflerbach, S. (1997): Zur Ontogenese der Kommasetzung vom 7. Bis zum 17. Lebensjahr. Eine empirische Studie. Frankfurt am Main: Lang.

Betz, A./Firstein, A. (Hrsg.) (2019): Schülerinnen und Schülern Linguistik näherbringen – Perspektiven einer linguistischen Wissenschaftspropädeutik. Baltmannsweiler: Schneider Hohengehren.

Böttcher, W. (2011): Grammatik-Erkundung im unwegsamen Gelände – Grammatische Schwächen bei Lehrenden und ihren Arbeitsmaterialien im Bereich des komplexen Satzbaus – und die Folgen. In: Köpcke, K.M./Ziegler, A. (Hrsg.): Grammatik – Lehren, Lernen, Verstehen. Berlin/New York: De Gryuter, S. 91–126.

Bredel, U./Schmellenthin, C. (2015): Welche Grammatik braucht der Grammatikunterricht? 2. Auflage. Baltmannsweiler: Schneider Hohengehren.

Bredel, U./Hlebec, H. (2015): Kommasetzung im Prozess. In: Praxis Deutsch 254, S. 36–43.

Bredel, U. (2015): Das Satzgrenzenkomma und seine Didaktisierung – das Verb als Zentrum kommarelevanter Strukturen. In: Mesch, B./Rothstein, B. (Hrsg.): Was tun mit dem Verb? Über die Möglichkeit und Notwendigkeit einer didaktischen Neuerschließung des Verbs. Berlin/Boston: De Grutyer, S. 135–150.

Christ, R. (2019): Ohne Prädikat, mit Topologie. Induktive Satzanalyse in Klasse 8. In: Betz A./ Firstein, A. (Hrsg.), S. 123–147.

Deutsch kompetent 7 (2019): Schulbuch für die 7. Jahrgangsstufe, Ausgabe Bayern. Stuttgart: Klett.

Deutschbuch 6 (2004): Deutschbuch 6 Gymnasium Bayern. Sprach- und Lesebuch. Berlin: Cornelsen.

Deutschbuch 6 Lehrerband (2004): Deutschbuch 6 Gymnasium Bayern. Handreichungen für den Unterricht. Berlin: Cornelsen.

Feilke, H. (2018): Schrift – Sprache – Können. Wie entsteht literale Kompetenz? In: Deppermann A./ Reinecke, S. (Hrsg.): Sprache im kommunikativen, interaktiven und kulturellen Kontext. Berlin/ Boston: de Gruyter, S. 245–268.

Feilke, H. (2014): Argumente für eine Didaktik der Textprozeduren. In: Bachmann, T./ Feilke. H. (Hrsg.): Werkzeuge des Schreibens. Beiträge zu einer Didaktik der Textprozeduren. Stuttgart: Fillibach, S. 11–34.

Feilke, H. (2017): Schreib- und Textprozeduren. In: Baurmann, J. et al. (Hrsg.): Handbuch Deutschunterricht. Theorie und Praxis des Lehrens und Lernens. Seelze: Friedrich, S. 44–51.

Herrndorf, W. (2012): Tschick. Berlin: Rowohlt.

Hintermayr, S. (2018): Über die Entwicklung der Rechtschreibkompetenz bei Schülerinnen und Schülern nach der Phase der aktiven Orthographieinstruktion. LMU München: Zulassungsarbeit.

Hüttemann, M. (2017): Kommasetzungsdidaktik – linguistisch fundiert. Die Hauptverb-Strategie. LMU München: Zulassungsarbeit.

IDS (2019): Verzeichnis grundlegender grammatischer Fachausdrücke. Mannheim.

IQB (o. J.): https://www.iqb.hu-berlin.de/vera/aufgaben/de1, abgerufen am 5.8.2019

Klose, P. (2009): Fritz Fuchs und das verschwundene Fahrrad (Löwenzahn). Hamburg: Nelson.

Klotz, P. (2007): Grammatikdidaktik – auf dem Prüfstand. In: Köpcke, K.M./Ziegler, A. (Hrsg.): Grammatik in der Universität und für die Schule. Berlin/New York: De Gruyter, S. 7–32.

Knopf, J. (2013): Sprache funktional und pragmatisch betrachten. In: Abraham, U./Knopf, J. (Hrsg.): Deutsch. Didaktik für die Grundschule. Berlin: Cornelsen, S. 128–137.

Köller, W. (1997): Funktionaler Grammatikunterricht. Tempus, Genus, Modus. Wozu wurde das erfunden? Baltmannsweiler: Schneider.

Kombi-Buch 6 (2004): Kombi-Buch Deutsch 6. Lese- und Sprachbuch für Gymnasien. Bamberg: Buchner.

Lenthe, S. von (2000): Das Mausbuch. Die besten Lach- und Sachgeschichten der »Sendung mit der Maus«. München: Zabert Sandmann.

Müller, H. (2007): Zum »Komma nach Gefühl«: implizite und explizite Kommakompetenz von Berliner Schülerinnen und Schülern im Vergleich. Frankfurt am Main: Lang.

Myhill, D. (2010): Ways of Knowing: Grammar as a Tool for Developing Writing. In: Locke, T. (Hrsg.): Beyond the Grammar Wars. A Resource for Teachers and Students on Developing Language Knowledge in the English/Literacy Classroom. New York: Routledge, S. 129–148.

Pohl, T. (2019): Propädeutischer Grammatikunterricht. Eine sprachdidaktische Utopie. In: Betz A./ Firstein, A. (Hrsg.), S. 15–41.

Pompe, A./Spinner, K./Ossner, J. (2016): Deutschdidaktik Grundschule. Eine Einführung. Berlin: Erich Schmidt Verlag.

Primus, B. (1993). Sprachnorm und Sprachregularität: Das Komma im Deutschen. In: Deutsche Sprache 21, S.244–263.

Rödel, M. (i. E.): Auf der Suche nach dem Irritationsmoment. Warum Sprachgeschichte in einem problemorientierten Grammatikunterricht ihren Sinn hat. In: Böhnert, K./Nowak, J. (Hrsg.): Sprachgeschichte für die Schule. Baltmannsweiler: Schneider Hohengehren.

Rödel, M. (2014): Perspektiven für den Deutschunterricht – Was können Sprachwissenschaft und Sprachdidaktik leisten? In: Mitteilungen des Deutschen Germanistenverbands 61, S. 292–312.

Rosa, H. (2019): Alltagszeit, Lebenszeit, Weltzeit. Eine resonanz- und beschleunigungstheoretische Perspektive auf Literatur und Gesellschaft. Festvortrag am 26. Deutschen Germanistentag in Saarbrücken, 22.9.2019.

Schönenberg, S. (2011): Problemfall Verbklammer? Der Klammermann als Basismodell der Satzlehre. In: Praxis Deutsch 226, S.12–19.

Wöllstein, A. (Hrsg.) (2015): Das topologische Modell für die Schule. Baltmannsweiler: Schneider Hohengehren.

Ortwin Beisbart

Metaphern als Herausforderung für einen resonanten Deutschunterricht

Themeneinführung und zwei Beispiele

Hartmut Rosa will in seinem Hauptwerk »Resonanz. Soziologie der Weltbeziehung« die heutigen Gesellschaften in ihrem Wahrnehmen, Verhalten, Denken und Tun aufrütteln: Eine Gesellschaft ohne resonante Beziehungen zeige sich in ihrem Bestand gefährdet. Sie sei ohne Verantwortung für Beziehungen, habe ein Menschenbild, ein Gesellschaftsbild, ein Weltbild der »Entfremdungen«. Dem könne nur mit einer Besinnung auf die notwendigen Resonanzen zwischen den Akteuren entgegengewirkt werden, als ein Nachdenken auch über die »Mittel« vor einem zu schnellen Tun.

Rosa hat dazu die verschiedensten anthropologischen und gesellschaftlichen Handlungsfelder in den Blick genommen, auch die Schule und den Unterricht. Er hat die möglichen positiven und störanfälligen Beziehungslinien zwischen den dort zusammen Arbeitenden, zwischen Schüler/innen und Lehrer/innen und ihren Zielen, beschrieben (Rosa 2016, bes. S. 402–420).

Über die Herausforderungen im Fachunterricht und vor allem im Fach Deutsch, in dem die Sprache selbst zum Gegenstand werden muss, findet sich allerdings wenig Konkretes. In dem Grundmodell Abbildung 1 und 2 (S. 15/17) ist deshalb auch die Sprache als ein gleichwertiger zentraler »Mitspieler« dargestellt. Eine solche resonante Perspektive ist weder in der öffentlichen Einschätzung der Sprache, auch nicht in vielen Schulfächern und ihren wissenschaftlichen Bezugsdisziplinen, noch in deutschdidaktischen Publikationen angemessen berücksichtigt, gerade dort nicht, wo Sprachkompetenz normierte Begrifflichkeiten zum Maßstab hat.

Vorweg sei an zwei Beispielen erläutert, wie Gewicht und Leistung der Sprache in einem Resonanzen schaffenden Lehr- und Lerngeschehen gesehen werden muss.

Beispiel eins

Hartmut Rosa hat in einem erst jüngst veröffentlichen Essay sein Bild von der Sprache kurz angesprochen (Rosa 2019). Er beklagt, dass in allen europäischen Sprachen es nur die zwei Möglichkeiten des Genus Verbi gibt, d.h. Handlungen oder Zustände verbal entweder im Aktiv oder im Passiv auszudrücken. Es gäbe so nur das Mittel von Tun oder Erleiden, von Macht oder Ohnmacht. Den genannten Sprachen fehlten die grundlegende Perspektive, etwas resonant neutral auszudrücken. Ein »modales genus verbi« wäre nötig, »eine spirituelle Abhängigkeitserklärung« (Rosa 2019, S. 38), in der gewissermaßen ein Geschehenlassen auch sprachlich ausgedrückt werden könnte. Eine solche Denkrichtung haben durchaus schon Sprachwissenschaftler seit Langem verfolgt. Von Wilhelm von Humboldt bis Leo Weisgerber und Werner Ingendahl wurde so der Begriff einer »Weltbildtheorie der Sprache« entfaltet.

Es ist sicher nicht falsch zu erkennen, dass jede Sprache Ordnungen der Welt vorgibt, eine eigene »Weltsicht« aufbaut und damit auch Grenzen der Wahrnehmung markiert. Aber Nutzer einer Sprache können sie nicht nur so gebrauchen, dass ihr Denken und Handeln völlig von ihrer Deutungsmacht beherrscht wäre, sie nicht in der Lage wären, resonante Rücksicht auf das Gegenüber zu nehmen, seien es Weltdinge oder Gesprächspartner. Ehe man aber versucht, die Grenzen jenseits der Sprache zu erkennen, ist erst noch zu prüfen, welche Chancen die Sprache selbst bietet, Stimme aller Dialogpartner zu sein, zu erkunden, welche Freiheiten und welche Verfehlungen mit ihr möglich sind.

Beispiel zwei

Der aktuelle kompetenzorientierte Sprachunterricht ist darauf ausgerichtet, die Sprache als ein möglichst eindeutiges Werkzeug zur Erfassung und Bemächtigung über Dinge, Gedanken und Handlungen zu zeigen, sei es zur Klärung, Unterscheidung oder Ordnung, zur Kommunikation als Information, Kontakt oder Beeinflussung. Hinzu tritt die ebenfalls begrifflich gefasste Beschreibung dieses Werkzeugs im Grammatik- und Stilunterricht. Sprache kommt so primär als objekthaftes Instrument in den Blick.

Dies sind wohl wenig umstritten wichtige Aufgaben: Begriffe sind zur Erfassung der Welt für alle unverzichtbar. Kinder gehen noch davon aus, dass die Wörter die Dinge selbst sind, an denen sie durch die Wörter auch selbst teilhaben können. Doch auch wenn sie allmählich lernen, dass die Begriffe sich von den Dingen unterscheiden, so bleibt der Gedanke erhalten, dass die Wörter die Dinge angemessen vertreten – und wenn das nicht sogleich klar ist, sollen Begriffsklärungen, Definitionen, »Basissätze«, Schlagworte nachhelfen. Dieser rationale Vorgang oder »Zugriff« zur Vereindeutigung ist immer auch eine einschneidende Reduktion, so sehr er in vielen Fällen der Verständigung zu dienen scheint. Die der Sprache zugewiesenen Reduktionen der »Weltdinge« wirken sich auch auf die individuellen Wahrnehmungen, die Gedanken, die Gefühle der Sprecher aus. Die Sprache wird so resonanzlos. Sind vielleicht Wortwitze, Sprachspiele, Modewörter oder die Lust, ein Gedicht zu schreiben und mit anderen zu teilen, ein erkämpfter kleiner Freiraum auf der Suche nach Resonanz? So gesehen scheint nicht nur ein festes Weltbild der Sprache, sondern auch die Forderung zu einer Begrifflichkeit, die den Akt des »Zugreifens« schon im Wortstamm trägt, die Ursache für Entfremdungserfahrungen zu sein. Die Ziele des Sprachunterrichts, mit einer genormten Sprache in einer indifferent funktionierenden Gesellschaft zu handeln, sind die Handlanger der »Beziehung der Beziehungslosigkeit«. (Rosa 2016, S. 305 zit. Jaeggi 2005).

Wir haben die beiden Perspektiven auf die Sprache als unzureichend bezeichnet. Sprache leistet auch, ein »Weltbild« oder ein Weltstrukturmuster und begriffliche Reduktionen auch wieder aufzulösen. Dies ist nötig, um den Dingen gerechter zu werden und öffnet sich, dass jeder Sprecher sich selbst als Beteiligten, als Betroffenen und als Mitverantwortlichen erfahren kann. Sie bietet zudem auch metasprachlich nicht nur Beschreibungsbegriffe, sondern die Einladung, sich kognitiv – in einem weiten Sinne auch erfahrbarer Emotion – auf sie einzulassen und bewusst zu gebrauchen und mitzugestalten.

Die Schauspielerin Martina Gedeck hat in einem Interview ihre Arbeit so beschrieben: »Texte sind für mich wie Blätter, die auf dem Wasser liegen. Das Wasser ist das, worum es eigentlich geht – Sätze sind wie die Spitze eines Eisberges. Meine wesentliche Arbeit ist, ihn zu erforschen und den emotionalen Unterbau zu erreichen.« (Gedeck/Ziegler 2019, S. 27). Dieser Gedanke gilt für jeden verantwortlichen Umgang – und zeigt in seiner Metaphorik einen Weg auch für die Schule.

Grundeinsichten einer resonanten Spracherfahrung

Sprache als Resonanzraum

Sprache ist nicht zuerst ein festes System von Zeichen, nach Regeln beschreibbar; sondern sie ist eine der wichtigsten symbolischen Formen der Welterschließung (Cassirer 1994). Mit ihrer Hilfe kann der Mensch sich selbst und zugleich die Welt, in der er lebt, erfahren und zu verstehen versuchen. Sprache ist kein starres Werkzeug, sondern bedarf der tätigen Mitarbeit ihrer Nutzer, die ihre Möglichkeiten erkennen, erweitern, verändern oder auch bewahren vor Verwendungen, die alle Mitbeteiligten beeinträchtigen. Mit Sprache Lügen verbreiten, Macht ausüben und diffamieren – auch dies zu erkennen und zu verhindern, ist eine Aufgabe jedes Dialogpartners.

Dass Sprache als Partner nach eigenem Anspruch grundsätzlich »symbolischen« Charakter hat, bedeutet, dass – wie die Strukturalisten erkannt haben – die Zeichen, aus denen sie besteht, weder mit den Dingen noch mit den menschlichen Gedanken unlösbar verbunden sind. Es bedarf der Tätigkeit der Menschen, eine Verbindung zwischen Wahrnehmungen der Dinge und der Zeichen herzustellen. Dass solche Verbindungen nicht starr sind, gilt für die eigene Sprache wie alle anderen Sprachkulturen, gilt auch für andere Zeichen, sogar für nichtsprachliche. Sprache ist Symbol, öffnet so Begegnungsräume, die weit genug sind, um Perspektiven erkennen zu lassen, sodass alle Beteiligten resonante Ansprüche gleichermaßen einbringen dürfen und können. Man sollte nicht vorschnell als Gegenbeispiel auf Sachtexte oder gar auf Gesetzestexte hinweisen. Auch sie sind auf Interpretation, Auslegung, Kommentierung angewiesen, die auch den nichtsprachlichen Handlungsraum einbeziehen. Darin zeigt sich, wieweit sie selbst schon resonante Rücksicht in sich tragen und herausfordern. So öffnet die Sprache für alle Nutzer einen Spielraum, der sie zu selbstständigem Handeln herausfordert.

Sprache als symbolische Form des Weltverhaltens

Sprache als ein ausgebautes System besitzt allerdings die Eigenkraft, die Welt zu ordnen. Die Ordnungsprinzipien sind nicht etwa zuerst die Begriffe, die definiert, also auf Eindeutigkeit hin begrenzt werden, es sind Wahrnehmungs- und Denk-Ordnungen. Es sind die Ordnungen, die deshalb als »Weltbilder« bezeichnet werden, zumindest mit dem gleichen Recht aber auch Menschenbilder sind.

Körper und Sinne als Beteiligte

Vorrangig sind Körper, Glieder und Organe, sowie Sinneswahrnehmungen an dieser Ordnung beteiligt. Sie sind der Ausgangspunkt, Wahrnehmungen und Gefühle zu fassen. Der Kopf, das Auge, die Hand oder der Fuß, die Haare. Sinneseindrücke wie hören, riechen, tasten werden zu sprachlichen Verarbeitungsinstanzen: »Das riecht nach Verrat«; »Etwas hat ein G'schmäckle«… Wir ordnen – und werten – Wahrnehmungen vielfach in scheinbar leicht einsehbaren Gegensätzen, zum Beispiel probeweise mit Adverbien oder Adjektiven: *einen Raum* vorne – hinten; oben – unten, innen – außen, offen – geschlossen; *eine Form:* rund – eckig; dick – dünn; groß – klein, *Wege*: schmal – breit, gerade – kurvenreich; glatt – holprig; *Geräusche oder Stimmen*: hoch – tief; laut – leise; *Dinge* groß – klein; hoch – niedrig; glatt – rau; hart – weich; sauber – schmutzig; neu – beschädigt (alt); *Entfernungen*: nah – weit; *Lichteindrücke*: hell – dunkel; *Sensorische Eindrücke*: trocken – nass, heiß – kalt; *Bewegungen*: schnell – langsam; verlangsamend – beschleunigend; *Begegnungen*: Freund – Feind; weiblich – männlich; Kind – Erwachsener; jung – alt; *Reihenfolgen* (mit Hilfe der Finger): eins – zwei – drei, wichtig – unwichtig.

Auch mit anderen Sprachmitteln, vor allem an Nomen und Verben, aber auch an allen Bedeutung transportierenden Partikeln lassen sich solche Ordnungsmuster leicht erkennen.

Umgekehrt werden *Sinne* – vorrangig das Sehen – Brücken zu den Dingen: eine Perspektive einnehmen; etwas ins Auge fassen, den Blick richten auf etwas, etwas unter die Lupe nehmen. Und gleichzeitig kann man beobachten, wie diese Beziehung, als ein Tun, in einen starren Begriff überführt wird, der nur noch ein resonanzloses Hilfsverb braucht: Beobachtungen machen – statt beobachten oder die Augen offen halten; die Einsicht bekommen – statt: einsehen.

Symbolische Ordnungen

Man kann solche Einteilungen als eine grobe erste Ordnung bezeichnen, eine leicht überschreitbare Krücke des Denkens bzw. der Gedankenlosigkeit. Denn man muss sehen, dass diese Ordnungen immer eine Wertung mittransportieren oder zumindest nahelegen. Man lasse sie auf sich wirken. »Oben ist besser als Unten, Eins ist wichtiger als Zwei, groß ist besser als klein, männlich ist besser als weiblich.« Der Begriff ist direkter, ist mächtiger als die Tätigkeit, weil er ja behauptet, einen »Punkt setzen« zu können, nach vielen Kommas oder Fragezeichen. Dass man dem widersprechen kann, zeigt zwar, dass die gleiche Sprache einer Denkordnung Widerstand leisten kann. Zumindest kann »etwas Drittes« gefunden werden: »small is beautiful« ist fast so etwas wie ein Ansporn geworden, »groß und klein« neu zu definieren. »Männlich ist besser als weiblich« wird nur noch als Affront wahrgenommen! (Viele Ordnungsmuster finden sich bei Baldauf 1997 und Lakoff/Johnson 2000.)

Die Beispiele zeigen aber, dass die Macht von Ordnungsvorgaben im Interesse der Festlegung meist stärker ist. Man muss sich also immer neu klarmachen, dass Ordnungsvorgaben, die in den Wörtern stecken nicht die Dinge selbst sind, sondern sich ihnen nur nähern. Ein wichtiger Zwischenschritt ist dabei, die Sprecherresonanz einzubringen, die sprachliche Symbole auf ihre Anwendungssituation, auf ihre Wirkung hin zu prüfen – und so dazu anstoßen, den Raum der Wahrnehmung über die aktuell benutzten Worte und Wörter hinaus auszudehnen auf andere Ordnungsmöglichkeiten der Sinne, der Gefühle und des Denkens. »Unsere Wirtschaft wächst – das Mehr ist das Positive?«, »Wir sind wieder gesund« – also »obenauf«; »In die Ursache eines Verbrechens ist noch ›wenig Licht‹ gekommen«– was könnte man tun? Die Täter haben aus »niedrigen Motiven« gehandelt – Was ist damit gemeint?

Sprache ist als Ganzes metaphorisch

Die Sprache als symbolische Form der Welterschließung, ist im Miteinander mit den menschlichen Voraussetzungen und Erfahrungen entstanden und bleibt sich verändernd lebendig. Sprache wird im Sprachgebrauch, im Dialog mit anderen weiter ausgebaut, Formen veralten und verschwinden im Gebrauch. Wir dürfen folglich festhalten, dass Sprache als resonanter Begleiter und Vermittler zwischen Sprechern und Welt, zwischen Herausforderungen und Absichten nicht nur Werkzeug oder automatischer Dolmetscher ist, sondern eine durchgehend »metaphorische Qualität« besitzt. Nicht für alle sprachlichen Mittel wird deren metaphorische Herkunft immer sichtbar. Für viele Wörter ist ihre sensorische Herkunft im Laufe der Sprachgeschichte unsichtbar oder unhörbar geworden. Erst die Etymologie bringt wieder in Erinnerung, dass das Wörtchen »sehr« vor 1000 Jahren als sinnlich »schmerzhaft« (verwandt ist »versehren«) verwendet wurde. Aktuell ähnlich genutzte Wörter wie »wahnsinnig« oder »irr« zeigen ihre sensorische Herkunft deutlicher. Ein solches Wissen scheint für den unbedachten Sprachgebrauch wenig bedeutsam. Tatsächlich aber leisten sie Einsichten in die Sprache nicht als ein bloßes »Mittel«, sondern als Baustein für Deutung und Bedeutungszuschreibung. Wenn man sagt: »Mir fällt gerade ein«, so ist der Unterschied zu »ich weiß« eben die Differenz zwischen einem offenen »Angewiesensein« auf Hilfe und dem Vertrauen auf den Besitz eigenen Wissens. Die Situation entscheidet, wie der konkrete Dialog, in einer Prüfung etwa, weitergeht.

Der Umgang der Sprecher und ihrer Sprache mit der Metaphorik wird an einem Beispiel wie dem Verb »nehmen« und seinen vielen Komposita sehr deutlich. Wir erkennen, dass die Bedeutung zwischen einer Sache und einem Sprecher zunächst sinnlich direkt eine körperliche, wohl »handhabende, sich aneignende« Tätigkeit beschreibt. In unterschiedlicher Weise scheint diese körperliche Beziehung für nur vorgestellte Handlungen in Komposita auf, man denke an »unternehmen«, »abnehmen«, (sich) »benehmen«. Es wäre sicher möglich, den Versuch zu machen, Nähe oder Abstand zum Grundwort einmal optisch (oder szenisch) sichtbar zu machen. An welchem Ort stehen wir, wenn von einem »einnehmenden Wesen« die Rede ist, im Vergleich zum Auftrag, ein Medikament »einzunehmen«? So öffnet Sprache den Blick, deutet an, stellt in den Vordergrund, wendet sich zurück auf die Sinnlichkeit, wendet sich den Wahrnehmungen der Dinge oder Erfahrungen zu, deren Resonanz sie zu vertreten hat.

Ein resonanzbasierter Sprachunterricht hat die Aufgabe zu zeigen, welche unverzichtbare Leistung die Sprache als eine metaphorische besitzt, wie Sprache Resonanzen in sich selbst besitzt und sie zu den Dingen und den Partnern hin mit«bedenkt«, den Sprecher zum Nachdenken herausfordert. Sätze wie »Spitzen eines Eisbergs«, lassen erkennen, dass es nicht immer leicht ist, damit angemessen umzugehen. Sprachkompetenz zu definieren als die normierte Verwendung einer begrifflich eindeutigen Sprache, zu »klaren« Begriffen einer »objektiven« Allgemeingültigkeit, ist wie ein Eisbrocken in den Fingern, ist ein fatales Missverständnis.

Die Metapher als Überblendung

An den sprachlichen Beispielen ist schon deutlich geworden, dass der Ausgangspunkt von einem sensorischen, d.h. direkt beobachtbaren Vorgang oder einer Handlung überschritten wird, die Wörter oder Wendungen sich mit Bedeutungen aufladen, die in die Bereiche des Denkens und des Fühlens hineinreichen, ja dort eine neue Qualität erhalten, zum Beispiel das Verb »annehmen« in der Bedeutung »ich nehme an« im Sinne von »ich rechne mit; ich gehe davon aus«. In der Sicht resonanter Beobachtungen ist es aber wohl besonders ertragreich, sich dem Phänomen der Bedeutungsweite nicht formal zu nähern. Was die Sprache hier leistet, sei mit einer resonanten, d.h. nachdenklich machenden Bezeichnung der »Überblendung« benannt. Sie sollte in resonanter Hinsicht mehr zeigen als »Ersetzung« (» ›Substitution‹ in üblicher Terminologie«, Köller 2015, S. 595). Überblendung, als »Blending Theorie« beschrieben (dazu Holder 2019, S. 66–72), aus der Filmtechnik als Mehrfachbelichtung oder fließender

»Übergang zwischen zwei Einstellungen« bekannt, indem zwei nicht kongruente Bilder übereinander gelegt sind, fordert dazu heraus, nach Gemeinsamem innerhalb seines Wahrnehmungsraums zu suchen. So zeigt sich eine Welt, die offener, vielfältiger ist und unterschiedlich gesehen und bewertet werden kann. Dass sie dies leisten kann, ist aber nicht nur in ihrer Struktur enthalten, sondern entfaltet sich erst durch zwei Bedingungen, zum einen durch eine kognitive Leistung des Einzelnen und zum anderen in je bestimmten Kommunikationssituationen mit anderen Mitspieler/innen. Immer wirken dabei auch Wertungen mit, man denke an eine Bemerkung wie »Klaus ist ein Rindvieh«.

Hartmut Rosas Rede (Rosa 2019, S. 38 f.) trägt den Titel: »Es herrscht rasender Stillstand. Unser Verhältnis zur Welt ist versteinert.« Rasen und Stillstand sind die Oppositionen einer Bewegungswahrnehmung, so ist eigentlich etwas Unmögliches behauptet. Versteinerung der Menschen steht in Opposition zu etwas ungenannt »Weichem«, »Offenem«. Man wird herausgefordert, »versteinern« mit der Metapher zwischen rasen und stillstehen zu identifizieren. Das Bild eines »Nullpunktes« taucht auf und lenkt die Überlegung zur ersten Aussage. Ist das ein »neutraler Startpunkt«?

Was hier vorliegt, ist nicht nur eine »Übertragung« eines Wortes aus der Sinnenwelt auf eine andere Ebene, die man eine theoretische, wertende, urteilende nennen kann. Sie gilt vielfach als die wichtigere, weil sie den Radius erweitert. Damit aber wird das Denken vielfach stärker geführt, ohne dass die Benutzer dies bemerken. Mit der Wahrnehmung der »Überblendung« bleiben die verschiedenen Bilder – eben auch die »nahen« – präsent und sind die Chance, sich nicht scheinbar eindeutigen Zugriffen auszuliefern. In dieser metaphorischen Fähigkeit der Sprache liegt ihre außerordentliche Leistung.

Metaphern als sprachliche Bauformen

Der Begriff »Metapher« ist in der Wissenschaftstradition – wie in einer »Didaktik der Metapher« – meist sehr eng gefasst. Das griechische Fremdwort *metaphorisch* wird übersetzt mit *übertragen*. Es geht dann analytisch vorrangig darum, entweder die ursprüngliche Herkunft eines Wortes oder auch eine beschriebenen Handlung aus der sinnlichen Welt zu überspringen ins »Metaphorische«. Nicht mehr die resonante Annäherung durch einen Abgleich mit sensorischen Erfahrungen ist wichtig, sondern nur mehr das Ergebnis einer für sich selbst stehenden Metapher. Damit erfährt das Wissen um die grundsätzliche Leistung der Sprache »als symbolische Form« der offenen Annäherung eine Verengung der Perspektiven. Dies trifft in einer Richtung auf die sogenannten »*toten Metaphern*« zu. Wir sprechen von einem Stuhl, er habe vier »Beine«. Da wir Gliedmaßen von Lebewesen als Beine bezeichnen, wird hier »metaphorisch« das Wort auf ein Möbel bezogen, reduziert auf eine optische oder funktionale Ähnlichkeit und so der Begriff *Stuhlbein* gefunden. Darüber hinaus wird – in der zweiten Richtung – die Metapher im Zusammenhang mit Stilbildung betrachtet. An Differenzierungen begrifflicher Art verschiedener Bauformen fehlt es nicht, wie sie in Lexika zu finden sind. Der um ein »wie« reduzierter Vergleich (»Du bist wie eine Blume, Du bist ein Engel«), die *Metonymie*, wobei ein Wort als »Ersatz« mit einem anderen »vertauscht« wird, das einem ähnlichen Vorstellungsbereich zugehört, allerdings von anderer Bedeutungsweite: In: »Ich trinke noch ein Glas« steht ein Wort (z. B. Wasser, Wein, Bier) für ein anderes. Eine *Synekdoche* tauscht den Begriff eines Dings aus und setzt dafür einen engeren Begriff als erkennbaren Stellvertreter (»Wagen« wird zu »Gefährt« oder »Rostlaube«): Als »Tropen« oder »Stilmittel« bezeichnet bleiben sie eher im Vorhof von Resonanzerfahrung, wie auch die *Personifikation* für Dinge, die einen Berg zu einem Lebewesen macht, verbunden mit einem Aktionsverb (»der Berg spricht«).

Diese analytische Perspektive erweitert den Verwendungsspielraum von Metaphern in der Rede, wo sie als bewusst gesetzte rhetorische Mittel der Bildlichkeit und der Wirkung eine größere Rolle spielen. Die Geschichte der Rhetorik bietet seit der Antike hier eine große Zahl von Beispielen. Sie im Unterricht zu beleben und zu erproben, kommt noch viel zu wenig in den Blick, zumal wenn die Begegnung nicht zu eigenem Erproben führt. So könnten auch naturwissenschaftliche oder technische Texte, statt sie in konzentrierter Begrifflichkeit stehen zu lassen (und auswendig zu lernen) als metaphorisch-narrative Texte verändert werden. Nicht fremddefinierte »Operatoren«, Leitbegriffe, abgrenzende Definitionen und Basissätze sind allein die erstrebenswerten Wisseneinheiten. Eine »Überblendungserfahrung« verschiedener Wahrnehmungsbereiche fördert eine andere Haltung des Wissenserwerbs.

Vor allem in der Dichtung, besonders der Lyrik differenziert man zudem größere sprachliche Formen, wie das Sinnbild, das Emblem und schließlich das übergreifende Symbol. Hier findet man weitere metaphorische Bildungen, manche, die als barocke oder romantische Sprachbilder der Natur- und Liebeslyrik in die Alltagssprache übernommen sind, aber auch solche der Moderne, meist individuelle oder kühne, »absolute« Metaphern. Dieser Bereich ist seit Langem in didaktischer Wahrnehmung eine Aufgabe »literarischen Verstehens« im Literaturunterricht (Kammler/Noack 2011). Sich nur auf deren Formen zu konzentrieren, führt nicht weit genug in Resonanzerfahrungen.

Metaphorische Formen der Alltagssprache: Sprichwörtliche Redensarten

Wir sind von der Erkenntnis ausgegangen, dass die Sprache grundsätzlich metaphorisch ist. So muss es auch in der Wahrnehmung darum gehen, nicht nur von literarischen, rhetorisch oder ästhetisch auffälligen Metaphern zu sprechen, sondern den vielfach abgetrennten Bereich der sog. »alltagssprachlichen Metaphern« einzubeziehen. »Sich etwas hinter die Ohren (oder die Löffel) schreiben« (um es nicht zu vergessen). Der Versuch, einen Merkvorgang körperlich zu »befestigen«, war über Jahrhunderte gut vorstellbar, weil eine Ohrfeige eine anerkannte Handlung war, jemanden ein Ereignis nicht vergessen zu lassen. Wer heute eine solche Wendung hört, kann sie nur als sehr verschwommen mit einer Bedeutung oder gar einem Sinn verbinden, sie bleibt ein blasses Bild, das angesichts der Ohrfeige im Laufe durch Ermahnungen wie »Merk' Dir das; ja nicht vergessen!« ersetzt ist. In Sidos Video »Tausend Tattoos« (2019) ist der Erinnerungsgedanke weiter wirksam – er habe sich ein Sterntattoo hinter die »Löffel« machen lassen, um seinen Großvater nicht zu vergessen: gewissermaßen eine Rücküberblendung.

Schließlich sind auch die Sprichwörter zu nennen, deren behauptende Satzform nicht weiter diskutierbare Tatsachen zu erklären beanspruchen. Solcher Sprachgebrauch ist in Gefahr, ideologisch verwendet zu werden, indem die Formulierung für ein unveränderbares Faktum gilt. Sie haben eine lange Tradition im Erziehungsbereich, werden aber heute weniger ernst genommen. Eine größere Rolle spielen hingegen Sprachspieler, Satiriker und Humoristen, Aphoristiker und Witzeerfinder, aber auch die Nutzer/innen von Jugendsprache. Deren Sprachgebrauch öffnet, provoziert und fordert heraus, Vorstellungen zu verlassen und den – für viele oft zu schwierigen – Weg des gemeinsamen Verstehenwollens sowohl über die metaphorischen Wörter als auch über den Austausch mit anderen zu suchen, die in diesem Denkhorizont »Interaktion« genannt werden kann (so Köller 2015, S. 596 f.).

Das muss didaktisch ernster genommen werden. Nur Kämper-van den Boogaart fordert – allerdings nur für den Literaturunterricht – die Bauformbegriffe zu verlernen, »um zu einem interaktionistischen Verständnis von Metaphorik zu gelangen« (2011, 36). Man denke an einen Begriff, zum Beispiel »Spur« und gehe seinen Öffnungsmöglichkeiten für Denken und suchen, für Leben und Handeln nach.

Metaphorische Sprache und begriffliches Denken

Wilhelm Köller ist vermutlich zu zuversichtlich: »Das begriffliche und das sinnbildliche Denken [wachsen] ohnehin auf einem Holz […], selbst wenn man das begriffliche Denken höher ansetzt als das sinnbildliche.« (Köller 2012, S. 37) – Er hat Recht, das begriffliche Sprechen und Schreiben gilt mehr. Aber wieso sollten die Ziele des Wissens- bzw. des Kompetenzerwerbs auf eine »höhere« Stufe der Begrifflichkeit hinarbeiten, wenn damit Resonanzlosigkeit eingehandelt wird? Die Welt wird mit Hilfe von allgemeingültigen Begriffswörtern neutraler, resonanzferner und – leichter verfügbar. Man spricht von der Leistung der Abstraktion durch Begriffe, was immer mit einer schnellen Vernachlässigung von Einzelheiten verbunden ist. Dies erleichtert, einen Sachverhalt zu fassen, aber nur auf Kosten seiner Resonanzen, mit dem Verlust deren genauerer Wahrnehmung. Dem sei ein für resonantes Lernen zentraler Gedanke an die Seite gestellt: Der hebräische Schriftsteller Aharon Appelfeld merkt in einem Interview an: »[…] es [ist] ohnehin das Schicksal von Abstraktionen […], dass sie für einen Moment packen und sich dann verflüchtigen. Nur Wörter, die Bilder auslösen, merkt man sich.« (Martin 2019, S. 475)

Eine »sachliche Sprache« ist nicht grundsätzlich ein starrer Gegensatz zweier Vorstellungswelten, etwa einer Sinnenwelt gegen eine Faktenwelt, einer Traumwelt gegen eine der harten Realitäten. Beides ist gewissermaßen eine »vorsprachliche Welt«, der mit einer metaphorischen Sprache näher zu kommen ist. Gerade die sprichwörtlichen Redensarten oder Redewendungen sind nicht nur in ihrer Struktur, sondern auch in ihrer Verwendbarkeit von größerer Offenheit als Einzelwörter, als Informationssätze, als Texte, die den Anspruch erheben, eindeutige Tatsachen zu zementieren. Erst in der Erprobung können die Bilder und ihre Überblendungen voll zur Geltung kommen. Die Kompetenzen, die dazu erworben werden, bleiben den bildhaften Vorstellungen wie den notwendigen Tätigkeiten verbunden.

Dass in solchem Umgang eine große Verantwortung deutlich wird, darf nicht übersehen werden. Metaphorische Sprache kommt allen Mitspielern näher, sie »packen nicht nur einen Moment«, wie Appelfeld es ausdrückte. So ist die Verantwortung auch für den resonanten Umgang größer als die Flucht in eine scheinbare »Objektivität« der Begriffe. Es darf nicht übersehen werden, welchen Einfluss »gefakte«, bearbeitete Bilder und Texte haben können und in einer bestimmten Absicht verführerisch sind. Metaphorische Sprache fordert immer heraus, über Humor und Witz, über Spott und Angriff nachzudenken und Stellung zu beziehen.

Metaphorische Sprache als kommunikative Verständigung und Verantwortung

Die in den vorherigen Abschnitten benannten Einsichten führten schon deutlich darauf hin, metaphorische Sprache nicht vorrangig als ein System sprachlicher Bauformen zu betrachten. Sprache als symbolisches System ist nicht zuerst als ein Regelsystem zu beschreiben; ihre metaphorischen Formen in Sammlungen und Lexika festzuhalten, ist zunächst nichts weiter als eine Sammlung. Die Metaphorik der Sprache gewinnt im Gebrauch, in der »Interaktion« zwischen allen Beteiligten ihre Kraft. Sprichwörtliche Redensarten öffnen sowohl den Blick auf Vorstellungen, die in den »Blick« gebracht werden, sie fordern zur Suche einer resonanten Sprache auf. Es bedarf einer größeren Sensibilität, die nur im kommunikativen Austausch zu erreichen ist, die angemessene Wahl der Wörter, Wendungen und Sätze zu finden und zu erproben. Während man vielleicht in einem Dialog mit Begriffssprache glaubt, keinen Fehler zu machen, so verfehlt man gerade einen resonanten Zugang zu einem anderen – und damit oft auch zu den »Inhalten«. Metaphorische Wendungen halten wegen ihrer »Überblendungsqualität« den Dialog offen. Die Sinndeutung ist Teil des Dialogs, ob sie als Angebot, Kritik, Anklage oder Unsicherheit verstanden werden kann, und fördert die Sensibilität.

Wege zu einer resonanten Didaktik der Sprachbegegnung und Sprachvermittlung im Deutschunterricht

Alle Schüler/innen bringen bereits Einstellungen und Vorerfahrungen auch über resonante Sprachmittel und ihre Wirkungen mit. Doch es ist das Ziel, sowohl ihr Gewicht zu erfassen, ihre Wirkung zu prüfen und zu besprechen und die besonderen Qualitäten der »Überblendung« zu erkennen und zu reflektieren. In zu vielen Situationen des Sprachgebrauchs, auch im Unterricht als Ort der Erprobung, ist die Perspektive auf die Sprache selbst zu wenig im Blick. Sie bleibt so auch häufig in der Planung unberücksichtigt.

Der Weg einer Transposition, einer aktiven Bearbeitung zwischen Erschließung und Anwendung braucht didaktische Perspektiven der Planung und variable Vorgehensweisen.

Eine »Didaktik der Metapher« (Katthage 2004) braucht einen resonanten Raum. Es geht nicht um ein geschlossenes Kapitel im Lernprogramm, sondern um eine bewusste begleitende Arbeit mit metaphorischen Elementen.

Perspektive; Wahrnehmung und Vorstellungsaufbau

Man kann von Zeichen-Phänomenen ausgehen, die nonverbal sind, ein Bild, ein Höreindruck, ein Emoji, oder auch Mischformen. Ebenso sinnvoll ist eine metaphorische Wendung oder eine Text-/Bild-Metapher. Schließlich kommt auch ein »Problembegriff« in Frage, auch ein unbekanntes Wort (gar aus einer anderen Sprache) – oder eine unmittelbare Wahrnehmung der Umgebung, der Natur, der Situation. Holders empirische Untersuchungen zeigen, »dass die Rezeptionsaktivitäten bei den unterschiedlichen Realisierungsformen der Metapher (Text, Bild, Text/Bild-Kombination) vergleichbar sind.« (Holder 2019, S. 286) Dies bestärkt uns, dass eine resonante individuelle Zugangsweise zentraler ist.

Wahrnehmung ist nicht identisch mit den Objekten der Wahrnehmung, sondern ganzheitlicher Akt der Individuen selbst. Brodbeck nennt zu Recht als zentrale »Achtsamkeitsrichtungen« (1992, S. 38): Sinnesgegenstände, Gedanken, Gefühle und Bewegungsmuster. Allerdings fehlt in dieser »Liste« die Sprache selbst als eine wesentliche Größe von Aufmerksamkeit, die zu Weltinhalten Wege öffnet.

Eine Wahrnehmung, die ein Resonanzangebot macht, fordert heraus, sie in *Vorstellungen* zu bearbeiten. Man sucht nach Zeichen, nach Worten oder Wörtern, einer Deutung oder Erklärung. Auch der Austausch mit Partnern ist sinnvoll, ja hilfreich. Nach längerer Beobachtung sollte sich ein Impuls zu handeln ergeben, die Vorstellungen teilen und zu besprechen. Dazu sind Handlungsformen und -mittel zu erproben. Einer macht Notizen, einer erinnert sich an Vergleiche, nimmt den Zeichenstift oder Farbkasten zu Hilfe. Auch eine körperliche Darstellung ist denkbar. Nach allen Erfahrungen, nicht nur aus der Kunst, öffnet sich ein Denkraum, in dem auch nach einer passenden Sprache als bewegliches und formbares Mittel gesucht wird. »Unsere Konzepte von Objekten, genauso wie unsere Konzepte von Ereignissen und Aktivitäten [werden] als vieldimensionale Gestalten beschrieben […], deren Dimensionen sich auf natürliche Weise aus unserer Erfahrung mit der uns umgebenden Welt entwickeln.« (Lakoff/Johnson 2000, S. 142) Erfahrungsgemäß sind dabei zwei Hindernisse zu beobachten. Schüler/innen, je älter desto mehr, erwarten genauere Anweisungen, die Perspektive, Sprachmittel oder Textsortenregeln vorgeben. Begriffe sind zu vorschnell. Durch ihre Neigung zu einer Etikettierung oder der Benutzung üblicher Satzstrukturen wird von vorneherein ein unbedachter Weg gewählt. Umgekehrt werden vielleicht besonders »kreative« Schüler/innen zu Übertreibungen angeregt. Die didaktischen Grenzen solcher Hindernisse liegen nicht so weit auseinander. Sowohl die Objektivierung in starre Formen als auch die rasche Erledigung durch die Schüler/innen führen zur Verweigerung, überhaupt eine andere Perspektive einzunehmen und anzuerkennen. Voreinstellungen gegenüber Mitschülern, gegenüber anderen Milieus, fremden Kulturen werden ohne sensiblen Perspektivenwechsel eher noch verfestigt als abgebaut. Dies erfordert einen wesentlichen Schritt über den eigenen Horizont.

Da soweit noch kein »Produkt« erarbeitet ist, etwas, das die Schülerin oder der Schüler selbst als »Gestalt« bezeichnen kann (Text, eine Skizze, ein Bild), sollte weitergearbeitet werden.

Perspektive: Texte verstehen

Es kommen als Einstieg Texte in Frage, die reich an Metaphorik sind. Sie probehalber in solche zu verwandeln, die eine Begrifflichkeit präsentieren, in denen jede Resonanz weggeschnitten ist, wäre ein erster Schritt. Auch Texte aus anderen Fächern gehören dazu.

Text 1

»Bahnbrechendes. Kein guter Zug der Bahn
Steht eine Eins im Zeugnis? Dann Glückwunsch zur gewonnenen Freifahrt mit der Deutschen Bahn. Alle bayerischen Schüler mit sehr guten Leistungen dürfen am ersten Ferientag [...] kostenlos Zug fahren. Wer lauter Zweier hat, schaut in die Eisenbahnröhre. Die lernschwächeren Schüler erst recht.
Belohnungen fürs Zeugnis sind vielerorts Tradition. Knapp 60 Prozent der 1000 Eltern, die das Forschungsinstitut ›forsa‹ befragt hat, gaben an, gute Leistungen im Schulzeugnis zu honorieren – mit gemeinsamen Aktivitäten, Geld oder Geschenken. Ein ›Sehr gut‹ müssen die Kinder deshalb nicht unbedingt im Zeugnis haben. Hauptsache, sie haben Lernwillen gezeigt und sich in kritischen Fächern verbessert. [...]
Mit ihrer Aktion ›Freie Fahrt für Einserschüler‹ verfolgt die Deutsche Bahn die Pädagogik unserer Urgroßväter. Die, die ohnehin top sind, werden zusätzlich hofiert und chauffiert – und die, die manchmal nur Bahnhof verstehen, dürfen Letzteren nur gegen Gebühr verlassen. Das ist kein guter Zug der Bahn.« (Fuchs 2019)

Text 2

»Der Ernst des Lebens beginnt wirklich nicht erst mit dem Geld verdienen. Er beginnt nicht damit, und er hört damit nicht auf. Ich betone diese stadtbekannten Dinge nicht etwa, dass ihr euch einen Stiefel darauf einbilden sollt, bewahre! Und ich betone sie nicht, um euch bange zu machen. Nein, nein. Seid glücklich, so sehr ihr könnt! Und seid so lustig, dass euch vor Lachen der kleine Bauch weh tut!
Nur: Macht euch nichts vor, und lasst euch nicht vormachen. Lernt es, dem Missgeschick fest ins Auge zu blicken. Erschreckt nicht, wenn etwas schief läuft. Macht nicht schlapp, wenn ihr Pech habt. Haltet die Ohren steif! Hornhaut müsst ihr kriegen! Ihr sollt hart im Nehmen werden, wie die Boxer das nennen. Ihr sollt lernen, Schläge einzustecken und zu verdauen. Sonst seid ihr der ersten Ohrfeige, die euch das Leben versetzt, groggy. Denn das Leben hat eine verteufelt große Handschuhnummer, Herrschaften. [...] Also: Ohren steif halten! Hornhaut kriegen! Verstanden?« (Erich Kästner: Das fliegende Klassenzimmer, Vorwort)

Perspektive: Eigene Texte

Aus den eigenen Vorstellungen oder auch aus fremden Texten sollen eigene Texte erarbeitet werden. Sie werden im Blick auf ihre Bedeutung für die Dinge, die in dem Wahrnehmungsfeld erfasst wurden und die Sprache in ihren metaphorischen und zugleich vorstrukturierenden Leistungen und ihren die resonanten Beziehungen besprochen.

Dass es dabei auch um Beachtung der Ordnungen geht, die man vielleicht schon im Kopf hat oder benutzt, die der Reihenfolge, der Hierarchie, der Auswahl der Eigenschaften und ihrer Bewertung, ja die Wahl der Wörter, besonders der Verben, ist dabei ein wichtiger Gesichtspunkt.

Texte können entstehen als »Kommentierung einer sprichwörtlichen Redensart«, zum Beispiel »mit der Tür ins Haus fallen«. Dabei geht es zum einen um die Einsicht in die »Überblendung« der Vorstellungsbilder, die Einsicht in die Art wie die beiden Vorstellungen zusammengedacht sind. Aber es geht auch um Überlegungen für eine bestimmte Verwendungssituation. Röhrichs »Lexikon der sprichwörtlichen Redensarten« (1991) ist eine Fundgrube für einen überlieferten Bestand. Die Blicke in Chatkommunikationen, zumal der Jugendsprache, führen zu aktuellen Beispielen.

Heute werden in der Netzkommunikation aber oft nur Bilder »geteilt«, deren Bedeutung sich nicht im Ansehen erschöpft. Sie sind letztlich Metaphern. Die Worte dazu solle sich »jeder selbst suchen«. So ist eine kommentierende und möglichst narrative, »erzählende« Textantwort ein wichtiges Instrument sprachlicher und kontextueller Resonanzerfahrung.

Auch die dem Barock entstammende Tradition von Emblemen, die aus einen Begriff, einem »Symbol« oder einem »Bild« und einem mehrzeiligen Vers bestehen, für sich zu probieren – am besten im Zusammenhang mit der Lyrik des Barocks sind ein wichtiger Baustein einer Didaktik zur Resonanz der Sprache.

Perspektive: Kommunikationstexte

Wahrnehmungen, daraus erarbeitete sprachlichen Annäherungen und Vorstellungen brauchen den Dialog, dazu eine bestimmbare Situation.

Wie kommen Aussagen bei anderen an, welche Wahrnehmungen und Vorstellungen sind wie dargestellt? Aus früheren Erfahrungen sollte auch das Bewusstsein wachsen, die sprachlichen Mittel sehr genau zu prüfen, ihre Nähe zu Erfahrungen, ihre Leistung für Verständlichkeit. Doch immer gehört die Prüfung hinzu, ob nicht gerade metaphorische Wendungen als Beleidigungen oder gar als Angriffe verstanden werden können.

Der didaktisch entscheidende Punkt ist, die generelle Offenheit zu erkennen und zu fragen, wie ein Satz oder Text eines anderen, gehört oder gelesen, in eine Kommunikation hineinwirkt. Das Verstehen ist als ein Prozess der »Transposition« (Schneuwly 2010, S. 7) erfahrbar, indem man in der Aneignung am besten auch Umformulierung erprobt. Dies bedeutet immer auch eine Annäherung ans Erzählen. So wird der Dialog als ein Resonanzraum wahrgenommen, in dem die Beteiligten sich auch selbst erkennen. Wie wird die Thematik »sortiert« und wie »bebildert«? Die Eigenwelt der Sprache wird zu einem eigenen Denkraum, der mit einer resonanzlosen Sprache unzugänglich bleibt.

Das in frühen Kulturen und bei Kindern, die noch eng mit einer ontologischen Sicht der Sprache verbunden sind, erkennbare Verstehen, Zeichen und Dinge als eine Einheit zu sehen, zeigt sich in Grenzbereichen: Über Mythen, Gebete, Eidesformeln hinaus können sie auch bei Erwachsenen von Bedeutung sein. Wichtiger ist für einen kognitiv begleiteten Sprachgebrauch, wie unser aufgeklärtes Denken genannt sei, die Grundeinsicht, dass jede Sprache ihren Ausgang und ihre resonante Basis für Wahrnehmung durch die Sinne, den Körper und die Gefühle bekommt und zugleich beeinflusst ist von den Strukturen. Es ist ein langer Prozess der Erfahrung, auch die gewählte Struktur der Formulierungen eines Partners als Teil einer durchschaubaren – und kritisierbaren – Formung zu erkennen.

Einen Dialog wie diesen können auch Kinder schon verstehen:
Ein Freund besuchte Herrn Balaban und seine Tochter und trank ein Glas Tee nach dem anderen. Schließlich sagte er: »Es wird spät, wollt ihr denn nicht zu Abend essen?«
»Nein«, sagte Selda, »wir müssen sparen. Wenn wir jeden Abend zu Abend essen würden, wären wir schon längst verhungert!« (Auer 2002, S. 76)

Ein Beispiel aus einer Argumentation:
»Wenn es um den *Nährboden des Hasses* [...] geht, wenn es um die *Mechaniken der Exklusion* geht, die *Prozesse eines* zunehmend *radikalen Denkens*, die frühzeitig erkannt werden sollten – dann sind überall das *soziale Umfeld*, die Nachbarschaft, der *Freundeskreis*, die Familie, die *Netz-Community* mit gefordert in dem Bemühen um Prävention von Fanatismus.« (Emcke 2016, S. 171)
Die hervorgehobenen Sprachelemente zeigen Metaphorik des Sichtbaren in unsinnlichen Kontexten: Nährboden, Umfeld, radikal (die Wurzel betreffend); von Raum: Umfeld, (Freundes-)kreis, Netz; der messbaren Bewegung: Mechanik, Prozess.

Ein interessantes Thema könnte sein, die Anreden und Formeln in schriftlichen Kommunikationen, Brief, Mail und SMS usw., aber auch in Hassmails, zu untersuchen und ihre Qualität als Kommunikationsform zu besprechen und auszuprobieren.

Perspektive: Textformen von besonderer Geschliffenheit

Aphorismen, die mit kritischer, satirischer und doch auch (selbst-)ironischer und spielerischer Art sprechen, also eigentlich die Absicht einer Definition behaupten, sind anders, als die ihrer Richtigkeit und Wahrheit selbstsicheren Sprichwörter. Sie sind ein anregender Aspekt einer Erfahrung nicht nur von Resonanz, in die die Reflexion auf gesellschaftlich problematische Überschreitungen durch Agitation und Hass verwoben ist.

Ein Aphorismus

Das Analphabet ist viel größer.
Es beinhaltet auch die Zahlen. (Klaus D. Koch 2011, S. 70)

Eine Wortneubildung: negativ überblendet aus einem geläufigen Begriff, der die Lese- als Verstehensfähigkeit meint und eine Sortierung der Welt in Sprache (mit ihren metaphorischen Möglichkeiten) und Zahlen (mit ihrem Anspruch auf berechenbare Gültigkeit in Gesellschaft, Wirtschaft und empirischer Forschung). Sind Zahlen – Kompetenzmessungen eingeschlossen – Verstehensverluste?

Gerade aphoristische, satirische Texte sind von großer Offenheit. Sie reicht von schadenfrohem Gelächter über Missverständnisse bis zur Ablehnung und öffentlicher Kritik. Oft ist es schwierig, diese Offenheit zu erkennen und zu akzeptieren. Wichtig bleibt, den Deutungshorizont in Erzählbeispiele einzufügen und zu diskutieren.

Eine notwendige Mammutaufgabe

Die bewusste Wahrnehmung der Sprache als ein metaphorisch arbeitendes Mittel, Äußerungen und Handlungen jedes Einzelnen zu fassen, zu ordnen und zu formen, ist ein wichtiger Bereich sprachlichen Lernens und Lehrens. Die Fähigkeit, sich dieses Mittels in seiner Eigenkraft in ihrer ganzen Breite zu bedienen, ist auf Lernprozesse angewiesen. Die Schüler/innen in die Lage zu versetzen, Sprache nicht als ein normiertes Spezialwerkzeug zu verstehen, sondern als ein Instrument, das vielfältig verwendbar ist, eine immer schon vorfindliche und zugleich erst mitzugestaltenden Aufgabe zu erkennen. Der Einzelne, das betrifft die Lehrenden wie die Lernenden gleichermaßen, mit seinen kognitiven und emotiven Fähigkeiten zum verantwortlichen Gestalter werden. Lernprozesse sind immer dann gefährdet, wenn die Eigenkraft der

Sprache geschmälert wird durch die Behauptung, das Richtige, das Wirkliche, das Wahre sei in eindeutigen Ordnungen und in Definitionen vorgegeben. Lernprozesse sind gefährdet, wenn die Lernenden Sprache allein als innere Regeln und normierte Anwendungen erfahren und in abfragbaren Wissenstests bestätigen sollen. Wenn Sprache in der Wahrnehmung der Menschen die Welt »eindeutig« abbildet, wenn sie über messbare Anwendungen von Ordnungen »definiert« wird, deren ideologische Gefährdungen weder angesprochen noch erkannt werden, dann sind alle resonanten Verbindungen abgeschnitten, die zu einer selbst verantworteten Sprachbildung befähigen. Eine metaphorisch resonante Sprache ist jedoch in der Lage, jedem Nutzer zuvor unbekannte Weltsichten zu öffnen , sie führt auch in die Tiefe der Geschichte der menschlichen Erfahrungen und Kultur und besitzt in der Vielfalt ihrer Texte eine große Breite gesellschaftlicher Erfahrungen. »Gesellschaft« ist auch jede Schulklasse. Metaphorik zu erfahren ist keine Zutat für Lyrik, Witz oder Rhetorik; ihre Verbannung aus Wissensvermittlung, Erzählung und Schreibdidaktik kann nicht verhindern, dass Lüge, Verachtung und Hass sich der Sprache bedienen. Dass diese Erfahrungen mit Sprache Lehrerin und Lehrer entscheidend selbst mit betrifft, dies im Konzept des Unterrichts sichtbar zu machen, geht über ein didaktisches Programm mit Arbeitsblättern und normierten Kompetenzabfragen weit hinaus.

Literatur

Zu Rate gezogene und zitierte Literatur:

Abraham, U. (1999): Vorstellungs-Bildung und Deutschunterricht. Basisartikel in: Praxis Deutsch, Heft 154, S. 14–22.

Appelfeld, A. (2019): Vom Finden der Wörter. In: Martin, M.: Dissidentes Denken. Reisen zu den Zeugen eines Zeitalters. Berlin: AB-Die Andere Bibliothek, S. 466–477.

Baldauf, C. (1997): Metapher und Kognition. Grundlagen einer neuen Theorie der Alltagsmetapher. Frankfurt: Lang (Sprache und Gesellschaft; Bd.24).

Brodbeck, K. H. (1995): Entscheidung zur Kreativität. Darmstadt: Wissenschaftliche Buchgesellschaft.

Cassirer, E. (1994): Philosophie der symbolischen Formen. Erster Teil: Die Sprache. Darmstadt: Wissenschaftliche Buchgesellschaft. (1.A.1964) 10.A.

Gedeck, M./Ziegler, G. M. (2019): »Ins Ungeschützte hinaustreten«. Interview: Annette Zerper. In: Klartext 2019. Klaus Tschira Stiftung GmbH Heidelberg, S. 26–29.

Holder, F. (2019): Wege zum Metaphernverstehen. Ein zeichensystemüberschreitender Ansatz zur Didaktik der Metapher mit empirischer Fundierung. Baltmannsweiler: Schneider Hohengehren.

Ingendahl W. (1973): Der metaphorische Prozeß. Methodologie zur Erforschung der Metaphorik. 2. Auflage. Düsseldorf: Schwann (Sprache der Gegenwart. Schriften des Instituts für deutsche Sprache; 14).

Jaeggi, R. (2005): Entfremdung. Zur Aktualität eines sozialphilosophischen Problems. Frankfurt am Main: Campus.

Kämper-van den Boogaart, M. (2011): Zur Fachlichkeit des Literaturunterrichts. In: Didaktik Deutsch 17, S. 22–38.

Kammler; C./Noack, B. (2011): Symbolverstehen im Literaturunterricht. Praxis Deutsch 38, S. 4–11.

Katthage, G. (2004): Didaktik der Metapher. Perspektiven für den Deutschunterricht. Baltmannsweiler: Schneider Hohengehren.
Köller, W. (1975): Semiotik und Metapher. Untersuchungen zur grammatischen Struktur und kommunikativen Funktion von Metaphern. Stuttgart: Metzler.
Köller, W. (2012): Sinnbilder für Sprache. Metaphorische Alternativen zur begrifflichen Erschließung von Sprache. Berlin: de Gruyter.
Köller, W. (2017): Perspektivität und Sprache: Zur Struktur von Objektivierungsformen in Bildern, im Denken und in der Sprache. Berlin: de Gruyter.
Lakoff, G./Johnson, M. (2000): Leben in Metaphern. Konstruktion und Gebrauch von Sprachbildern. 2. Auflage. Heidelberg: Carl-Auer-Verlagssysteme.
Rosa, H. (2016): Resonanz. Eine Soziologie der Weltbeziehung. Berlin: Suhrkamp.
Rosa, H.: Rede (2019): Es herrscht rasender Stillstand. Unser Verhältnis zur Welt ist versteinert. In: DIE ZEIT Nr. 29, 31. Juli 2019, S. 38f.
Schneuwly, B. (2010): Savoirs/Scire: Gegenstand und Perspektive der Didaktik. Bemerkungen aus der Sicht der französischen Sprach- und Literaturdidaktik. Manuskript. Vortrag auf dem Symposium DD in Bremen.
Weisgerber, L. (1962/1954): Von den Kräften der deutschen Sprache/2.1. Vom Weltbild der deutschen Sprache; 1. Halbband. Die inhaltsbezogene Grammatik. Düsseldorf: Schwann. / Vom Weltbild der deutschen Sprache: 2. Halbband: Die sprachliche Erschliessung der Welt. Schwann: Düsseldorf.

Textquellen der Beispieltexte

Auer, M. (2002): Herr Balaban und seine Tochter Selda. Weinheim: Beltz.
Ehmke, C. (2016): Gegen den Hass. Frankfurt: Fischer.
Fuchs, D. (2019): Bahnbrechendes. Kein guter Zug der Bahn. In: Fränkischer Sonntag. Beilage des Fränkischen Tags Bamberg 27./28.Juli 2019, S. 51).
Kästner, E.: Das fliegende Klassenzimmer (viele Ausgaben).
Koch, K. D. (2011): Geiz ist geil. Aphorismen. Bremen: Edition Temmen.
Sido: Tausend Tattoos (https://genius.com/Sido-tausend-tattoos-lyrics).
Sportfreunde Stiller. Songwriter Peter Stephan Brugger/Florian Weber/Rüdiger Linhof. (youTube).

Sprachsammlungen

Essig, R. B.: Verfasser einer Vielzahl von Publikationen zu Redensarten und Sprichwörtern des Deutschen in verschiedenen Verlagen, z.B: Wie die Kuh aufs Eis kam. Wundersames aus der Welt der Worte. Berlin: Kiepenheuer, 2008; Warum die Schweine pfeifen. Wundersames aus der Welt der worte. Berlin: Kiepenheuer 2009. Da wird doch der Hund in der Pfanne verrückt! Die lustigen Geschichten hinter unseren Redensarten. München, Hanser, 2009; Butter bei die Fische: wie das Meer in unsere Sprache floss. München: Goldmann 2012; Butter bei die Fische. Wie das Meer in unsere Sprache floss. Karlsruhe:SingLiesel 2016.
Jugendsprache: Neben Publikationen zum Thema »Jugendsprache« im Internet sind die Veröffentlichungen und aktuellen Diskussionen der Gesellschaft für deutsche Sprache e.V. (GfdS), Wiesbaden, hilfreiche Quellen.
Röhrig, L. (1991): Das große Lexikon der sprichwörtlichen Redensarten. 3 Bde. Freiburg: Herder.

Kristina Bismarck

Kontakt – Kunst und Sprache erfahren

In der Auseinandersetzung mit Kunstwerken bauen die Schüler/innen Weltbeziehungen auf. Sie nehmen Kunstwerke wahr und spielen, sprechen und schreiben zu ihnen. Die Schüler/innen tauschen sich untereinander aus und stellen dadurch Beziehungen her und generieren Bedeutungen, die über die Kunstwerke selbst hinausgehen. Die vielfältigen Formen der Kontaktaufnahme regen die Schüler/innen an, Sprache auch außerhalb des schulischen Gebrauchs kennenzulernen und in neuen Zusammenhängen verschiedene Formen verbaler und nonverbaler Ausdrucksformen zu erproben und zu entdecken. Auf diese Weise erleben sie das gestalterische und ästhetische Potential von Sprache.

Der Beitrag basiert auf dem Konzept »Kontakt – Kunst und Sprache erleben«. Dieses Konzept wurde im Rahmen universitärer Lehrveranstaltungen mit Studierenden durchgeführt und erprobt. Ein Seminar wurde anlässlich der Ausstellung »implicit touch«, die in der Villa Dessauer in Bamberg zu sehen war, ein zweites anlässlich der Ausstellung »was mit zukunft – was mit perspektiven«, Bestandteil des jährlich stattfindenden Kulturfestivals »Kontakt«, durchgeführt. Das vorliegende Konzept ist für Schüler/innen aller Schularten und Jahrgangsstufen gedacht.

Die Kunstausstellung als Resonanzraum

Ein wesentlicher Bestandteil des Settings von »Kontakt – Kunst und Sprache erleben« ist die unmittelbare Begegnung mit Kunstwerken. Das Einbinden außerschulischer Lernorte in den Deutschunterricht ist in den Lehrplänen für alle Schularten fest verankert und hat bereits eine lange Tradition: Die Forderung, dass die Schule sich der Lebenswelt öffnen muss und Schüler/innen und Lehrkräfte die Schule auch immer wieder einmal verlassen müssen, um Unterrichtsgegenstände auch »in der Vielschichtigkeit der Welt zu erfassen und zu erschließen« (Bahr/Schönknecht 2018, S. 11), besteht seit dem 19. Jahrhundert. Aber auch im aktuellen deutschdidaktischen Diskurs wird die Öffnung der Schule verstärkt gefordert. Wrobel betont zu Recht, dass die Vernetzung des Lernorts Schule und außerschulischer Lernorte verdeutlicht, »dass die Schule zwar ein zentraler, aber eben nur ein Lernort neben anderen ist« (2019, S. 6).

Die Arbeit mit Schüler/innen direkt vor Ort, in einem Museum oder einem Ausstellungsraum ermöglicht die »konkrete Erfahrung von Atmosphäre« (Wrobel 2019, S. 6), die sich nicht im Klassenzimmer simulieren lässt. Darüber hinaus werden die einzelnen Kunstwerke auch in Handlungszusammenhängen präsentiert: Ausstellungen zu kuratieren und zu besuchen ist ein wesentlicher Bestandteil kultureller Praxis. Gerade für Schüler/innen nichtdeutscher Herkunft oder aus sogenannten bildungsfernen Familien ist dies ein wichtiger Aspekt, sie lernen sich in Ausstellungsräumen und Museen souverän zu bewegen. So nimmt im Projekt »Sprache durch Kunst« der Mercator Stiftung der Aspekt, ein Museum zu besuchen, breiten Raum ein: Die Schüler/innen werden dazu aufgefordert, an eigene Erfahrungen mit einem Museumsbesuch anzuknüpfen; sind solche Erfahrungen nicht vorhanden, wird die Frage nach dem Sinn und der Bedeutung eines Museums ausführlich behandelt (Roll et al. 2017, S. 11ff.).

Aber auch Schüler/innen, die bereits vertraut sind mit dem kulturellen Habitus des Museumbesuchs, profitieren von den Erfahrungen vor Ort. Zahlreiche Exponate sind auf Interaktion mit dem Betrachter ausgelegt, wie zum Beispiel das Objekt »Bamberger Kakophonie« der Künstlerin Dagmar Ohrndorf, das auf der Ausstellung des Kontaktfestivals zu sehen war. Dem raumgreifenden Objekt, das aus schwarzen Schläuchen besteht und durch die vielen Windungen und Öffnungen sehr organisch anmutet, wurde eine Aufforderung, mit diesem Objekt in Interaktion zu treten, beigelegt. Verschiedene Küchenutensilien, wie zum Beispiel ein Topfdeckel, ein Schneebesen, eine Käsereibe und verschiedene Holzlöffel lagen für den Betrachter bereit, um Geräusche zu erzeugen. Das »Bamberger Kakophon« griff diese Geräusche auf, modifizierte sie und gab sie, zum Teil zeitlich versetzt, wieder.

Die Körperskulptur »Huddle« der US-amerikanischen Künstlerin Simone Forti konnte gar erst durch die aktive Mitarbeit der Studierenden integriert werden. Eine lizenzierte Choreographin instruierte die Studierenden, die dann die Körperskulptur in der Villa Dessauer inszenierten und dadurch den Besuchern der Ausstellung überhaupt erst zugänglich machten.

Durch die Begegnung mit den Kunstwerken im Rahmen einer Ausstellung erhalten die Schüler/innen zudem die Gelegenheit, die einzelnen Werke in einem bedeutungsvollen Kontext zu erleben. Die besuchten Ausstellungen wurden – wie der Titel bereits verrät – unter einer speziellen Perspektive kuratiert. »implicit touch« versammelt Werke, die die Gestalt an den Körper rückbindet und die Spuren der tätigen Hände in Interaktion mit Material sichtbar werden lässt. Die Ausstellung des Kontaktfestivals hingegen war bestrebt, mit ihren Exponaten gewohnte Wahrnehmungsmustern aufzubrechen und die Besucher einzuladen, sich mit den Perspektiven der ausstellenden Künstler/innen auseinanderzusetzen.

Das Aufsuchen von außerschulischen Lernorten wird darüber hinaus zu einer Einladung zum bewussten, fokussierten Sehen und Wahrnehmen: Das räumliche Erleben im Ausstellungsraum rückt die einzelnen Exponate in den Mittelpunkt der Aufmerksamkeit, während andere Aspekte in den Hintergrund treten. Das Verlassen des Klassenraums ermöglicht zudem ein neues und anderes Arbeiten und Kommunizieren: Die gewohnte (frontale) Sitzordnung ist aufgelöst und dadurch auch bereits gefestigte soziale Strukturen. Genau wie die Schüler/innen ist die Lehrkraft in den Ausstellungsräumen zu Gast.

Ein besonderes Potential entfalten außerschulische Lernorte durch das informelle Lernen, also Lernprozesse, die nicht Folgen intentionalen Handelns sind, nicht an Bildungsinstitutionen gekoppelt ist und nicht mit dem Anspruch der Qualifizierung verbunden sind (Baar/Schönknecht 2018, S. 15). Der Besuch einer Ausstellung kann Resonanzachsen an Stellen entstehen lassen, die vom Lehrenden so gar nicht geplant waren. So berichteten zum Beispiel Studierende, dass sie spannende Einblicke in die Bamberger Kunstszene erhalten hätten und wie eine Ausstellung gestaltet wird. Auch wenn Schüler/innen sicherlich andere Aspekte aufgreifen und als gewinnbringend erleben, werden sie auch die Erfahrung des beiläufigen Wissenserwerbs machen können.

Darüber hinaus stellt die Motivation der Lernenden einen nicht zu unterschätzenden Faktor dar: Nahezu alle Studierenden betonten in ihrer Reflexion zum Seminar die Bedeutung des Lernortes, entweder wurde der Veranstaltungsort als wesentlicher Grund für das Interesse an dem Seminar erwähnt, oder es wurde der Ausstellungsraum als inspirierend für die Gespräche, die Textarbeit und das szenische Spiel bewertet. Auch Schüler/innen freuen sich am Erleben eines neuen, ungewohnten Ortes, Exkursionen und ungewöhnliche Lernorte hinterlassen meistens sehr nachhaltige Erinnerungen.

Kunstwerke als Unterrichtsgegenstand des Deutschunterrichts

Bilder spielen in der Lebenswelt von Kindern und Jugendlichen eine zunehmend wichtige Rolle. Das Freizeitverhalten und die literarische Sozialisation sind häufig von bilddominierten Medien wie Fernseher, Computer und Internet geprägt (Plath/Richter 2016). Auch die Kommunikation von Kindern und Jugendlichen hat sich stark verändert und erfolgt zu weiten Teilen über Bilder. Smartphones und Tablets ermöglichen es den Nutzern, andere intensiv am eigenen Erleben teilhaben zu lassen: Statt vom eigenen Erleben zu erzählen, werden Bilder und Video-Mitschnitte versendet (Vorderer/Klimmt 2016).

Auch in der Öffentlichkeit ist die Rede vom sogenannten »Iconic Turn«, der Ablösung vom Primat des Wortes hin zu einer verstärkten Nutzung des Bildes. In seinem Vortrag »Vom Bild zur Wahrnehmung«, die im Rahmen der Ringvorlesung »Iconic Turn – Das neue Bild der Welt« gehalten wurde, geht der Neurophysiologe Wolf Singer sogar so weit zu behaupten, dass in der öffentlichen Wahrnehmung dem Bild als Kommunikationsmittel mehr zugetraut wird als dem gesprochenen und geschriebenen Wort.

Trotz der gewachsenen Bedeutung des Bildes wurde dieser Aspekt im Deutschunterricht lange Zeit vernachlässigt. Während Sprache auf abstrakten symbolischen Codes basiert, deren Entschlüsselung erst erlernt werden muss, sind Bilder der primären, unmittelbaren Wahrnehmung zugänglich: Das Sehen von Bildern, so scheint es, muss nicht erst erlernt werden.

Aufbau von Visual literacy

In den letzten Jahren hat sich die Perspektive auf das Sehen jedoch verändert. Erkenntnisse aus der kognitiven Psychologie und der Hirnforschung haben verdeutlicht, dass visuelles Wahrnehmen niemals nur das Abbilden des Gesehenen bedeutet. Sehen ist vielmehr als ein konstruktiver Akt zu verstehen, der nicht weniger komplex ist als das Lesen und Verstehen eines Textes (Dehn 2019, S. 121). Bilder lesen heißt Bedeutung herstellen, dabei spielen individuelle Seherfahrungen und auch das Einbeziehen von Welt- und Handlungswissen eine wichtige Rolle. Schon das erste, unwillkürliche Wahrnehmen zielt auf Verstehen ab, häufig findet dabei ein »Normalisieren« (Dehn 2019, S. 122) statt, das heißt, die Inhalte des Bildes werden so mit eigenen Erfahrungen und eigenem Vorwissen verknüpft, dass der Bildinhalt dem Betrachter verständlich wird. Wenn dieses Normalisieren bereits mit dem ersten Blick abgeschlossen werden kann, findet keine weitere Auseinandersetzung mit dem Bild statt.

Für ein intensives Bildverstehen ist es jedoch notwendig, sich auf Widersprüchlichkeiten und Komplexität einzulassen, das Bild darf also nicht gleich an vorhandenes Wissen und vorhandene Erfahrungen angepasst werden. Dazu ist ein rekursiver Prozess notwendig, ein wiederholtes Sich-Einlassen auf das Bild und seine verschiedenen, auch widersprüchlichen Elemente, die immer wieder neu auf das Eigene bezogen werden (Dehn 2019, Maiwald 2012).

Um diesen Prozess in Gang zu setzen, müssen die Lernenden Anknüpfungspunkte finden, die Resonanzerfahrungen ermöglichen, sonst werden die Bilder schnell als unverständlich oder langweilig beiseitegeschoben.

Mit Studierenden war der hier beschriebene Prozess der »Normalisierung« als eine erste Reaktion auf die präsentierten Objekte deutlich zu beobachten: Die Teilnehmer wurden aufgefordert, die einzelnen Objekte der Ausstellung zu betrachten und sich dann vor dem Exponat zu positionieren, welches ihnen am meisten zusagte. In der Ausstellung waren nahezu ausschließlich abstrakte Kunstwerke zu sehen, lediglich in einem der Räume waren Fotografien ausgestellt. Auf diesen Fotografien zeigten Menschen aus unterschiedlichen Kulturkreisen das, was sie glücklich macht. Nahezu alle Studierende versammelten sich in diesem Raum. Im darauffolgenden Gespräch wurde deutlich, dass diese Wahl von dem Wunsch nach Vertrautem geprägt war.

Text und Bild als Ergebnis von Resonanzbeziehungen

Bilder zu sehen muss also genauso erlernt werden wie Texte zu lesen. Warum sollte aber gerade der Deutschunterricht, dessen vornehmliche Domäne doch die Auseinandersetzung mit Sprache und Schriftkultur darstellt, diese Aufgabe übernehmen? Ein Blick in die evolutionäre Anthropologie gibt eine Antwort auf diese Frage: Zwar liegen Texten und Bildern unterschiedliche Zeichensysteme zugrunde, doch haben sie eine zentrale kulturelle Funktion gemeinsam. Texte wie Bilder sind Ergebnis des Wunsches, sich mitzuteilen, »geteilte Aufmerksamkeit« (Tomasello 2015, S. 128) herzustellen. Bilder wie auch Texte sind Ergebnisse der Auseinandersetzung mit der Welt, sie sind Ergebnisse von Resonanzbeziehungen. Beides sind Medien, die wir Menschen im Laufe der Evolutionsgeschichte entwickelt haben, um »zeigen und erklären zu können, was wir erlebt, erfahren, empfunden und gedacht haben« (Abraham/Sowa 2016, S. 14). Beide Zeichensysteme besitzen eine Syntax, die über den Inhalt hinaus Sinn vermitteln, und eine pragmatische Dimension, die es ermöglicht, sie für kommunikative Handlungen einzusetzen.

Text und Bild als komplementäre Zeichensysteme

Text und Bild haben dieselbe kulturelle Funktion, materialisieren diese jedoch in unterschiedlichen Zeichensystemen, die sich wechselseitig ergänzen. Im Folgenden soll die kognitive und kommunikative Leistung der beiden Medien exemplarisch anhand eines Bildes von Wolfgang Müller, das eine Szene des Romans »Frühstück bei Tiffany« von Truman Capote zeigt, und der entsprechenden Textstelle verdeutlicht werden.

Abb. 1: Wolfgang Müller: Frühstück bei Tiffany, Scherenschnitt (mit freundlicher Genehmigung des Künstlers)

»Weißt du, kennst du die Tage, wo du das rote Elend hast?«
»Manche nennen es Angst«
»Na schön. Angst. Aber was macht man dagegen?«
[...]
»Ich hab herausgefunden, das Beste ist, in ein Taxi zu steigen und zu Tiffany zu fahren. Das beruhigt mich sofort, da ist es so still, und alles sieht so vornehm aus; dort kann einem nichts Schlimmes zustoßen, nicht bei diesen freundlichen Herren in ihren schönen Anzügen und diesem wunderbaren Geruch nach Silber und Krokodillederbrieftaschen.«
(Capote 1958/2013, S. 46 f.)

Das Bild ermöglicht im Vergleich zu einem Text eine differenzierte Wiedergabe von Personen. Es »[...] ist auf Überschau angelegt und hat seine Stärke im Räumlichen und Situativen, denn es kann eine Fülle von Informationen über den räumlichen Kontext und die Situation transportieren, es kann komplexe Raumverhältnisse leicht darstellen.« (Abraham/Sowa 2012, S. 5) »Frühstück bei Tiffany« von Wolfgang Müller zeigt dies deutlich. Die dargestellte Person ist detailgenau wiedergegeben: Auf den ersten Blick erkennt der Betrachter äußere Merkmale der dargestellten Person, wie zum Beispiel Alter, Geschlecht, Frisur und Bekleidung. Deutlich wird auch die Situation, in der sich die dargestellte Frau befindet, d.h. Szene und Ort: Sie befindet sich vor einem Schaufenster eines Geschäfts und betrachtet die ausgestellten Waren, die sich im Glas des Fensters spiegelnden Häuserfassaden verweisen darauf, dass die dargestellte Person sich wahrscheinlich in einer Großstadt befindet.

Das Bild verrät uns allerdings nicht, warum die Frau an diesem Ort verweilt. Was vor oder nach der gezeigten Szene geschah oder geschehen wird, bleibt dem »Leser« des Bildes verborgen. Es ist ein eingefrorener Moment, eine Momentaufnahme, ein Standbild, ein aus der kontinuierlichen Bilderfolge der Realität isoliertes »Einzelbild«, dem das Zeitliche fehlt. Auch die Gedanken der Protagonisten offenbart uns das Bild nicht. Hier kommen Deutungen des Betrachters ins Spiel. »Frühstück bei Tiffany« von Wolfgang Müller wie Bilder im Allgemeinen werden zu »Imaginationsanlässe[n], um die herum sich imaginative Resonanzfelder aufbauen« (Sowa 2015, S. 243). Der Text von Truman Capote hingegen nennt nicht nur den Grund, warum sich die dargestellte Person vor dem Laden aufhält (Tiffany als Zufluchtsort bei Angst, bei dem Gefühl, das die Protagonistin als »das rote Grausen« bezeichnet), sondern er schildert auch ihre Gefühle (»Das beruhigt mich sofort.«). Der Text verortet das Bild auch im Bereich des Möglichen: Der Besuch bei Tiffany stellt eine Option dar, eine Handlung also, die sich in der Vergangenheit, in der Gegenwart oder in der Zukunft abspielen kann. Nöth (2004) bezeichnet dies als die Asymmetrie der Zeichensysteme Bild und Sprache. Sprache, so Nöth, komme eher ohne Bilder aus (gemeint sind hier ›materielle‹, ikonische Bilder, also nicht Vorstellungsbilder), während Bilder in der Regel einer sprachlichen Kommentierung bedürfen (Nöth 2004, S. 9). Bilder besitzen folglich per se einen appellativen Charakter, der sich aus dieser Asymmetrie ableiten lässt. Im Folgenden soll gezeigt werden, wie dieser appellative Charakter von Bildern für den Aufbau von Resonanzen wie auch die sprachliche, kulturelle und ästhetische Bildung von Schüler/innen genutzt werden kann.

Kunst erleben

Für den Besuch der Ausstellung sollte genügend Zeit eingeplant werden. Sinnvoll ist entweder ein gesamter Schultag oder aber der regelmäßige Besuch der Ausstellung über einige Wochen hinweg. Zeit ist ein wichtiger Aspekt von Resonanz, Resonanzerfahrungen können nicht unter Zeitdruck ermöglicht werden (Rosa 2018).

Besonders günstig ist ein Besuch von Ausstellungen mit einer Schulklasse außerhalb der Öffnungszeiten. Ohne Publikumsverkehr fühlen sich die Schüler/innen weniger beobachtet und können freier und ungehemmter agieren. Größere Ausstellungen und Museen bieten manchmal extra Schulungsräume für Lerngruppen an, doch der unmittelbare Kontakt mit den Exponaten macht das Erleben der Kunstwerke noch intensiver.

Einen ersten Kontakt zur Ausstellung und den Kunstwerken stellen die Schüler/innen durch ein eigenes Erkunden der Räumlichkeiten und der Exponate her. Die Schüler/innen bewegen sich frei im Raum und entscheiden selbst, wie viel Zeit sie vor welchen Exponaten verbringen und welche Themen und Aspekte sie interessieren. Der Auftrag »Laufe durch die Ausstellungsräume und betrachte die hier ausgestellten Kunstwerke. Wähle dann dein Lieblingskunstwerk« betont noch einmal die Aufgabe der Schüler/innen, eigenständig zu agieren und eigene Entscheidungen zu treffen. Die Schüler finden sich anschließend zu einer ersten Gesprächsrunde zusammen. Gemeinsam geht die Klasse von Kunstwerk zu Kunstwerk, um die jeweiligen »Lieblingsstücke« präsentiert zu bekommen. Die Schüler/innen erläutern kurz, warum sie genau dieses Kunstwerk gewählt haben. Auf diese Weise werden die subjektiven Erfahrungen mit den Kunstwerken geteilt, die unterschiedlichen Wahrnehmungen bleiben zunächst nebeneinander stehen und die Schüler/innen lernen, die Meinungen und Haltungen ihres Gegenübers zu respektieren.

Diese ersten Wahrnehmungen sind in der Regel noch stark von Vorerfahrungen und Sehgewohnheiten der Schüler/innen geprägt, sehr häufig wenden sie sich dem Bekannten, Vertrauten zu. Zudem wirken auch gesellschaftliche Erwartungen und Wertmaßstäbe auf das erste Sehen ein. So waren die Studierenden beispielsweise angesichts eines Gemäldes, das eine junge, attraktive, lebenslustige Frau in Kreuzigungspose zeigte, sehr verunsichert. »Ist das nicht blasphemisch«, war die erste, spontane Reaktion. Auch das Objekt »Über Haare« von Birgit Kunz, das Haare in allen möglichen Variationen zeigte, stieß bei den Studierenden zunächst auf Ablehnung. Hier waren Kommentare wie »Igitt« oder »Irgendwie total eklig« zu hören. Der erste, spontane Kontakt mit den Exponaten lässt also noch keine stabile Resonanzbeziehung zwischen Betrachter und Kunstwerk entstehen, das Eigene der Schüler/innen steht noch im Vordergrund.

Körperliche Dimension des Wahrnehmens

Das Wahrnehmen des Unterrichtsgegenstandes – hier der Kunstwerke – stellt den ersten Schritt des Resonanzprozesses dar. Wichtig in diesem Zusammenhang ist es, die Wahrnehmung der Schüler/innen nicht vorzeitig zu verengen, sondern verschiedene Formen der Wahrnehmung zu ermöglichen, denn Wahrnehmung ist weder rein subjektiv-emotional noch rein kognitiv. Wahrnehmungen als Resultate von Resonanzbeziehungen sollten daher eine möglichst ganzheitliche Annäherung an den Unterrichtsgegenstand ermöglichen. Hartmut Rosa unterscheidet hier zwischen horizontalen Resonanzachsen, die zwischen zwei oder mehreren Menschen stattfindet, diagonalen Resonanzachsen zwischen einem Subjekt und Dingen und Tätigkeiten und die vertikale Resonanzachse, die zwischen Mensch und seinem soziokulturellen Umfeld entsteht. Aber auch die Beziehung zu sich selbst, die Wahrnehmung der eigenen Person spielt eine wichtige Rolle im Resonanzgeschehen. Um solch eine ganzheitliche Wahrnehmung zu ermöglichen, spielt die physische Dimension eine wichtige Rolle (vgl. dazu auch den Beitrag von Geneuss in diesem Band). Durch das körperliche Ausagieren werden affektive, soziale und imaginative Erfahrungen verbunden, handelnd werden Vorstellungen materialisiert und Sinn und Bedeutung geschaffen. Daher stellt das szenische Spiel einen wesentlichen Bestandteil des Konzeptes »Kontakt – Kunst und Sprache erleben« dar. Einen ersten Einstieg in die physische Dimension des Wahrnehmens stellen verschiedene theaterpädagogische Übungen dar, die es den Schüler/innen erlauben, mit sich selbst, mit der Gruppe und auch mit dem Raum in Kontakt zu treten. Dass diese Dimension des Lernens im schulischen Kontext sehr wenig Beachtung findet, zeigten unter anderem die Reaktionen der Studierenden. Für viele waren solche theaterpädagogischen Übungen gänzlich unbekannt und es kostete sie ein großes Maß an Überwindung, sich darauf einzulassen, auch, weil hier die eigene Persönlichkeit in ihrer Gesamtheit gefordert ist. Das Erleben der eigenen Person, der Gruppe und des (Handlungs-)raumes wirkt sich jedoch sehr produktiv auf die spätere Auseinandersetzung mit den Kunstwerken aus. Ein Student berichtet: »Bevor ich das Seminar anfing, hatte ich einige Bedenken darüber, inwiefern ich mich wohl fühlen würde und inwieweit ich an den einzelnen praktischen Übungen partizipieren würde. [...] Aber durch die einzelnen theaterpädagogischen Übungen habe ich mich mit dem Fortschreiten des Seminars immer wohler gefühlt und es fiel mir immer leichter, einen guten Kontakt zu den anderen Seminarteilnehmern und auch zu den Kunstwerken aufzubauen.«

Mit einfach durchzuführenden Übungen lernen die Schüler/innen sich und ihr Gegenüber wahrzunehmen. Beispiel für solch eine Übung ist das Kreuzen des Raumes. Die Schüler/innen werden aufgefordert, sich möglichst schnell durch den Raum zu bewegen und dabei möglichst oft einen markierten Punkt in der Mitte des Raumes zu kreuzen. Es soll dabei weder gesprochen noch eine andere Person berührt werden. Nach nur wenigen Durchläufen gelingt es den Schüler/innen sich selbst, ihr Gegenüber und den Raum so wahrzunehmen, dass die Übung völlig lautlos und ohne irgendwelche Kollisionen verläuft. Solche Übungen wirken sich auch sehr positiv auf die Gruppendynamik aus, schnell wird deutlich, dass ein Erfolg sich nur dann einstellt, wenn alle Beteiligten sich auf die Situation einlassen und ›mitziehen‹.

Auch die erneute Auseinandersetzung mit den Kunstwerken setzt zunächst auf der körperlichen Ebene an. Die Schüler werden beispielsweise aufgefordert, ein von ihnen gewähltes Kunstwerk in einem Standbild nachzustellen. Bei konkreten Kunstwerken ist zuerst eine intensive Betrachtung gefragt: Die Schüler/innen achten auf alle Einzelheiten und Details und gleichen ihr Standbild immer wieder mit der Vorlage ab. So setzen sie sich zunächst mit der materiellen Dimension eines Kunstwerkes auseinander. In einem zweiten Schritt agieren sie in der entwickelten Szene und versetzen sich so in die Situation der dargestellten Personen hinein.

Bei abstrakten Werken wird ein solches Nachstellen schon zu einer ersten Interpretation: Was steht für die Schüler/innen bei der Darstellung im Vordergrund? Ist es eine Bewegung, eine Stimmung, eine Aussage? Wie reagieren sie körperlich auf das im Kunstwerk Dargestellte? Und was löst diese Körperhaltung, diese Art der Interaktion bei ihnen aus? Dies sind Fragen, die die Schüler/innen zunächst durch ihr Handeln beantworten.

In einer Feedbackrunde werden diese Fragen dann aufgegriffen und verhandelt. In Rückbezug auf das Kunstwerk werden die verschiedenen Eindrücke der Schüler/innen durch einen intersubjektiven Austausch aufeinander bezogen. Der Rückbezug auf das Bild ist von wesentlicher Bedeutung, da sonst die Reaktion auf das Kunstwerk auf die Darstellung innerpsychischer Prozesse reduziert wäre. Durch gezielte Nachfragen seitens der Lehrkraft, die den Bezug zum Bild in den Mittelpunkt stellen, wird den Schüler/innen verdeutlicht, dass Mehrdeutigkeit bei der Auseinandersetzung mit Kunstwerken nicht mit Beliebigkeit zu verwechseln ist.

Mehrdeutigkeit erleben

Ein wichtiger Aspekt eines resonanzpädagogischen Deutschunterrichts ist das Wahrnehmen, ein Prozess an dem alle »Akteure« gleichermaßen beteiligt sind – die Schüler/innen, die Lehrkraft, die ausgestellten Kunstwerke wie auch der soziokulturelle Raum, in welchem die Begegnung stattfindet. Dies bedeutet, dass die Lehrkraft, die sich bereits im Vorfeld mit den Kunstwerken auseinandergesetzt hat, bereit sein sollte, den Wahrnehmungsprozess noch einmal gemeinsam mit den Schüler/innen zu durchlaufen. Das Einbeziehen weiterer Akteure verändert den Wahrnehmungsprozess, denn die Schüler/innen bringen ganz andere Erwartungen, Vorstellungen und ein anderes Vorwissen mit ein. Die Aufgabe der Lehrkraft ist es deshalb unbedingt, die Impulse und Anregungen der Schüler/innen aufzugreifen, auch wenn vielleicht die eigene Begegnung mit den Kunstwerken zu ganz anderen Ergebnissen geführt hat. Die Auseinandersetzung mit Kunstwerken gemeinsam mit einer Lerngruppe ist daher immer auch nur bedingt planbar. Diese Unwägbarkeit auszuhalten, stellt häufig eine große Herausforderung für Lehrkräfte dar. Umgekehrt fordert die hier angesprochene Offenheit auch die Lerngruppe heraus. Die Erkenntnis, dass eigene Resonanzen auch maßgeblich durch die Lerngruppe mitdefiniert werden kann, war eine der prägendsten Erfahrungen der Studierenden. Zunächst löste diese Erfahrung eine Verunsicherung aus. Nach einer intensiven Begegnung mit einem Bild, das zunächst als Standbild nachgestellt und dann – angereichert durch Handlungen und Dialoge – szenisch interpretiert wurde, war die erste Frage der Studierenden: »Und was ist jetzt die richtige Interpretation des Bildes?« Offenkundig sind sie gewohnt, dass eher offene, handelnde, imaginative und kreative Lernphasen als eine Art Spielerei, eine Art Vorgeplänkel zu verstehen seien, auf die dann die ernsthafte Arbeit folgt, deren Ergebnis eine vollständige, vermeintlich richtige Interpretation ist.

Erst mit zeitlichem Abstand konnten die Studierenden die Erfahrung mit der Mehrdeutigkeit eines Kunstwerkes als gewinnbringend interpretieren. So schreibt eine Studentin in ihrer Reflexion: »Nachdem wir einige Methoden erprobt haben, erwachte in mir die alte Kunststudentin und wehrte sich gegen ein solches unvorbereitetes ›Hineinstürzen‹ in ein Bild. Auf diese Methoden folgte nämlich nicht die tatsächliche Interpretation des Bildes. Was war nun die Intention des Künstlers? Das war das erste Mal, dass ich vor den Kopf gestoßen war. An dieser Stelle hieß es für mich überwinden. Ich lernte zuzulassen, dass eine Interpretation zunächst ungeklärt bleibt – der Sinn vom In-Kontakt-Treten mit einem Bild ist es, in Kontakt zu treten und nicht auf des Bildes Interpretation zu kommen und die Aussagen, die der Künstler machen wollte, zu diskutieren.«

Auch Schüler/innen, insbesondere jüngere, empfinden den Umgang mit Mehrdeutigkeit als eine Herausforderung. Nicht umsonst wird die Fähigkeit »Sich auf die Unabschließbarkeit des Sinnbildungsprozesses einzulassen« als ein zentraler Aspekt literarischen Lernens definiert (Spinner 2006, S. 12).

Sprache erleben

Nach dieser Phase des intensiven Wahrnehmens drängt es die Schüler/innen in der Regel tatsächlich, ihren Erfahrungen in irgendeiner Form Ausdruck zu verleihen. Ein wichtiges Mittel dafür stellt die Sprache dar. Durch Sprache kann einerseits die bereits erwähnte »gemeinsame Aufmerksamkeit« (Tomasello 2015, S. 128) hergestellt werden – man teilt die eigenen Wahrnehmungen und Erfahrungen mit einem Gegenüber –, andererseits können abstrakte Ordnungen und Strukturen hergestellt werden – man kann das Wahrgenommene hierarchisch ordnen, man kann Folgen und Konsequenzen darstellen, man kann das Wahrgenommene bewerten. Dazu müssen die Schüler/innen jedoch mit den vielfältigen kommunikativen und gestalterischen Möglichkeiten der Sprache vertraut gemacht werden. Sprache darf also nicht nur als ein normatives System vermittelt werden, vielmehr sollten die vielfältigen Gestaltungsmöglichkeiten durch Sprache in den Blick genommen werden.

Wie beim Wahrnehmen der Kunstwerke stehen auch beim sprachlichen Gestalten die spontanen, ungefilterten sprachlichen Assoziationen am Anfang des Gestaltungsprozesses. Hierfür bietet sich die Methode des Schreibgespräches an. Vor den von den Schüler/innen ausgewählten Exponaten werden auf dem Boden Plakate und Stifte ausgelegt. Die Schüler/innen werden aufgefordert, alles, was ihnen zu dem entsprechenden Kunstwerk spontan in den Sinn kommt, zu notieren, dabei kann auch auf die Äußerungen anderer Bezug genommen werden. Diese spontanen Äußerungen werden nach und nach ausdifferenziert und unter verschiedenen Aspekten beleuchtet. In einem nächsten Schritt sammeln die Schüler/innen zum Beispiel möglichst viele Adjektive zu dem Kunstwerk, ein nächster Schritt kann das Finden eines Vergleiches sein oder auch die Aufgabe, in einem Satz zu formulieren, in welcher Beziehung man sich selbst zu dem Kunstwerk sieht.

Die sprachliche Auseinandersetzung mit dem Werk »Fetisch« von Markus Karstieß nahm unter anderem folgende Formen an:

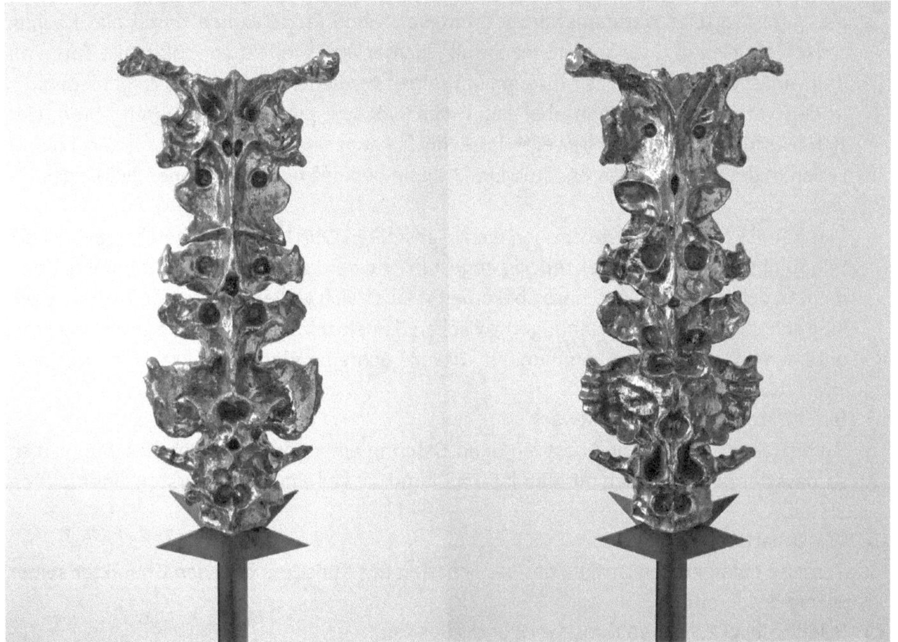

Abb. 2 Markus Karstieß Isenheim-Rochen-Wesen (Fetisch), 2015 Keramik, Lüsterglasur, Stahl/Ceramics, lustre glaze, steel 180 x 46 x 46 cm © VG Bild-Kunst, Bonn 2015- 2019 (mit freundlicher Genehmigung des Künstlers)

Spontane Eindrücke: Totem, Rohrschachtest, eckig, kantig, Wirbelsäule, Glanz, Fluch, Anatomie, düster, Maske, ...
Adjektive: mystisch, düster, majestätisch, erhaben, achsensymmetrisch, bedrohlich, knochig, gruselig, verflucht, glänzend
Vergleiche: Das Kunstwerk sieht aus... wie eine gottähnliche Plastik, die von gläubigen Völkern angebetet wird, ...wie beobachtende Augen, ... wie eine Maske aus fernen Kulturen, ... wie ein Körper, der viele andere Körper beinhaltet.
Ich und das Kunstwerk: Das Kunstwerk macht mir Angst, Das Kunstwerk inspiriert mich, ...

Auf diese Weise haben die Schüler/innen schon einmal verschiedene Möglichkeiten kennengelernt, ihre Erfahrungen mit dem Kunstwerk sprachlich zu gestalten. Im Anschluss an diese Phase des Sich-Erprobens werden den Schüler/innen verschiedene Möglichkeiten angeboten, ihren Ideen und Gedanken eine bestimmte Form zu geben, die Schreibaufgaben berücksichtigen dabei möglichst viele Schreibhaltungen und -funktionen.

Mögliche Schreibaufgaben:

1.) Nachts im Museum
Der Tag neigt sich seinem Ende zu. Die letzten Besucher der Ausstellung haben die Räume verlassen. Der Museumswärter dreht noch eine letzte Runde durch alle Räume, schaut, ob alles in Ordnung ist, macht alle Lichter aus, schließt sorgfältig alle Türen ab und verlässt – endlich – das Museum, um seinen verdienten Feierabend zu genießen.
In den verlassenen Räumen aber kann man plötzlich ein leises Geräusch hören. Hat sich hier nicht auch etwas bewegt? Tatsächlich, kaum sind alle Räume verlassen, kommt Leben in die ausgestellten Kunstobjekte, für sie beginnt nun der spannende Teil des Tages...
Was könnte passieren? Wie erleben die ausgestellten Objekte die zahlreichen Besucher? Wie fühlt es sich an, den ganzen Tag angestarrt zu werden? Was war der dümmste Kommentar, den die Objekte zu hören bekamen? Haben sich vielleicht in der Zeit der Ausstellung schon erste, leise Beziehungen zwischen den einzelnen Objekten, die alle von ganz unterschiedlichen Orten kommen, entwickelt? Schreibe eine kurze Erzählung mit dem Titel: »Nachts im Museum«.
2.) Blind Date mit einem Kunstwerk
Du bist das Kunstwerk und hast ein Blind-Date mit einem der Besucher. Beschreibe dich so, dass der Besucher dich problemlos findet und dass er einen guten ersten Eindruck von dir hat.
3.) Lexikonartikel
Verfasse einen kurzen Artikel, der das Schaffen des Künstlers bzw. den Charakter seiner Werke beschreibt.
4.) Briefwechsel zwischen Kunstwerk und Künstler
5.) Verfasse ein Gedicht zu einem der Kunstobjekte, in welchem vor allem die Wirkung, die dieses Objekt auf dich hat, zum Ausdruck kommt.

Das Verfassen der ersten Textentwürfe findet im besten Fall noch in den Ausstellungsräumen, in direktem Kontakt mit den Kunstwerken statt. Wichtig ist auch an dieser Stelle, den Schüler/innen genügend Zeit für den Schreibprozess zur Verfügung zu stellen. In Anschluss an die Textarbeit stellen sich die Schüler/innen ihre Texte gegenseitig vor und überarbeiten diese noch einmal. (Zur Bedeutung des Vorstellens der Texte und der Überarbeitung vgl. Leßmann in diesem Band, S. 38 ff.) Danach werden die Texte für eine öffentliche Präsentation gestaltet.

Für Schüler/innen ist es besonders motivierend, wenn sie ihre Schreibprodukte einer größeren Öffentlichkeit auch außerhalb des Klassenraums zugänglich machen können. Im Rahmen des Konzepts »Kontakt – Kunst und Sprache erleben« bieten sich verschiedene Möglichkeiten an. So können die Schüler/innen zum Beispiel zu einer Finissage einladen, bei welcher die entstandenen Texte gemeinsam mit den Kunstwerken präsentiert werden. Eine weitere Möglichkeit wäre das Erstellen eines eigenen Ausstellungskatalogs, in welchen Fotografien der Kunstobjekte gemeinsam mit den Schülertexten abgedruckt werden.

Die intensive Begegnung mit Kunst und Sprache eröffnet vielfältige Resonanzräume: Die Schüler/innen nehmen Kunstwerke neu und genau wahr und gestalten ihre Eindrücke sprachlich. Sie werden sich ihrer selbst in der Lerngruppe und in Beziehung zu den Kunstwerken gewahr. Sie tauschen sich aus und lernen die Perspektiven der anderen kennen. Sie treten in ein »Antwortverhältnis« mit den Kunstwerken und erfahren dadurch Selbstwirksamkeit.

Literatur:

Abraham, U./Sowa, H. (2016): Bild und Text im Unterricht. Grundlagen, Lernszenarien, Praxisbeispiele. Seelze: Klett Kallmeyer.

Abraham, U./Sowa, H. (2016): Bilder lesen und Texte sehen. Symbiosen im Deutsch und Kunstunterricht. In: Praxis Deutsch, Jg. 39, H.232, S. 4–11.

Baar, R./Schönknecht, G. (2018): Außerschulische Lernorte: didaktische und methodische Grundlagen. 1. Auflage. Weinheim; Basel: Beltz.

Capote, T. (1958/2013): Frühstück bei Tiffany. Roman. Aus dem Amerikanischen neu übersetzt von Heidi Zerning. eBook. Zürich/Berlin: Kein und Aber.

Dehn, M. (2019): Visual literacacy, Imagination und Sprachbildung. In: Knopf, J./Abraham, U. (Hrsg.): BilderBücher. Band 1 Theorie. Baltmannsweiler: Schneider Verlag Hohengehren, S. 121–130.

Maiwald, K. (2012): Bilder zur Sprache bringen. Sehen lernen als Aufgabe des Deutschunterrichts. – In: Informationen zur Deutschdidaktik, H. 2, S. 38–48.

Nöth, W. (2004): Zur Komplementarität von Sprache und Bild aus semiotischer Sicht. In: Mitteilungen des deutschen Germanistenverbandes, Jg. 51, H1, S. 8–22.

Plath, M./Richter, K. (2016): Literarische Sozialisation in der mediatisierten Kindheit. Ergebnisse neuer empirischer Untersuchungen. In: Lange, G. (Hrsg.): Kinder- und Jugendliteratur der Gegenwart. Ein Handbuch. Baltmannsweiler: Schneider Verlag Hohengehren, S. 485–507.

Roll, H./Baur, R. S./Okonska, D./Schäfer, A. (2017): Sprache durch Kunst. Lehr- und Lernmaterialien für einen fächerübergreifenden Deutsch- und Kunstunterricht. Unter Mitarbeit von A. Nüschen und R. Stamp. Münster/New York: Waxmann.

Rosa, H. (2016): Resonanz: Eine Soziologie der Weltbeziehung. Suhrkamp Verlag.

Sowa, H. (2016): Wie kommen Bilder ins Gespräch? In: Glas, A./ Heinen, U./Krautz, J./Lieber, G./ Miller, M./Sowa, H. Uhlig, B. (Hrsg.): Sprechende Bilder – Besprochene Bilder. Bild, Begriff und Sprachhandeln in der deiktisch-imaginativen Verständigungspraxis. München: kopaed, S. 241–270.

Spinner, K. H. (2006): Literarisches Lernen. – In: Praxis Deutsch, Jg. 33, H. 200, S. 6–16.

Tomasello, M. (2015): Die kulturelle Entwicklung des menschlichen Denkens. Zur Evolution der Kognition. 5. Auflage. Frankfurt am Main: Suhrkamp.

Vorderer, P./Klimmt, C.: Das neue Normal 28. Januar 2016 DIE ZEIT Nr. 5/2016.

Wrobel, D./Ott, C. (Hrsg.) (2019): Außerschulische Lernorte für den Deutschunterricht. Anschlüsse – Zugänge – Kompetenzerwerb. Seelze: Klett/Kallmeyer.

Christian Hoiß

Deutschunterricht als Resonanzraum für den Klimawandel – Sprachliche Welterschließung im 21. Jahrhundert

Bildung regt zur Weltbegegnung an, so lässt sich in Anlehnung an Hartmut Rosas Resonanzforschungen schlussfolgern. Denn ein integraler Bestandteil des Selbstverständnisses von Bildung ist die umfassende und ganzheitliche Auseinandersetzung des Menschen mit der Welt. Pädagogisch-didaktisches Handeln zielt ganz grundlegend auf die Beschäftigung jedes und jeder Einzelnen mit der Welt ab: sei es in einem allgemeinen sinnstiftenden Zusammenhang sowie beim Nachdenken über die eigene (menschliche) Position im Beziehungsgefüge der Welt und des Kosmos oder sei es beim Nachdenken über das eigene Verhältnis zur Gesellschaft und der nicht-menschlichen Umwelt sowie über den eigenen Standpunkt darin (Hoiß 2019, S. 62–69).

Dies umfasst notwendigerweise auch ein Nachdenken über sprachliche Weltbeziehungen und Weltbilder, wobei diese nicht einfach bereits etablierte Weltverhältnisse »repräsentieren, sondern […] stets auch einen welteröffnenden und welterschließenden Charakter [haben]« (Rosa 2019, S. 69). Die Beziehung des Menschen zur Welt ist keine Einbahnstraße. Menschen nehmen die Welt nicht einfach nur wahr und reagieren in passiver Weise auf sie, sondern sie konzeptualisieren sie zugleich auf aktive Weise »als eine Welt, in der sie sich befinden, die ihnen begegnet und in der sie handeln« (Rosa 2019, S. 69). Diese individuellen und kollektiven Konzeptualisierungen beeinflussen wiederum »die sich herausbildenden Praxisformen, in denen sich menschliches Leben vollzieht und Weltverhältnisse sich konkretisieren […]« (Rosa 2019, S. 69). Dabei gilt, dass die Beziehung der Menschen zur Welt notwendigerweise einer gewissen Dynamik unterliegt. Auch wenn individuelle und kollektive Einstellungen, Wertzuschreibungen und Weltbilder überzeitlicher Natur sind, so ist doch von einem steten Wandel der Beziehungen zur Welt auszugehen.

»*Aktives Nachdenken über die Sprache*« (Neuland/Peschel 2013, S. 127; Hervorhebung im Original) stellt innerhalb dieses ständigen Prozesses der Weltbegegnung nicht nur eine bloße Randnotiz dar. Die Suche nach einer Antwort auf die Frage, welche Rolle die Sprache bzw. das Sprechen über die Welt einnimmt, bestimmt ganz wesentlich die Begegnung mit den Weltphänomenen. Zu einer reflektierten Weltbegegnung gehört es, aktuelle und historische mediale Darstellungen und Deutungen der Welt zu erkennen und zu durchdenken. Auch ein Nachdenken über Sprache und ihre Funktionen und Leistungen, über den individuellen wie kollektiven Sprachgebrauch bzw. über das eigene und allgemeine kommunikativ-diskursive Verhalten ist Teil einer solchen Weltbegegnung. Im Hinterfragen des eigenen Sprachgebrauchs bzw. des eigenen kommunikativen Verhaltens sowie im Erkennen von sprachlichen »Unschärfen, Verhüllungen und Missverständnisse[n]« (Heringer/Wimmer 2015, S. 199) festigen sich grundlegende sprachreflexive Fähigkeiten.

Daran anknüpfend schließt der vorliegende Beitrag an eine bildungstheoretisch fundierte Deutschdidaktik an, die es als ureigenste Aufgabe von Schule ansieht, »einer neuen Generation die Welt, in die sie eintritt und die sie für die Spanne ihres Lebens bewohnen und formen wird, zu erschließen« (Ivo 1999, S. 1). Angesichts dieser Aufgabe steht der Sprachunterricht im 21. Jahrhundert vor zwei elementaren Herausforderungen: Zum einen gilt es für den Deutschunterricht bzw. die Deutschdidaktik eine Antwort auf die Frage zu finden, welche Rolle die Sprache bzw. das Sprechen über die Welt angesichts der radikal veränderten Weltbeziehungen eines Großteils der Weltbevölkerung in der heutigen Zeit einnimmt. Gemeint sind damit globale Phänomene wie der Klimawandel, das Artensterben oder der exzessive Ressourcenverbrauch, der sich in der Rodung von Urwäldern, der Überfischung der Meere oder der Überdüngung der Böden äußert, um nur einige Beispiele zu nennen. Zum anderen bedarf es einer intensiven Debatte über die Bedeutung des Deutschunterrichts und, eng damit verbunden, über die Rolle der Lehrpersonen angesichts der globalen Herausforderungen des 21. Jahrhunderts.

Der vorliegende Beitrag nähert sich der Beantwortung dieser Fragen folgendermaßen an: Eine Reflexion des Selbst-Welt-Verhältnisses im 21. Jahrhundert hat notwendigerweise die Veränderung des gesamten Erdsystems durch globale menschliche Aktivität zum Inhalt (1). Eine solche Reflexion kann sich im pädagogisch-didaktischen Kontext und in Annahme einer bildungstheoretisch fundierten Aktualisierung an Wolfgang Klafkis Zielhorizont der Bewältigung epochaltypischer Schlüsselprobleme (Klafki 2007) orientieren (2) und dabei wertvolle Impulse aus resonanzpädagogischen Zugängen im Sinne Hartmut Rosas aufnehmen (3). Für den Deutschunterricht zentral erscheint die mediale Vermitteltheit der beschriebenen globalen Phänomene, insbesondere des Klimawandels, wie sich anhand des von David Nelles und Christian Serrer verfassten Buches *Kleine Gase – Große Wirkung* (2018) zeigen lässt (4)–(7). Schließlich geben die letzten beiden Kapitel einen Ausblick, wie Sprachbewusstsein nicht nur zur Rezeption sprachlicher Äußerungen, sondern zum Erwerb sprachlicher Gestaltungskompetenz führen kann (8), und welche Rolle die Lehrperson in diesem Kontext einnehmen kann (9).

Globale menschliche Aktivität im 21. Jahrhundert

Sich im 21. Jahrhundert mit dem Verhältnis zwischen dem Selbst und der Welt zu beschäftigen, erfordert notwendigerweise eine Reflexion der gegenwärtigen Natur-Mensch-Umwelt-Beziehungen. Diese zeichnen sich durch zunehmende Veränderungen des Erdsystems aus, die maßgeblich durch globale menschliche Aktivität ausgelöst wurden. Wo die Menschheit bis zum Beginn der Industriellen Revolution die für sie verfügbare Energie aus Wind, Wasser, Pflanzen (v.a. Bäumen) oder über den Einsatz von Nutztieren gewann, haben in den letzten gut zweihundert Jahren eine unerhörte Abhängigkeit und ein enormer Verbrauch von fossilen Brennstoffen (zuerst Kohle, später Öl und Gas) entscheidenden und zunächst nicht absehbaren Einfluss auf das Erdsystem genommen. Der Zugang zu einem scheinbar im Überfluss vorhandenen Vorkommen an Energieträgern bedeutete aber nichts weniger als eine massive energetische Förderung weit aus der Vergangenheit, von der unser heutiger Wohlstand herrührt. Nicht zuletzt begünstigte dies einen vier- bis fünfmal höheren Energieverbrauch industrieller Gesellschaften im Vergleich zu den zuvor dominierenden Agrargesellschaften, die wiederum bereits drei- bis viermal so viel Energie verbraucht hatten wie die Gesellschaften der Jäger und Sammler davor (Steffen/Crutzen/McNeill 2007, S. 616).

Die Einwirkungen des Menschen auf den Planeten veränderten die Umwelt nicht nur lokal, sondern auch global. In diesem Bereich ist der weltweite erdsystemische Wandel durch die bis 1945 bereits rapide angestiegene Konzentration von Methan, Kohlenstoffdioxid und anderen Stickstoffen in der Atmosphäre besonders evident (Steffen/Crutzen/McNeill 2007, 616). Die Menschheit erhöhte insbesondere seit den 1950er Jahren ihren globalen Einfluss auf das Erdsystem immer weiter, sodass man heute häufig den Begriff der *Großen Beschleunigung* verwendet (Steffen et al. 2004). Auffällig ist eine immense Effizienzsteigerung sowie ein (gefühlter) Bedeutungsverlust des Raumes im Verhältnis zur Zeit; wir erleben aufgrund des technologischen Wandels eine Verringerung räumlicher Differenzen – Hartmut Rosa spricht von *Schrumpfung* (Rosa 2014a, S. 161–175) – und wir können in der Folge Räume zu verschiedensten Zwecken immer schneller und leichter durchdringen:

> »Die erste, offensichtlichste und am einfachsten zu messende Form der Beschleunigung ist die intentionale Steigerung der Geschwindigkeit zielgerichteter Transport-, Kommunikations- und Produktionsprozesse, die sich als technische Beschleunigung definieren lässt.« (Rosa 2014b, S. 20)

Diese globalen Beschleunigungsprozesse spiegeln derweil auch die Beschleunigungsprozesse einzelner Gesellschaften und Individuen wider, die sich als Motoren der *Großen Beschleunigung* beschreiben lassen. Dies ist eng verbunden mit der veränderten Wahrnehmung von Natur und natürlichem Raum in der Moderne. Charakteristisch für diesen Wahrnehmungswandel sind eine neue Weite des Raumes sowie die Entdeckung neuer Räume (z. B. Seefahrt, Kopernikanische Wende, Raumfahrt), die (symbolische) Beherrschbarkeit des Raumes (z. B. durch Landkarten und Globen), die beschleunigte Überbrückbarkeit des Raumes (v.a. durch schnellere Transportmöglichkeiten und durch Entwicklungen in der Informations- und Kommunikationstechnik) sowie ein daraus resultierendes Übermaß an Raum (Schneider 2012, S. 230).

Doch die intensive Nutzung der Erde, all ihrer Lebewesen und nicht-lebenden Ressourcen, – so kann man den wissenschaftlichen Konsens im 21. Jahrhundert zusammenfassen – hat eine Schattenseite: Der exponentiell angestiegene Ressourcenverbrauch der menschlichen Spezies (vor allem im Globalen Norden), der durch Bevölkerungswachstum und Lebensstiländerungen angetrieben wurde und nach wie vor wird, gefährdet auf lange Sicht das Fortbestehen der gesamten menschlichen Spezies (Gerten/Schellnhuber 2016, S. 11). Will man die Zukunft der Menschheit weiterhin gewährleisten, bedürfe es einer Eingrenzung ihres Ressourcenverbrauchs innerhalb eines »sicheren Handlungskorridors für die Menschheit« (Rockström et al. 2009, S. 472; Übersetzung C. H.), der als Begrenzungsrahmen für globale menschliche Aktivität zu werten ist. In den Debatten der letzten zehn Jahre galten die sogenannten *planetary boundaries*, die planetarischen Grenzen, als Marker für einen solchen Rahmen (u.a. in den Bereichen Klimawandel, Biosphärenintegrität, Ozonabbau, Süßwassernutzung, Landnutzungswandel oder Ozeanversauerung). Allerdings, so legen die Daten nahe, ist der Verbleib innerhalb der planetarischen Grenzen zum Teil gar nicht mehr möglich. Mit der zunehmenden Überschreitung der planetarischen Grenzen geht eine Ungewissheit in der Vorhersage über deren globale Auswirkungen einher. Sie birgt darüber hinaus das Risiko plötzlicher, unumkehrbarer Umweltveränderungen, die einen sicheren Handlungskorridor für die Menschheit erheblich schmälern. Es besteht in der Konsequenz enormer und akuter Handlungsdruck, der sich aufgrund der zeitlichen Dimension noch verschärft. Das Fenster der Gelegenheit, etwas radikal zu ändern, schließt sich immer weiter (UNEP 2013, xi).

Bewältigung epochaltypischer Schlüsselprobleme als Zielhorizont

Will man Lernende zum Nachdenken über die genannten globalen Zusammenhänge anregen, kann man sich an Wolfgang Klafkis Zielhorizont der Bewältigung epochaltypischer Schlüsselprobleme orientieren (Klafki 2007, S. 43). Ein solcher Horizont könne nur als ein »umfassender, zugleich pädagogischer und politischer Entwurf im Blick auf Notwendigkeiten, Probleme, Gefahren und Möglichkeiten unserer Gegenwart und der voraussehbaren Zukunft« (Klafki 1990, S. 92) angesehen werden. Bildung im 21. Jahrhundert könne sich dabei nicht mehr nur auf die Begegnung des Selbst mit seiner unmittelbaren (z. B. lokalen, regionalen oder nationalen) Umgebung fokussieren, sondern erfordere einen deutlich breiteren Fokus, der die sprachlich vermittelte Welt in ihrer Gänze in den Blick nimmt: Auftrag der Bildung sei es daher, Bewusstseinsprozesse anzustoßen, die den historischen wie den globalen Kontext der jeweiligen Herausforderungen im Auge behalten und sich im Wesentlichen auf die folgenden konkreten Schlüsselprobleme reduzieren lassen: die Bedrohung des weltweiten Friedens, die ökologische Krise, die Gefährdung der Demokratie durch ökonomisch-technologische sowie wissenschaftliche Entwicklung, gesellschaftlich produzierte Ungerechtigkeit, Chancen und Risiken der modernen Informationstechnologie sowie der Komplex der Ich-Du-Beziehungen (Klafki 1990, S. 97). Die »in globalem

Maßstab zu durchdenkende Frage nach Zerstörung oder Erhaltung der natürlichen Grundlagen menschlicher Existenz und damit nach der Verantwortbarkeit und Kontrollierbarkeit der wissenschaftlich-technologischen Entwicklung« (Klafki 1990, S. 95) werden damit zum Kern von Bildungsarbeit. Die Schlüsselprobleme rücken dabei nicht etwa deswegen in den Fokus, weil Bildung als verlängerter Arm der Politik als eine Art *Problemlöserin* agieren soll, sondern weil die Auseinandersetzung des Menschen mit der Welt ohnehin ein wesentlicher Bestandteil des Selbstverständnisses von Bildung ist.

Die von Klafki entwickelte kritisch-konstruktive Didaktik greift fundamentale gesellschaftliche Fragestellungen in dem Bewusstsein auf, dass damit auch die gemeinsame Auseinandersetzung mit gesellschaftlich-politischen Widerständen und Hemmnissen einhergeht (Klafki 1990, S. 90). Die Befähigung einer Person zur bewussten Auseinandersetzung mit der Welt beinhaltet auch die Bereitschaft, sich überhaupt erst in den Diskurs hineinzubegeben. Indem man in unterrichtlichen Kontexten die epochaltypischen Schlüsselprobleme thematisiert und die damit verbundene Stellung des Individuums didaktisch fruchtbar macht, wird man dem Anspruch an eine zeitgemäße Bildung im Sinne Klafkis zumindest annähernd gerecht.

Weltbegegnung durch mediale Vermittlung

Doch die Begegnung mit solchen globalen Phänomenen und Fragestellungen birgt ein erkenntnistheoretisches Problem: »Die wenigsten Naturgefahren und Umweltrisiken entspringen dem eigenen Erleben und individueller Alltagserfahrung« (Ziemann 2005, S. 125). Sie entziehen sich in den meisten Fällen unserer Sinneswahrnehmung und erzeugen daher bei den Menschen keine unmittelbare Abwehrreaktion. Viele der problematischen Prozesse werden individuell verursacht oder ausgelöst und finden in Bereichen kleinsten Maßstabs statt (z. B. die Freisetzung von Kleinstpartikeln im täglichen Konsum: Mikroplastik in Kosmetikartikeln, Reifenabrieb, klimaschädliche Emissionen, Pestizideinsatz). Ihre Effekte auf das Erdsystem zeigen sich erst dann, sobald sie als Ablagerungen sichtbar und dann aber oft bereits auf überregionaler oder globaler Ebene wirksam werden. Die oben skizzierte, langsam aber stetig zunehmende Überschreitung der planetarischen Grenzen ist realer Ausdruck und Konsequenz dieser Wahrnehmungsfalle (Hoiß 2019, S. 8 f.).

Globale Umweltprobleme müssen daher immer auch als Wahrnehmungsprobleme erkannt werden. Dies geschieht sowohl in einer zeitlichen Dimension, wenn zum Beispiel Phänomene wie der Klimawandel eine hohe »zeitliche […] Distanz zwischen Umwelteingriff und Wirkung« (Kruse 2005, S. 112) aufweisen, als auch in einer räumlichen Dimension, wenn zum Beispiel das Konsumverhalten des Globalen Nordens in anderen Teilen der Erde negative Konsequenzen nach sich zieht (z. B. der Abbau der Ozonschicht in der südlichen Hemisphäre durch den Ausstoß von FCKW-Gasen im Globalen Norden).

Wie die Begegnung und Auseinandersetzung des Menschen mit der Welt dann überhaupt stattfinden kann, bringt Hartmut Rosa auf den Punkt:

> »Versteht man die Frage nach der Weltbeziehung ganz wörtlich und nimmt in den Blick, auf welche Weise Menschen Welt erfahren und erleben und wie sie in Beziehung zu ihr treten, so offenbart sich rasch, dass dies in aller Regel nicht durch unmittelbaren körperlichen Kontakt geschieht, sondern über mediale Vermittlung.« (Rosa 2019, S. 151)

Das gemeinsame Aufbauen von Weltbeziehung beginnt also mit einer bewussten Begegnung und Wahrnehmung von Welt, die genau genommen lediglich ein medial vermittelter Ausschnitt von ihr ist. Mit Blick auf die Schlüsselprobleme der Gegenwart kann dies verschiedene Vermittlungsformen wie etwa wissenschaftliche, politische, journalistische, künstlerische oder auch literarische Beiträge umfassen (Tereick 2016; Anselm/Hoiß 2017).

Dabei muss der gewählte Weltausschnitt im Unterrichtskontext zunächst nicht zwingend an Sprache gekoppelt sein, sondern kann im Sinne einer *visual literacy* auch bilddominiert sein (Maiwald 2005 und 2013). Der gewählte Weltausschnitt nimmt dann in weiteren Schritten produktiver und diskursiver Gestaltungs- und Aushandlungsprozesse konkrete sprachliche Form an. Klaus Maiwald spricht in diesem Zusammenhang von der Entwicklung einer sprachgeleiteten Wahrnehmungsbildung (Maiwald 2005, S. 74–80), die eine wesentliche deutschdidaktische Aufgabe sei: Ihr Ziel sei es, Bilder – und damit Welt- und Weltbeziehungsausschnitte – »sehen und verstehen zu lernen, aus wechselhaften Momenteindrücken zur Sprache gebrachte Bilderfahrungen zu machen« (Maiwald 2005, S. 76). Die enorme Bedeutung, die Bilder in unserem Alltag haben, ist unbestritten; dies gilt auch für den Klimadiskurs. Daher soll im folgenden Abschnitt der Stellenwert einer didaktischen Beschäftigung mit Bildern für den Aufbau einer reflektierten Weltbeziehung aufgezeigt werden.

Die mediale Vermittlung des Klimawandels

Von Prozessen wie dem Klimawandel hat man deswegen gehört, weil in den (Massen-) Medien davon erzählt und berichtet wurde (Luhmann 2017, S. 9). Die zugrunde liegenden wissenschaftskommunikativen Prozesse sind Voraussetzung dafür, dass alle an den wissenschaftlich erzeugten Erkenntnissen teilhaben und diese öffentlich diskutiert werden können. Bei globalen Phänomenen mit enorm verzögerten Spät- und Fernwirkungen wie dem Klimawandel erfüllt Wissenschaftskommunikation eine weitere Funktion, die die Beziehung der Subjekte zur Welt direkt beeinflusst: Sie übersetzt die wissenschaftlichen Erkenntnisse über die oben skizzierten individuell nicht wahrnehmbaren Akkumulationseffekte aus den Fachdiskursen und macht sie der Wahrnehmung, dem Bewusstsein sowie dem Verstehen der Menschen zugänglich. Erst durch die mediale Vermittlung wird das sinnlich nicht Greifbare sichtbar.

Ein Beispiel gelungener Wissenschaftskommunikation ist das von David Nelles und Christian Serrer verfasste Buch *Kleine Gase – Große Wirkung* (2018), das bereits auf dem Cover die drastischen Auswirkungen auf das globale Klima visualisiert: In von der Erde aufsteigenden Blasen sind unter anderem Naturkatastrophen wie Dürren oder Überschwemmungen dargestellt (vgl. Abb. 1). Das Buch füllt damit, so ist im Klappentext zu lesen, eine wissenschaftskommunikative Leerstelle:

> »Da es in der öffentlichen Debatte über den Klimawandel viel zu oft drunter und drüber geht, wollten sich beide [Autoren; Anm. C.H.] ein eigenes Bild darüber machen. […] Sie suchten ein Buch, das anschaulich, wissenschaftlich fundiert und mit kurzen Texten das A und O des Klimawandels erklärt. Ihre Suche endete jedoch erfolglos und so entschieden sie sich kurzerhand ein Buch dieser Art selbst zu schreiben.« (Nelles/Serrer 2018, S. 132)

Abb. 1: Titelbild von Kleine Gase – Große Wirkung (Nelles/Serrer 2018; mit freundlicher Genehmigung der Autoren). Die originalen Bilder sind leicht zugänglich im hier zitierten Buch.

In *Kleine Gase – Große Wirkung* wird das Phänomen des Klimawandels in seiner Komplexität und seinen erdsystemischen Zusammenhängen so auf den Punkt gebracht, dass auch ein Publikum außerhalb der Fachwissenschaften Zugang zur Thematik finden und die schiere Dimension des Problems erkennen kann. Ausgehend von der Darstellung der klimatischen Bedingungen auf der Erde im Allgemeinen wird den möglichen Ursachen des Klimawandels nachgegangen. Mithilfe stichhaltiger Daten und Argumenten, die die Autoren mit der aktiven Unterstützung von über 100 Wissenschaftler/innen zusammengestellt haben, können auch hartnäckige Positionen von Klimaskeptiker/innen widerlegt werden. Die möglichen Folgen für Gletscher, Ozeane, Ökosysteme und den Menschen sind in prägnant erklärten Schaubildern, Diagrammen, Kurven und Karten so aufbereitet, dass auch denjenigen Aspekten Raum gegeben wird, die sich angesichts der Unsicherheit in der Vorhersage zukünftiger Ereignisse noch außerhalb unseres gesicherten Wissens befinden (vgl. Abb. 2).

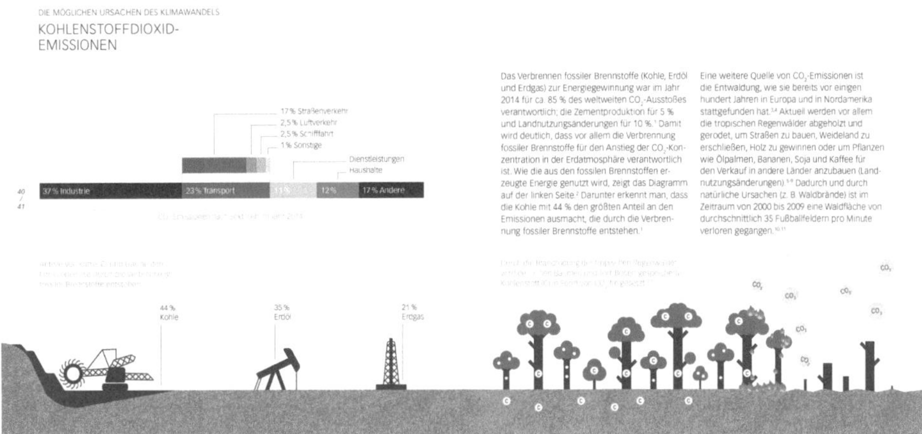

Abb. 2: Die möglichen Ursachen des Klimawandels: Kohlenstoffdioxidemissionen (Nelles/Serrer 2018, S. 40f.)

Als Leser/in lernt man, dass im Jahr 2014 die Verbrennung fossiler Brennstoffe wie Kohle, Erdöl und Erdgas für ca. 85 Prozent der weltweiten CO_2-Emissionen verantwortlich waren; weitere 10 Prozent fallen auf Veränderungen in der Landnutzung (z. B. für den Anbau von Palmöl, Soja- und Kaffeebohnen, Bananen) und 5 Prozent auf die Zementproduktion. Dass Kohle dabei den größten Anteil einnimmt, lässt sich links unten in der Grafik erkennen. Zugleich wird aus der Grafik rechts unten ersichtlich, dass auch weniger offensichtliche menschliche Aktivitäten wie das Roden von Wäldern eine enorme Rolle spielen, denn der in den Bäumen und Torfböden gebundene Kohlenstoff wird einerseits beim Verbrennen als CO_2 in die Atmosphäre abgegeben, andererseits fehlen die Bäume bei der Bindung von weiterem Kohlenstoff. Interessant ist die Eröffnung einer historischen Perspektive: Die Entwaldung wird im öffentlichen Diskurs in der Regel als Problem der Länder aus dem Globalen Süden angesehen (nicht selten mit einem moralischen Zeigefinger aus dem Globalen Norden versehen). Vorgeschaltet ist daher der Hinweis, dass eine solche Entwaldung »bereits vor einigen hundert Jahren in Europa und in Nordamerika stattgefunden hat« (Nelles/Serrer 2018, S. 41). Der Abschnitt endet mit einer vergleichenden Einordnung, die das globale Ausmaß vor Augen führt, dass nämlich zwischen 2000 und 2009 pro Minute eine Fläche von 35 Fußballfeldern verschwunden sei.

Bei der didaktischen Einbettung dieses Textes kann man zwar davon ausgehen, dass das präsentierte Wissen über die Welt ein wissenschaftlich gesichertes ist – um dies sicherzustellen, ist das gesamte Buch gespickt mit detaillierten Quellenangaben sowie einer Anleitung, wie mit diesen umzugehen ist. Allerdings ist zu berücksichtigen, dass sich zum Beispiel die Bildgebung bei Nelles und Serrer der gleichen Konventionen bedient, wie dies auch andere wissenschaftliche Fachartikel tun. Die herangezogenen Grafiken überführen zwar Erkenntnisse und Beobachtungen in visuell erfassbare Abbildungen, diese sind aber keineswegs als neutral, objektiv oder passiv anzusehen (Schneider 2018, S. 10). Sie bleiben konstruierte *Ab*bildungen eines bestimmten Weltausschnitts, die von Forscher/innen erzeugt wurden und daher grundsätzlich einer gewissen Verzerrung ausgesetzt sind. Zugleich beeinflussen sie unsere Vorstellung von, unser Denken über und unsere Beziehung zur Welt – dabei bleiben sie aber nur allzu oft unreflektiert. Wie ein kritisches Bewusstsein über das Zustandekommen unserer Weltbilder *durch Bilder von der Welt* angestoßen werden kann, zeigen die nachfolgenden Überlegungen.

Kritische Analyse von Klimabildern

Im vorliegenden Beitrag geht es um die Frage, wie die wissenschaftlich erzeugten visuellen Darstellungen unsere Wahrnehmung von der Welt, unser Denken über sie sowie unsere Beziehung zu ihr beeinflussen und prägen. Die Medienwissenschaftlerin Birgit Schneider erforscht wissenschaftskommunikative Praxis wie sie unter anderem bei der Datengrundlage von Neller und Serres vorliegt und setzt sich mit den normativen Folgerungen der verwendeten (Welt-)Bilder in der Klimaforschung, zum Beispiel in Datenkurven, Diagrammen, Tabellen und Karten, kritisch auseinander. So lässt sich zum Beispiel beobachten, dass vor allem in der Erforschung des Klimawandels auf *globale Darstellungen der Erde* zurückgegriffen wird (Schneider 2019, S. 353–358). Entsprechend zeigt Abbildung 3 exemplarisch vier globale Erwärmungskarten aus einer Grafik des Sonderberichts des Weltklimarats *Global Warming of 1.5°C* (IPCC 2018, S. 189; dort Schaubild 3.4; verantwortliche Autor/innen: Hoegh-Guldberg et al.), die den Temperaturunterschied an den heißesten Tagen bzw. in den kühlsten Nächten für zwei Zukunftsszenarien abbilden: Die zwei Weltkarten auf der linken Seite zeigen ein Szenario, in dem die globale Durchschnittstemperatur um 1,5°C ansteigt, die Karten auf der rechten Seite gehen von einem globalen Temperaturanstieg von 2°C aus.

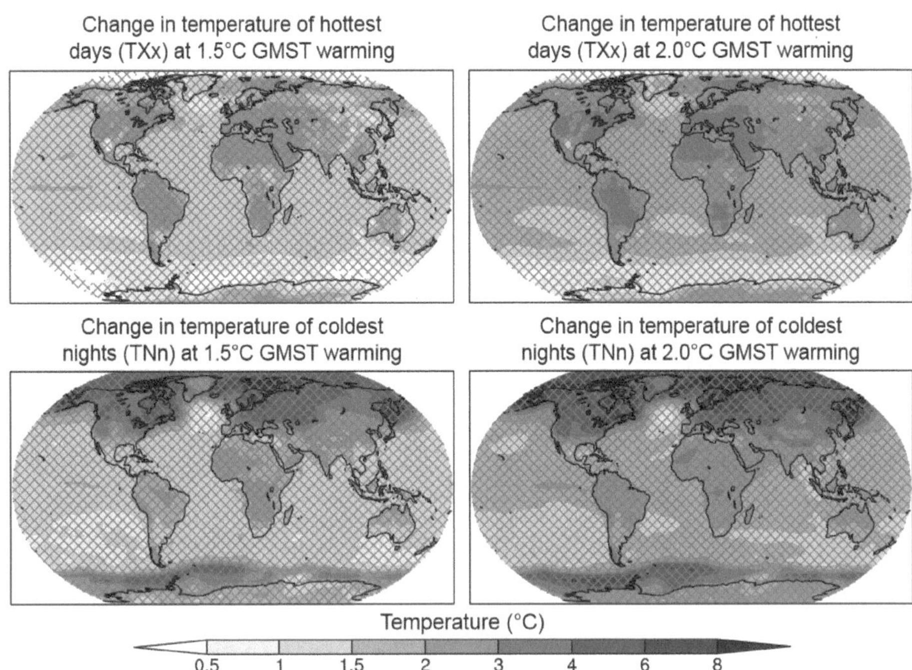

Abb. 3: Die Weltkarten zeigen die errechneten Extreme im Temperaturunterschied an den heißesten Tagen bei einer globalen Erderwärmung von 1,5°C (links oben) bzw. 2°C (rechts oben) im Vergleich zur vorindustriellen Zeit (1861–1880) sowie im Temperaturunterschied in den heißesten Nächten (unten). Zur Methodologie der Datenbasis vgl. Anhang 3.SM.2 (IPCC 2018; mit freundlicher Genehmigung des IPCC).

In der Klimaforschung findet vorwiegend die Projektion in der Form einer Ellipse Verwendung, da sie die Erde annähernd flächentreu abbildet (Schneider 2018, S. 356). Aus postkolonialer Perspektive ist dabei durchaus zu kritisieren, dass die internationalen Konventionen der Kartendarstellung stark westlich geprägt sind und daher Europa in die Mitte der Karten setzen. Derselbe Befund trifft im Übrigen auf das Cover von *Kleine Gase – Große Wirkung* zu (vgl. Abb. 1): Hier ist lediglich ein kleiner Teil des Planeten abgebildet, der hauptsächlich Europa zeigt. Ob dies mit einer besonderen Verantwortung Europas aufgrund seiner Rolle im Zuge der Industrialisierung und der Globalisierung zu tun hat oder sich speziell eine europäische, zum Aktivismus zu bewegende Zielgruppe angesprochen werden soll, kann nicht abschließend beantwortet werden, bietet aber Raum für gemeinsame Interpretationsansätze im Unterricht.

Die globale Abbildung des Planeten Erde ist darüber hinaus ganz grundsätzlich problematisch und ambivalent (Schneider 2018, S. 335–353; auch Bredekamp 2011; Hoiß 2019, S. 222–225): Geht man von dem berühmten Bild der *Blue Marble* aus (vgl. Abb. 4, linke Seite), das 1972 aus der Apollo 17 aufgenommen wurde und in der Folge zum Symbol der weltweiten Umweltbewegung wurde, so war das Besondere an dieser Einstellung die Wahrnehmung der Erde als eine begrenzte, verletzliche und schützenswerte Einheit. Doch diese »Revolution des Blicks« (Bredekamp 2011, S. 372) – der

Mensch sieht nicht mehr von der Erde ins All hinaus, sondern aus dem Weltall auf seinen ursprünglichen Lebensraum hinunter – bringt zugleich eine Verdinglichung der Erde mit sich. Die bildliche und sprachliche Repräsentation der Erde als eine kleine und zerbrechliche Murmel impliziert ohne Zweifel all das, was die Umweltbewegung in dem Bild sah und immer noch sieht, aber nichtsdestotrotz wird der Planet innerhalb dieses Bildes zum Objekt. Ein Objekt, das dem forschenden und mächtigen Blick von oben ausgesetzt ist. Die Erde wird zum Spielball und zur Projektionsfläche für menschliche Allmachtsfantasien.

Abb. 4: Die Collage (Schneider 2018, S. 361) vereint zwei voneinander unabhängige Abbildungen: links die Aufnahme der Blue Marble aus dem Jahr 1972, rechts eine Modellierung des Deutschen Klimarechenzentrums Hamburg für das Jahr 2085 aus dem Jahr 2008 (mit freundlicher Genehmigung von Birgit Schneider).

Ähnlich verhält es sich mit anderen globalen Darstellungen des Planeten:

> »Anstatt den Menschen in die Welt zu integrieren, […] wiederholt die wissenschaftlich-schematisierte Sicht auf den Globus die Distanzierung der Menschen von der Erde. Der Globus auf dem Schreibtisch, die Weltkarte im Atlas oder aber das Interface von Google Earth sowie die *Blue Marble* sind Objekte, die zwischen bearbeitendem Zugriff und distanzierter Kontemplation oszillieren.« (Schneider 2018, S. 348)

Der Blick auf derartige Klimaweltkarten wie in Abbildung 3 ist im Bewusstsein der Menschen im 21. Jahrhundert als standardmäßige Perspektive im Denken und Sprechen über die Welt so fest verankert, dass nicht mehr die »erhabene Wirkung des Bildes, sondern die alltäglich gewordene Verfügbarkeit eines wissenschaftlich-distanzierten Blicks« (Schneider 2018, S. 348) dominiert. Man denke dabei nur an die Übertragung dieses Blicks in Hintergrundbildern einer beliebigen Nachrichtensendung (z. B. dem Heute Journal im ZDF), in Wetterberichten oder auf die Icons von Mozilla Firefox oder Internet Explorer, die gerade die allgegenwärtige Verfügbarkeit (auf) der Erde versinnbildlichen. Dazu passt, dass mittlerweile auch die Rede vom Anthropozän ist, dem Zeitalter des Menschen, in dem die menschliche Spezies zu einem geologischen und zum entscheidenden Faktor auf der Erde geworden ist (Hoiß 2019).

Erzählen von der Zukunft

Solche Klimabilder sind mittlerweile nicht nur fester Bestandteil unseres kulturell geprägten Blicks auf die Welt, sondern sie erzählen uns auch von möglichen *Zukünften.* In *Kleine Gase – Große Wirkung* (vgl. Abb. 5) sind beispielsweise zwei Zukunftsszenarien abgebildet, in denen sich das globale Klima um 1,5°C bzw. 2°C erwärmt haben wird. Sie sind in ihrer Zusammenstellung »maximal normativ« (Schneider 2018, S. 356): Wo das 1,5°C-Ziel eine Weltgesellschaft mit verringerter Abhängigkeit von

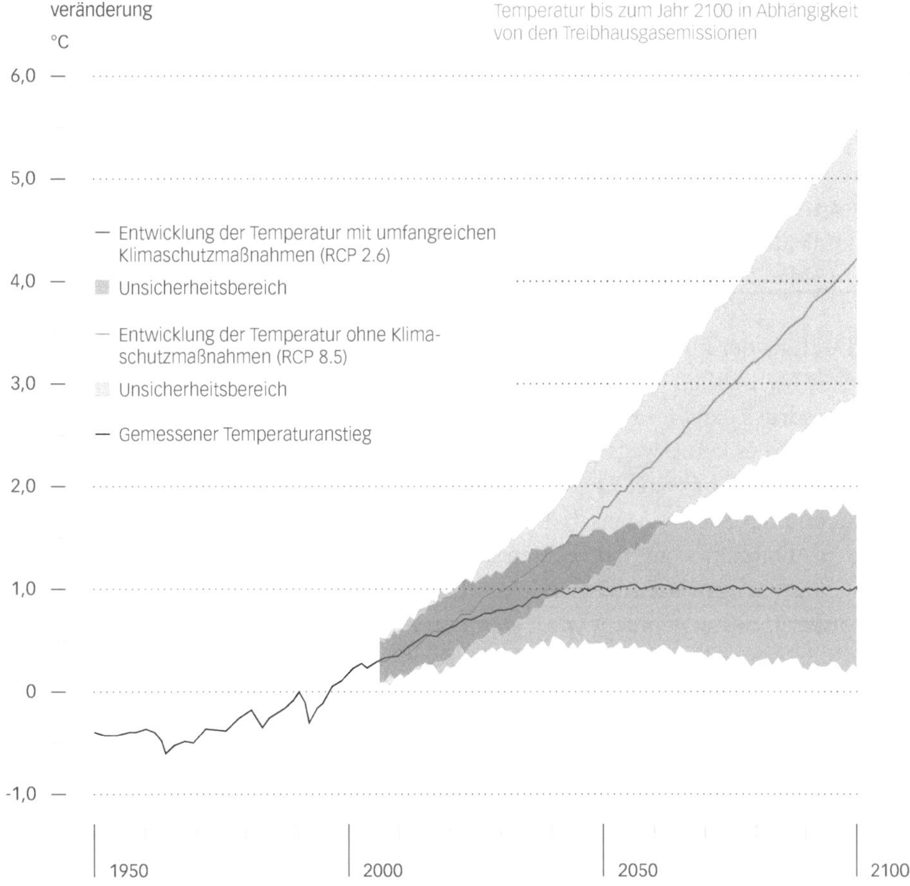

Abb. 5: Die Entwicklung der globalen Durchschnittstemperatur bis zum Jahr 2100 in Abhängigkeit von den global ausgestoßenen Treibhausgasemissionen (Nelles/Serrer 2018, S. 121; ursprünglich aus IPCC 2007 (AR4, WG1))

fossilen Energieträgern und geringerem Ressourcenverbrauch in Aussicht stellt, beschreibt das Szenario eines 2°C-Ziels eine Gesellschaft, die sich weniger an den Klimawandel angepasst hat und daher deutlich höheren Temperaturen ausgesetzt ist. Angenommen wird dabei, dass eine »Umkehr« im Sinne einer wünschenswerten global-gesellschaftlichen Entwicklung noch im Bereich des Möglichen liegt.

Interpretieren lässt sich die Grafik auf zumindest zweierlei Weise: Dass eine Umkehr vom *business as usual* notwendig ist, kann man insbesondere an der roten Farbgebung erkennen (vgl. Abb. 4 und 5). Der Mensch reagiert auf die Farbe Rot äußerst empfindlich, weshalb sie unter anderem als Signalfarbe für Gefahr und Warnung dient – nicht zuletzt auch anthropologisch begründet, weil Rot als die Farbe des Feuers gilt und auch Blut rot ist. Und so entsteht, obwohl sich die Rottöne in den Weltkarten (Abb. 4) und in bedingtem Maße auch in den Kurven (Abb. 5) aus der herkömmlichen Farbzuschreibung für Temperaturen her erklären (*blau* steht für *kühl* bzw. *kalt*, *rot* für *warm* bzw. *heiß*), der Eindruck einer gefährlichen Situation:

> »Die verschiedenen roten klimatischen Weltkarten evozieren einen direkten Vergleich mit dem Bild des blauen Planeten, der tief ins kollektive Gedächtnis eingegangen ist. Eine rote Erde [...] zeigt die Erde in der Krise. [...] Insofern entfaltet sich in den Klimaberichten alle vier bis fünf Jahre eine weitere Episode eines immer lebensfeindlicher wirkenden kosmischen Erdkinos, in dem die Zukunft des Blauen Planeten in immer dunklerem Rot eingefärbt erscheint.« (Schneider 2018, S. 355)

Diese Deutung der klimatischen Weltkarten entbehrt nicht einer gewissen Dramaturgie, die die Menschheit in einer lebensbedrohlichen Lage unter maximalem Zeit- und Handlungsdruck sieht und die Erde lediglich als Kulisse menschlicher Handlung darstellt. Dabei ist es keineswegs so, wie häufig behauptet wird, dass die Zukunft des Planeten Erde in Gefahr wäre. Es geht in den Klimafragen ausschließlich um die gefährdete Zukunft der Spezies Mensch. Doch in Visualisierungen wie der *brennenden Welt*, wie sie in Abbildung 4 auf der rechten Seite zu sehen ist, kann durchaus ein gewisser Alarmismus nachgewiesen werden; eine Kritik, die im Übrigen häufig auch von Klimaskeptiker/innen angebracht wird. Denn im Abgleich mit der *Blue Marble* als projizierte Utopie einer besonders für den Menschen günstigen ökologischen Umgebung wirken ihre roten Variationen wie Drohkulissen:

> »Das Farbschema evoziert intuitiv eine Ästhetik von Angst und Gefahr, Dringlichkeit und Alarm. Denn was die immer röteren Bilder der Erde erzählen, ist die Geschichte einer unumkehrbaren Entwicklung in Richtung eines erhitzten Planeten, auf dem der Klimawandel unumkehrbar geworden ist.« (Schneider 2018, S. 360)

Allerdings lässt die vorgegebene narrative Struktur dieser Grafiken auch alternative Interpretationsansätze zu, die nicht weniger normativ, aber deutlich optimistischer als die oben beschriebenen Katastrophenszenarien sind. So wenden Nelles und Serrer die globale Lage mehr als Chance denn als Katastrophe:

> »[Es] wurde deutlich, dass für den beobachteten Temperaturanstieg seit Beginn der Industrialisierung vor allem die durch den Menschen verursachten Treibhausgasemissionen verantwortlich sind. Ironischerweise ist gerade dies eine gute Nachricht: Wir haben auch einen Einfluss auf die Entwicklung des zukünftigen Klimas und sind nicht machtlos gegen den Klimawandel!« (Nelles/Serrer 2018, S. 120)

Die Autoren sprechen der Menschheit eine bestimmte Handlungsfähigkeit zu. Grundlage dafür ist ein andauernder Prozess der Selbstreflexion bezogen auf den Einfluss des Menschen auf das gesamte Erdsystem: »Die Menschheit ist dabei, in der Handhabung ihrer eigenen lebenserhaltenden Systeme irgendwie zu einer ihrer selbst bewusst werdenden, aktiven Agentin zu werden« (Steffen/Crutzen/McNeill 2007, S. 619; Übersetzung C. H.). Daher sprechen ihr nicht wenige eine Verantwortung zu, der sie gerecht werden muss – wenngleich die sich dahinter verbergende Logik durchaus begründungspflichtig erscheint (Hoiß 2019, S. 231–257). So schließen auch Nelles und Serrer mit dem Fazit ab: »Wir müssen uns daher unserer Verantwortung bewusst werden: Es liegt in unserer Hand, wie sich das zukünftige Klima entwickeln wird und damit auch, inwieweit sich die Folgen der globalen Erwärmung verschärfen werden« (Nelles/Serrer 2018, S. 120).

Bei der Analyse und Interpretation von Klimabildern (und diskontinuierlichen Texten im Allgemeinen) gewinnen diese erst dann sprachliche Gestalt, sobald sie als Impuls und Ausgangspunkt für Anschlusskommunikation (im Sinne eines *Sprechens oder Schreibens über*) angesehen werden. Sie eignen sich daher für die sprachdidaktische Betrachtung auf semantischer Ebene, indem man der Frage nachgeht, welche Werturteile sich in den sprachlichen Äußerungen der Lernenden bei der Beschreibung, Analyse und Interpretation dieser Text-Bild-Kombinationen wiederfinden. So kann man besonders darauf achten, ob die Lernenden lediglich beschreiben, was sie erkennen (»Die globale Durchschnittstemperatur steigt an«) oder ob sie dabei eine normative Ebene einziehen und diese Befunde bereits bewerten (»Es ist schlecht, dass die globale Durchschnittstemperatur ansteigt!«). Nelles und Serrer bleiben, das ergibt die Analyse der normativen Aussagen des Buches, im gesamten Text auf einer deskriptiven Ebene, d.h. sie äußern sich nicht auf eine wertende Art und Weise zu den zusammengetragenen wissenschaftlichen Erkenntnissen (vgl. Abb. 2). Erst im Ausblick (S. 120–123) begibt sich der Text dann auf eine wertende, voraussagende und appellative Ebene (»Der Klimawandel ist keine Zukunftsmusik« (S. 120) oder »Die globale Erwärmung muss so gering wie möglich gehalten werden« (S. 122)). Erst dort rufen sie zu nachhaltigen Entscheidungen im individuellen Lebensstil, zu politischem Engagement und Bereitschaft zum Diskurs über die globalen Phänomene auf. Zugleich ist davon auszugehen, dass das gesamte Buch programmatischer Natur ist und schon seine Strukturierung und beschreibende Sammlung an Informationen ein Werturteil vorwegnehmen. Denn auch wenn die präsentierten wissenschaftlichen Erkenntnisse scheinbar autonom und neutral wirken, so wird dem Inhalt des Textes (und im Übrigen auch dem Unterricht, der sich damit beschäftigt) bereits durch die Setzung des Themenschwerpunkts eine Bedeutung zugesprochen.

Sprachlich erzeugte Weltbeziehungen

Normativität zeigt sich indes nicht nur in den globalen Abbildungen des Planeten oder anderen Visualisierungen wissenschaftlicher Ergebnisse, sondern auch ganz konkret im sprachlichen Ausdruck. In der Auseinandersetzung mit der oben dargelegten Fragestellung, wie die wissenschaftlich erzeugten visuellen Darstellungen unsere Wahrnehmung von und unser Denken über die Welt beeinflussen, soll daher im Folgenden vor allem auf die sprachanalytischen und -reflexiven Aspekte eingegangen werden, mit einem Fokus auf der *Darstellung der Rolle des Menschen und der natürlichen Sphäre* im Sprechen über die Folgen des Klimawandels.

Betrachtet man die bildliche bzw. sprachliche Darstellung des Menschen, so fällt eine Diskrepanz zur Lebenswelt ins Auge: Inhaltlich ist klar, dass vor allem der Mensch aufgrund seiner Vielzahl an Aktivitäten für den globalen Temperaturanstieg verantwortlich ist. Dies wird in einem Großteil der sogenannten *Hockeystick-Kurven* deutlich (gemeint sind die Graphen der Beschleunigungs- und Aktivitätskurven, die sich seit den 1950er Jahren wie das Ende eines Eishockeyschlägers exponentiell steil nach oben bewegen). Sie legen nahe, dass der Klimawandel vor allem durch den Menschen verursacht wird. Der Mensch selbst kommt im gesamten Buch von Nelles und Serrer aber kaum vor. Seine Präsenz wird weitestgehend getilgt. Stattdessen werden stellvertretend zahllose menschliche Artefakte abgebildet, die die menschliche Präsenz und Aktivität auf der Erde andeuten, den Menschen aber nicht »bei der Arbeit« zeigen. So findet man ein Kreuzfahrtschiff, das an einem Eisbären vorbeifährt (S. 116), Anlagen zur Kohle-, Erdöl- und Erdgasgewinnung (S. 40, 42), eine Schneekanone in Betrieb (S. 116), Fahrzeuge in Bewegung, urbane Siedlungen (S. 5, 102 f., 110 f.), Mülldeponien (S. 42) sowie Nationalflaggen (S. 80 f., 93) und andere Artefakte. Jedoch ist der/die eigentlich dahinterstehende Akteur/in nirgends zu sehen – als ob die Gegenstände dort von allein platziert worden wären.

Im grafischen Bereich taucht der Mensch nur an einer Stelle auf, an der er auch als Verursacher abgebildet ist: als Taucher, der sich Korallenriffe ansieht und dabei stellvertretend die Schäden durch den Massentourismus symbolisiert (S. 117). In den anderen Repräsentationen des Menschen wandert bzw. sitzt er unter einem Baum (S. 94, S. 122 f.), nutzt die Natur also als Erholungsraum im Sinne einer kulturellen Dienstleistung, oder er wird als Opfer der Folgen des Klimawandels dargestellt: etwa, wenn er symbolisch die Hand vor den Bauch hält als Zeichen für die erhöhte Zahl an Menschen, die aufgrund des Klimawandels an Durchfallerkrankungen sterben (S. 105), als Scherenschnitt eines Kopfes, der die negative Beeinflussung der psychischen Gesundheit verbildlicht (S. 108), als mit Schaufel und Bauhelm ausgestattetes Symbol für drohenden Arbeitskraftverlust (S. 119).

Die Abwesenheit menschlicher Aktivität lässt sich auch sprachlich nachweisen. So ist nicht der Mensch der zentrale Charakter der Handlung, sondern der Klimawandel selbst in personifizierter Form:

- »Der Klimawandel gefährdet besonders Tiere, welche in Hochgebirgen oder den nördlichen Breiten leben« (S. 96),
- »Der Klimawandel verändert die Bedingungen für die Verbreitung von Krankheitserregern« (S. 108),
- »Die Folgen des Klimawandels wirken sich in vielerlei Hinsicht auf die menschliche Gesundheit aus« (S. 104),
- »Der Klimawandel beeinflusst schon heute direkt oder indirekt das Leben aller 7,5 Milliarden Menschen auf der Erde« (S. 102),
- »Durch die Folgen des Klimawandels kann es zu einer negativen Beeinflussung der psychischen Gesundheit kommen« (S. 106).

Der beschreibende Stil der Sprache lehnt sich an die fachwissenschaftlichen Formulierungen an, die jeweils klimabezogene Einzelphänomene beschreiben. Der Mensch wird als Akteur nicht erwähnt, wodurch der Eindruck entsteht, dass der Klimawandel ein reines Naturphänomen sei – selbst wenn an vielen Stellen Attribute wie *menschengemacht* hinzugefügt werden. Insgesamt soll dadurch, so bleibt zu vermuten, der Eindruck erweckt werden, dass die Ausführungen nicht normativ und appellativ aufgeladen sind, möglicherweise auch deswegen, um größtmögliche wissenschaftliche Nähe zu zeigen, auf Schuldzuweisungen zu verzichten und in der Offenlegung der wissenschaftlichen Zusammenhänge nicht zu moralisieren.

Ferner lässt sich erkennen, dass die natürliche Sphäre stets nur als Ressource und Erbringerin von Dienst- und Serviceleistungen bezeichnet wird (auffällig ist beispielsweise, wie oft das Wort *dienen* als Beschreibung des Verhältnisses von Mensch und Natur vorkommt): Ozeane werden zwar als eigenständige Ökosysteme beschrieben, im konkreten Fall geht es aber nur über deren für den Menschen günstige Fähigkeit, dass sie über 90 Prozent der Energie der globalen Erwärmung sowie 22 Prozent der menschengemachten CO_2-Emissionen aufnehmen (S. 68 f.). Sie fungieren dann als »Puffer für die globale Erwärmung« (S. 66). Auch Korallen haben »eine wichtige Bedeutung für den Menschen: Ihr Reichtum an Fischen dient Menschen als Nahrungsquelle […] und sie sind ein bedeutender Faktor für den Tourismus« (S. 100); Meeresbewohner werden aufgrund eines niedrigeren Sauerstoffgehalts in den Ozeanen »unter Stress gesetzt« (S. 66; 100) – weniger euphemistisch ausgedrückt werden sie stark zurückgedrängt und kommen in ihrer Existenz an ihre Grenzen. Ein solcher Sprachgebrauch stellt die menschliche Spezies und ihre Belange in den Mittelpunkt und bringt lediglich den Nutzen der Natur für den Menschen (und nicht etwa ihren Eigenwert) zum Ausdruck. Zugleich finden sich neben diesen kritikwürdigen Äußerungen, die letztlich Produkte des menschlichen Denkens über die natürliche Rangordnung sind, aber auch wertschätzende Beschreibungen der natürlichen Sphäre, die den Eigenwert einzelner Spezies (z. B. Kolibris, Pfeifhasen, Eisbären) und ihre extreme Gefährdung durch den Klimawandel hervorheben (S. 96–99).

Sprachliche Fähigkeiten als Gestaltungskompetenzen

Der in diesem Beitrag ausgeführte Grundgedanke, dass eine ganzheitliche Auseinandersetzung des Menschen mit der Welt als wesentlicher Bestandteil des Selbstverständnisses von Bildung zu betrachten ist, ist eng verknüpft mit dem Zielhorizont von individueller und kollektiver Autonomie und Selbstbestimmung, Emanzipation und einem Vertrauen in die reflektierten Gestaltungskräfte des Menschen. Eine reflektierte Sprachlichkeit des Menschen und eine Entwicklung entsprechender sprachlicher Fähigkeiten sind als Grundlage für eine solche gelingende Weltbeziehung zu sehen.

Es geht demnach also nicht allein um eine inhaltliche Aneignung von Weltwissen, sondern vor allem um sprachgeleitete Wahrnehmungsbildung sowie kritische sprachliche Selbstreflexion, die durch den sprachdidaktischen Umgang mit medialen Repräsentationen von globalen Phänomenen begünstigt wird. Die vorgestellten Beispiele können darüber hinaus auf eine Erweiterung individueller sprachlich-kommunikativer sowie sprachanalytischer Fähigkeiten auf Wort-, Satz-, Text- und Diskursebene abzielen. Auch eine Erweiterung des Fachwortschatzes aus anderen Disziplinen (hier z. B. aus der Geographie oder Klimaforschung) inklusive der darin verwendeten sprachlichen und grafischen Konventionen und der Abgleich zur Allgemeinsprache tragen zu einer reflektierten Sprachlichkeit bei (Kniffka/Neuer 2015; Kniffka/Roelcke 2016).

Kritisches Sprachbewusstsein äußert sich indes nicht nur in der Rezeption sprachlicher Äußerungen, sondern beinhaltet auch sprachliche Gestaltungskompetenz. Die Lernenden erfahren, dass sprachliche, kommunikative und diskursive Prozesse und Phänomene nicht einfach als gegeben angenommen werden können, sondern immer geschaffen werden und deswegen ganz grundsätzlich wandelbar sind. Dabei wird vorausgesetzt, dass Sprache über eine rein beschreibende Leistung hinaus die Basis für sinngebende und wirklichkeitsschaffende Prozesse legt (vgl. Searle 2012): Sprache beschreibt die Wirklichkeit also nicht nur, sondern sie erschafft und definiert sie auch.

Resonanzdidaktisch betrachtet und zugleich emanzipatorisch gewendet kann jeder sprachliche Ausdruck Zusammenhänge offenlegen, kritisieren, in Schranken weisen, berichtigen oder durch alternative Ausdrucksformen neu gestalten; jeder Sprechakt kann ein kreatives Moment enthalten. Diese Möglichkeiten gilt es in unterrichtlichen Kontexten aufzuzeigen und im Rahmen von didaktischer Sprachkritik und der Schaffung eines Bewusstseins, um die Eigenkraft der eigenen Sprachwahl zu üben. Damit stellt die Fähigkeit zur sprachlichen Selbstbestimmung über die »individuellen Lebensbeziehungen und Sinndeutungen« (Klafki 1990, S. 94) sowie das Bewusstsein um eine sprachliche Gestaltungsfähigkeit im Zusammenhang mit unseren »gemeinsamen kulturellen, gesellschaftlichen und politischen Verhältnisse[n]« (Klafki 1990, S. 94) ein wesentliches Ziel deutschdidaktischen Handelns dar.

Die Rolle der Deutschlehrer/innen im 21. Jahrhundert

Die (mediale) Kommunikation globaler Problemlagen im 21. Jahrhundert ist nicht nur für eine Erweiterung des Wahrnehmungshorizontes unentbehrlich, sondern vor allem auch, damit die konkrete Information »gesellschaftlich relevant wird und gesellschaftliche Resonanz bzw. (idealiter) Abhilfe erzeugt« (Ziemann 2005, S. 125). Ohne die Kommunikation dieser Prozesse vor allem durch Wissenschaft, Bildung und Medien kann keine gesellschaftliche Reaktion erfolgen. Daraus folgt eine Notwendigkeit kommunikativ-diskursiver Auseinandersetzung mit den epochalen Schlüsselproblematiken der Gegenwart im unterrichtlichen Kontext. Dabei sind Lehrpersonen nicht bloß als ausführende Instanzen zu sehen. Vielmehr sind sie selbst Suchende nach einer resonierenden Positionierung im Rahmen der beschriebenen Weltbeziehungen. Die eigene Positionierung und das gemeinsame Aufbauen von Weltbeziehung können mit einer bewussten Begegnung und Wahrnehmung der (medial vermittelten) Welt beginnen. Dadurch eröffnet sich ein pädagogisch-didaktischer Denkrahmen, der es erlaubt, das Rollenverständnis von Lehrpersonen des Faches Deutsch zu reflektieren.

Entsprechend der bisherigen Überlegungen lassen sich folgende Anforderungen ableiten:

Erstens nehmen Lehrpersonen eine Rolle als kritische Kommunikator/innen der epochalen Schlüsselproblematiken der Gegenwart wahr. Dies umfasst »eine stärkere Wahrnehmung und Sensibilität für das Verhältnis von Mensch und Natur« (LeNa 2014, S. 1), gerade auch hinsichtlich seiner medialen Repräsentationen, sowie eine aktive und kritische Auseinandersetzung mit den globalen Herausforderungen im Sinne einer nachhaltigen Entwicklung.

Lehrpersonen verorten zweitens ihr fachspezifisches Wissen in interdisziplinären Problemstellungen, weiten also den traditionellen Denkrahmen ihres Faches aus. Im Kern geht es dabei »nach ihrem professionellen Selbstverständnis und auch den gesellschaftlichen Attributionen an ihr Tun um eine angemessene Aufklärung über Sachverhalte, mit denen Gesellschaften konfrontiert sind« (Bolscho 2010, S. 205). Statt sich von den Erkenntnissen und Fragestellungen anderer Disziplinen (vor allem den Naturwissenschaften) abzugrenzen, suchen Lehrpersonen im 21. Jahrhundert nach Möglichkeiten, aus ihrem eigenen Fach heraus einen Beitrag zur Lösung der epochalen Schlüsselprobleme der Gegenwart zu leisten. Es stellt sich im Deutschunterricht (und ebenso in der Lehrer/innenbildung) also genau genommen nicht die Frage, ob, sondern wie wir die Zukunft der menschlichen Spezies ernst nehmen.

Drittens zeigen Lehrpersonen im Fach Deutsch eine »Bereitschaft und Befähigung zur Beteiligung an der Gestaltung des unmittelbaren Umfelds im Sinne nachhaltiger Entwicklung« (LeNa 2014, S. 1). Sie sind in der Lage, für diese Themenfelder Anschlussmöglichkeiten im literatur-, sprach- und mediendidaktischen Kontext zu finden und leiten dazu an, ökologische, entwicklungspolitische, soziale und ökonomische Diskurse *kritisch* zu hinterfragen. Indem man (über) die epochaltypischen Schlüsselprobleme kommuniziert und damit verbundene sprachliche Prozesse thematisiert und literatur-, sprach- und mediendidaktisch fruchtbar macht, wird man dem Anspruch an eine zeitgemäße Bildung im Sinne Klafkis gerecht.

Lehrpersonen reflektieren viertens ihre Rolle angesichts der gegenwärtigen ökosozialen Umbruchprozesse kritisch und stellen sich ihnen situationsspezifisch im jeweiligen Unterrichtsfach (LeNa 2014; Stoltenberg/Holz 2017). Herausforderungen im werteorientierten Unterrichten werden dabei konkret und fachspezifisch thematisiert (Anselm 2014). Beim Aufbau von Weltbeziehung im Sinne der oben ausgeführten Überlegungen geht es freilich um eine pädagogisch-didaktische Entscheidung zugunsten ökosozialer Werte; zugleich kann und muss sie aber auch dazu befähigen, sich von politisch-gesellschaftlichen Vorgaben und moralischem Pathos zu emanzipieren (Hoiß 2019, S. 51). Im Sinne Klafkis zeigt sich, dass Unterricht nicht bei der Erarbeitung von und Auseinandersetzung mit den beschriebenen Themenfeldern stehen bleiben darf, sondern die »Aneignung von Einstellungen und Fähigkeiten, deren Bedeutung über den Bereich des jeweiligen Schlüsselproblems hinausreicht« (Klafki 1990, S. 98), wesentlicher Bestandteil von Bildungsprozessen ist, die emotional-motivationale Aspekte mit berücksichtigen.

Die Einbindung und disziplinäre Betrachtung von exemplarischen, zukunftsrelevanten Fragestellungen im 21. Jahrhundert eröffnen neue Möglichkeiten und Chancen für fachübergreifenden Deutschunterricht sowie interdisziplinäre Forschung und Lehre, und zwar, ohne dass eine inhaltliche Überfrachtung des Deutschunterrichts und der Deutschdidaktik zu befürchten wäre. Die Erweiterung des fachlichen Horizonts um wertvolle Aspekte aus anderen Disziplinen stellt sicherlich eine große Herausforderung dar. Doch der Umgang mit anderen wissenschaftlichen Inhalten, Zugängen und Fachkulturen bietet auch die Chance, neue Perspektiven auf die Welt zu erhalten und so eine umfassende Beziehung zwischen Selbst und Welt zu ermöglichen.

Literatur

Anselm, S. (2014): Ethische Bildung und Literatur(unterricht). Überlegungen zu Werteerziehung und Narration. In: Temeswarer Beiträge zur Germanistik (11), S. 7–26.

Anselm, S./Hoiß, C. (Hrsg.) (2017); Crossmediales Erzählen vom Anthropozän. Literarische Spuren in einem neuen Zeitalter. München: oekom verlag.

Bolscho, D. (2010): Umweltkommunikation und Erziehung. In: Büscher, C./Japp, K. P. (Hrsg.): Ökologische Aufklärung. 25 Jahre »Ökologische Kommunikation«. Wiesbaden: VS Verlag für Sozialwissenschaften, S. 203–228.

Bredekamp, H. (2011): Blue Marble. Der Blaue Planet. In: Markschies, C./Reichle, I./Brüning, J./Deuflhard, P. (Hrsg.): Atlas der Weltbilder. Berlin: Akademie Verlag, S. 366–375.

Gerten, D./Schellnhuber, H. J. (2016): Planetare Grenzen, globale Entwicklung. In: Simonis, U./Leitschuh, H./Michelsen, G./Sommer, J./Weizsäcker, E. U. von (Hrsg.): Gesucht: Weltumweltpolitik. Herausforderungen im Anthropozän – Jahrbuch Ökologie 2016. Stuttgart: Hirzel, S. 11–19.

Heringer, H. J./Wimmer, R. (2015): Sprachkritik. Eine Einführung. Paderborn: UTB.

Hoiß, C. (2019): Deutschunterricht im Anthropozän. Didaktische Konzepte einer Bildung für nachhaltige Entwicklung. Online verfügbar unter https://edoc.ub.uni-muenchen.de/24608/1/Hoiss_Christian.pdf, zuletzt geprüft am 02.11.2019.

IPCC – Intergovernmental Panel on Climate Change (2018): 1,5°C globale Erwärmung – Der IPCC-Sonderbericht über die Folgen einer globalen Erwärmung um 1,5 °C gegenüber vorindustriellem Niveau und die damit verbundenen globalen Treibhausgasemissionspfade im Zusammenhang mit einer Stärkung der weltweiten Reaktion auf die Bedrohung durch den Klimawandel, nachhaltiger Entwicklung und Bemühungen zur Beseitigung von Armut. – SR15. Online verfügbar unter https://www.ipcc.ch/sr15/chapter/chapter-3/ zuletzt geprüft am 09.12.2019.

Ivo, H. (1999): Deutschdidaktik. Die Sprachlichkeit des Menschen als Bildungsaufgabe in der Zeit. Baltmannsweiler: Schneider-Verlag Hohengehren.

Klafki, W. (1990): Abschied von der Aufklärung? Grundzüge eines bildungstheoretischen Gegenentwurfs. In: Krüger, H.-H. (Hrsg.): Abschied von der Aufklärung? Perspektiven der Erziehungswissenschaft. Opladen: Leske + Budrich, S. 91–104.

Klafki, W. (2007): Neue Studien zur Bildungstheorie und Didaktik. Zeitgemäße Allgemeinbildung und kritisch-konstruktive Didaktik. 6., neu ausgestattete Auflage. Weinheim: Beltz.

Kniffka, G./Neuer, B. (2015): Fachwortschatz in Geographie-Lehrwerken. In: Ott, C./Heinz, T./Kiesendahl, J. (Hrsg.): Sprachliche Bildung und linguistische Schulbuchforschung: Bildungssprache und Verständlichkeit im Fokus. Mitteilungen des Deutschen Germanistenverbandes 62 (4). Göttingen: V&R unipress, S. 346–362.

Kniffka, G./Roelcke, T. (2016): Fachsprachenvermittlung im Unterricht. Paderborn: UTB.

Kruse, L. (2005): Nachhaltigkeitskommunikation und mehr: die Perspektive der Psychologie. In: Michelsen, G./Godemann, J. (Hrsg.): Handbuch Nachhaltigkeitskommunikation. München: oekom verlag, S. 109–120.

LeNa – Deutschsprachiges Netzwerk LehrerInnenbildung für eine nachhaltige Entwicklung (2014): LehrerInnenbildung für eine nachhaltige Entwicklung – Von Modellprojekten und Initiativen zu neuen Strukturen! Ein Memorandum zur Neuorientierung von LehrerInnenbildung in Deutschland, Österreich und der Schweiz. Lüneburg. Online verfügbar unter https://www.leuphana.de/fileadmin/user_upload/portale/netzwerklena/LeNa_Memorandum_2014_09_01.pdf, zuletzt geprüft am 02.11.2019.

Luhmann, N. (2017): Die Realität der Massenmedien. 5. Auflage. Wiesbaden: Springer VS.

Maiwald, K. (2005): Wahrnehmung – Sprache – Beobachtung. Eine Deutschdidaktik bilddominierter Medienangebote. München: kopaed.

Maiwald, K. (2013): Filmdidaktik und Filmästhetik. Lesen und Verstehen audiovisueller Texte. In: Frederking, V./Krommer, A./Meier, C. (Hrsg.): Taschenbuch des Deutschunterrichts. Band 2. Literatur- und Mediendidaktik. 2., neu bearbeitete und erweiterte Auflage. Baltmannsweiler: Schneider-Verlag Hohengehren, S. 221–242.

Nelles, D./Serrer, C. (2018): Kleine Gase – Große Wirkung: Der Klimawandel. Friedrichshafen: David Nelles und Christian Serrer (Eigenverlag).

Neuland, E./Peschel, C. (2013): Einführung in die Sprachdidaktik. Stuttgart, Weimar: Metzler.

Rockström, J./Steffen, W./Noone, K./Persson, Å. et al. (2009): A safe operating space for humanity. In: Nature (461), S. 472–475.

Rosa, H. (2014a): Beschleunigung: Die Veränderung der Zeitstrukturen in der Moderne. 10. Auflage. Frankfurt a.M.: Suhrkamp.

Rosa, H. (2014b): Beschleunigung und Entfremdung – Entwurf einer kritischen Theorie spätmoderner Zeitlichkeit. 3. Auflage. Berlin: Suhrkamp.

Rosa, H. (2019): Resonanz. Eine Soziologie der Weltbeziehung. Berlin: Suhrkamp.

Schneider, B. (2018): Klimabilder. Eine Genealogie globaler Bildpolitiken von Klima und Klimawandel. Berlin: Matthes & Seitz Berlin.

Schneider, M. (2012): Raum – Mensch – Gerechtigkeit. Sozialethische Reflexionen zur Kategorie des Raumes. Paderborn: Schöningh.

Searle, J. (2012): Wie wir die soziale Welt machen. Die Struktur der menschlichen Zivilisation. Berlin: Suhrkamp.

Steffen, W./Crutzen, P. J./McNeill, J. R. (2007): The Anthropocene: are humans now overwhelming the great forces of Nature? In: AMBIO (36), S. 614–621.

Steffen, W./Sanderson, A./Tyson, P./Jäger, J./Matson, P./Moore, B. et al. (2004): Global Change and the Earth System. A Planet Under Pressure. Executive summary. Stockholm: IGBP Secretariat.

Stoltenberg, U./Holz, V. (2017): LENA – LehrerInnenbildung für eine nachhaltige Entwicklung. Stand und Entwicklungsperspektiven. Leuphana Universität Lüneburg. Lüneburg: Leuphana Universität Lüneburg. Online verfügbar unter https://www.leuphana.de/fileadmin/user_upload/Forschungseinrichtungen/infu/personen/Stoltenberg_Ute/files/LeNa_Publikation_2017.pdf, zuletzt geprüft am 06.11.2019.

Tereick, J. (2016): Klimawandel im Diskurs. Multimodale Diskursanalyse crossmedialer Korpora. Berlin, Boston: de Gruyter.

UNEP – United Nations Environment Programme (2013): The Emissions Gap Report. A UNEP Synthesis Report. Nairobi: United Nations Environment Programme.

Ziemann, A. (2005): Kommunikation der Nachhaltigkeit. Eine kommunikationstheoretische Fundierung. In: Michelsen, G./Godemann, J. (Hrsg.): Handbuch Nachhaltigkeitskommunikation. München: oekom verlag, S. 121–131.

Verzeichnis der Autorinnen und Autoren

Dr. Sabine Anselm, Professorin für Didaktik der deutschen Sprache und Literatur an der Ludwig-Maximilians-Universität München

Dr. Ortwin Beisbart, Professor em. für Didaktik der deutschen Sprache und Literatur an der Otto-Friedrich-Universität Bamberg

Dr. Kristina Bismarck, Akademische Oberrätin am Lehrstuhl Didaktik der deutschen Sprache und Literatur an der Otto-Friedrich-Universität Bamberg

Dr. Katrin Geneuss, wissenschaftliche Mitarbeiterin an der Forschungsstelle für Werteerziehung und Lehrerbildung der Ludwig-Maximilians-Universität München

Dr. Christian Hoiß, Lehrer (Gymnasium und berufliche Fachschule), zur Zeit abgeordnet an die Ludwig-Maximilians-Universität München und Koordinator des Zertifikatsprogramms »el mundo – Bildung für nachhaltige Entwicklung im Lehramt«

Dr. Beate Leßmann, Studienleiterin am IQSH (Institut für Qualitätsentwicklung an Schulen in Schleswig-Holstein) Kronshagen/Kiel, zur Zeit Gastprofessorin im Fachbereich Germanistik an der Universität Kassel

Dr. Klaus Maiwald, Professor für Didaktik der deutschen Sprache und Literatur an der Universität Augsburg

Dr. Michael Rödel, Professor für Didaktik der deutschen Sprache und Literatur an der Ludwig-Maximilian-Universität München

Dr. Hartmut Rosa, Professor für Soziologie an der Friedrich-Schiller-Universität Jena und Direktor des Max-Weber-Kollegs der Universität Erfurt

Dr. Anke Werani, Professorin für Psycholinguistik an der Ludwig-Maximilians-Universität München